JN132381

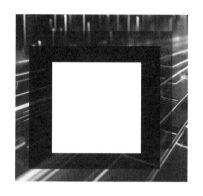

国際事業戦略 I
国際買収 そのリスクと
リーガルプランニング

Ihara Hiroshi

井原 宏

大学教育出版

は し が き

　グローバルに事業活動を展開している企業にとって国際事業戦略の立案は欠かすことはできない。このような国済事業戦略は国際買収、国際事業提携・国際ジョイントベンチャーおよび国際知的財産という 3 つの分野に跨がっている。とりわけ国際買収は重要な事業戦略であり、国際事業戦略の代表である。

　本書は 3 つの部から構成されている。第 1 部は「国際買収のフレームワーク」である。第 2 部は「競争法による規制」である。第 3 部は「モデル英文国際買収契約」である。

　第 1 部は 8 つの章から構成されている。第 1 章は「国際買収の戦略と形態」である。国際事業戦略としての国際買収および国際買収の形態について考察する。さらにリーガルプランニングの考え方を紹介する。第 2 章は「国際買収のプロセス」である。国際買収の一般的プロセス、投資銀行、秘密保持契約およびレター・オブ・インテントについて概説する。第 3 章は「国際買収契約の基本的構造」である。譲渡価額の合意、クロージング、クロージングの前提条件、表明保証、誓約、環境責任、補償・免責および解除について、基本的な知識を解説する。第 4 章は「買収におけるデューディリジェンスのリスクとリーガルプランニング」である。デューディリジェンスの重要性について解説する。第 5 章は「買収後の経営におけるリスクとリーガルプランニング」である。事業経営の独立性と支配および買収後の統合について解説し、それぞれの買収後の経営におけるリスクおよびその対処法について考察する。第 6 章は「国際買収失敗のリスクとリーガルプランニング」である。さまざまな国際買収失敗のリスクとその対処法を考察する。第 7 章は「アメリカにおける買収防衛策」である。買収提案前の買収防衛策および買収提案後の買収防衛策に分けて紹介する。第 8 章は「国際買収契約における紛争解決」である。国際仲裁および国際訴訟について解説する。国際買収取引においては関係当事者間で何らかの紛争が生じる可能性がある。そのような紛争を解決するための方策として、国際仲裁と国際訴訟の基礎を理解する必要がある。第 2 部は 3 つの章から構成されている。第 1 章は「アメリカ反トラ

スト法による規制」である。合併規則、水平的合併に対する裁判所によるクレイトン法の適用、2010 年水平的合併ガイドライン、垂直的・コングロマリット的合併に対する裁判所によるクレイトン法の適用および 2020 年垂直的合併ガイドラインについて、アメリカ反トラスト法による規制を紹介する。第 2 章は「EU競争法による規制」である。合併規則および水平的合併ガイドラインについて、EU 競争法による規制を紹介する。第 3 章は「わが国独占禁止法による規制」である。企業結合審査の対象、一定の取引分野、競争を実質的に制限することとなる場合、水平型企業結合による競争の実質的制限、垂直型企業結合による競争の実質的制限、混合型企業結合による競争の実質的制限および競争の実質的制限を解消する措置について紹介する。第 3 部は「モデル英文国際買収契約」である。本モデルではアメリカ法の下において、日本企業がアメリカ企業を合併により買収する事例を取り上げ、買収にかかわる判例や理論が蓄積されたデラウェア州を舞台に、日本企業がデラウェア州法人を合併による方式で買収する場合の合併契約を検討する。

　本書『国際事業戦略Ⅰ　国際買収そのリスクとリーガルプランニング』が、国際買収に関心をもつ、企業の法務部門・企画部門・事業部門・海外営業部門等の実務家、大学等の法学部・経営学部・商学部の学生を含むすべての方々が国際買収における基礎的な法律問題を理解する上でお役に立つことを願っている。

　最後に、本書の刊行に際して、大学教育出版の佐藤　守社長と編集担当の社彩香さんには大変お世話になった。心から感謝申し上げたい。

2024 年 1 月

井原　宏

国際事業戦略Ⅰ 国際買収そのリスクとリーガルプランニング

目　次

第2部　競争法による規制

第3部　モデル英文国際買収契約

第1部

国際買収のフレームワーク

第 1 章
国際買収の戦略と形態

1 事業戦略としての国際買収

　近年における情報通信の発展という技術的および社会的・経済的環境の激変を背景として、企業活動のグローバリゼーションはとどまるところがない。すでに幾多の国境をかるがると越え、企業の事業経営は、世界を1つの市場として捉え、このグローバルな市場を対象に多様な活動を展開している。かつて企業がこのようなグローバルな事業活動のビジネスチャンスを一般的に享受できた時代はなかった。一部の多国籍企業のみが活躍することが可能であったにすぎない。今日では、あらゆる企業に、規模の大小、業種や国籍のいかんを問わず、グローバルな事業展開の機会が与えられている。

　このようなグローバル市場における企業活動の特徴的な現れが国際買収である。とりわけアメリカとEUを先導として、わが国や中国に波及しつつ、金融・保険、電子・電気、通信、自動車、鉄鋼、金融、流通などの分野において国際的な買収が活発に展開されており、グローバル市場における産業の地殻変動が生じているといっても過言ではない。

　国際買収は、国境を越えて海外の企業またはその事業を買収するのであるから、企業の事業戦略そのものであり、企業は多くの経営戦略の選択肢の1つとして、いやそのもっとも有力な事業戦略として国際買収を計画し実行する。その本質は、事業経営において非常に効率的に「時間を買う」ことであるといえる。研究開発力、技術、人材、製造設備あるいはマーケティング網など、どの経営資源が買の狙いであるとしても、企業が自前でそれらに時

間、すなわちエネルギーと資金を投入して育成することなく、一挙に手に入れることが可能である。このような国際買収は、どのような目的ないし動機により事業戦略として用いられるのであろうか。

　第1に、企業が海外に進出し、海外市場における生産販売体制を確立するために現地企業ないしその事業を買収する。企業の現地法人が成長するには長期間を要するからである。第2に、企業はその有する技術などの経営資源に限界を感じることがしばしばであり、買収は、その限界を超えて新規事業への進出または新技術を獲得するための有力な手段である。第3に、買収は、既存事業の再構築による競争力強化のために速効性のある戦略である。第4に、企業は買収によりその事業規模をグローバルに拡大してスケールメリットを追求することが可能である。第5に、核となる事業（core business）を一段と強化するために、買収が利用され、競争力のある企業はさらに競争力を強化することができる。第6に、激しい技術革新に伴う事業再編による業容の多角化は、買収という迅速な事業戦略によってはじめて対応することが可能である。第7に、特定の国あるいはブロック地域のマーケットシェアを一挙に拡大するために、当該市場における有力な企業の買収が企図される。第8に、企業がグローバル市場におけるリーダーシップを確立するために、もっとも効果的な事業戦略として買収を活用する。第9に、川上あるいは川下市場へ円滑に参入するための手段として、関連する企業の買収が行われる。第10に、技術革新の激しい分野においては技術者や専門家が不足するが、このような分野で急成長する企業は、買収によって優秀な人材をグローバル市場から調達することが可能となる。

　このような国際買収の目的ないし動機は、わが国の企業が海外に立地する企業を買収する場合にみられるものであるが、海外企業の日本子会社を日本企業が買収する場合には、たとえば、当該海外企業の日本子会社が有する最新の技術や生産設備を取得する目的で行われる国際買収が考えられる。

国際買収の目的の事例

事例　世界トップを目指した友好的買収による子会社化

　貨幣処理機大手のグローリーは、2012年2月、英同業大手タラリス・トプコ（Talaris Topco Limited）の全発行済株式の買収について、タラリスの主要株主である米カーライル系のファンドや経営陣と合意した（買収総額は負債も含め約800億円）。タラリスは金融機関の窓口用入出金機で世界シェアの約4割を占め、欧米を中心に22か国で強固なサービス部門をもっている。グローリーは、タラリスの欧米での販売・サービス網を活用し、自社ブランドの金融機関向け出納システムの拡販を図り、当面両社のブランドは併用するが、将来は製品の共同開発にも乗り出す。

　本件は、同業の大手を買収して、グローリーが一気に圧倒的な世界シェア約6割を握る事業戦略であり、競合企業の買収による世界戦略である。

事例　住生活産業におけるグローバルリーダーを目指す買収戦略

　LIXIL は、2013年9月、日本政策投資銀行との間で株主間協定を締結し、各々が50%の議決権を有する特別目的会社（SPC）が普通株式と議決権のない優先株式で約1,000億円、日本政策投資銀行が約500億円、国内の大手銀行などが議決権のない優先株式で約490億円の出資を投じて、住宅機器大手の独グローエグループ（GROHE Group）の発行済株式87.5%を取得することに合意した。買収総額はグローエから引き継ぐ負債2,000億円を含め約4,000億円である。欧州の住宅機器市場は北米を上回り世界最大であり、新築よりも中古中心の住宅流通である欧米ではリニューアルに伴う住宅機器需要が底堅く、LIXIL にとって海外事業拡大には欧州市場を押さえる必要があった。

　本件は、2011年イタリアの建材大手ペルマスティリーザの買収（約600億円）、米衛生陶器大手アメリカンスタンダードの買収（約531億円）につぐ大型買収で、LIXIL が住生活産業におけるリーディングカンパニーを目指すグローバル戦略の一環である。

事例 世界シェアをさらに上げて成長市場で圧倒的な競争力を確保する買収

東レは、2013年9月、米の炭素繊維大手メーカー（世界3位）ゾルテック（Zoltek Companies, Inc.）との間で、その全株式を1株当たり16.75ドル（買収金額約600～700億円）で買収することで合意した。東レはまず米国で特定目的会社（SPC）を設立、SPCを通じてゾルテックの全株式を取得する。東レはこれまで、高機能・高品質のレギュラートウ炭素繊維に経営資源を集中して航空機や天然ガス圧力容器などの先端分野で強みを発揮してきたが、近年急速に需要が拡大している風力発電関連用途や自動車構造体用途向けの安価なラージトウ炭素繊維の品揃えがないことから、ラージトウ炭素繊維メーカーのゾルテックを買収して、より汎用性の高い産業分野の成長を取り込む。

本件は、炭素繊維複合材事業を戦略的拡大事業と位置づけて、東レが従来の弱みを一気に競合企業の買収により強化する世界戦略である。

事例 グループの事業を地理的、事業的に分散することを目的とする買収

東京海上ホールディングスは、2015年5月、米保険グループのHCCインシュアランス・ホールディングスを買収する手続を始めることでHCC側と合意したと発表した。買収金額は約9,400億円で、株式を100%取得し子会社化する。東京海上は、買収に伴ってHCCの取締役の過半数を握るが、既存の執行部はそのまま維持する。HCCは、米デラウェア州に本社を置く保険グループであり、医療、傷害保険や会社役員賠償責任保険、農業保険など100種類以上の保険を手がけている。

本件は、HCCが高収益企業であることに加えて、専門性の高い多くの事業体をもっており、東京海上は、買収によってグループの事業を地理的、事業的に分散することが可能であり、収益をさらに安定化させることを目指す買収戦略である。

事例 海外の事業活動をアジアから欧州へと拡大するための買収

三井住友海上火災保険は、2015年9月、英損害保険大手のアムリンを約6,420億円で買収すると発表した。三井住友海上は、アムリンの全株式を買い取って完全子会社にする。アムリンは海上保険に強く、世界最大の保険取引市場であるロイズでは参加する94団体のうち第2位の引受け実績をもつ。巨額の保険金支払いに備えて保険会社がかける再保険事業をスイスや英領バミューダで手がけ、ベルギーやオランダでは中堅企業との取引が多い。三井住友海上は、欧州で強い事

業基盤をもつアムリンのブランドや商品力を活かし、海外事業を強化する。

　本件は、アジアに強い三井住友海上が、欧州に強いアムリンを買収することによって、両社の統合による相乗効果の向上を目指す買収戦略である。

事例　IoT 市場の長期的な成長を視野に入れた買収

　ソフトバンクグループによる半導体デザイン企業の英アームの買収が、2016 年 7 月に発表された。買収金額は約 3 兆 3,000 億円である。アームは、ソフトバンクの 100% 子会社になる。アームは、Qualcomm、Apple、Samsung Electronics、MediaTek といった半導体メーカーに対して、CPU の ISA（命令セットアーキテクチャ）や、CPU や GPU のデザインを知的財産として提供する企業であり、アーム自身はハードウェアを作っておらず、あくまで知的財産を開発し、それを顧客となる半導体メーカーに提供し、そこからライセンス料を得ている。アームの収益性は悪くなく、非常に健全な経営が行われている企業であり、売上は伸びている。アームは、モバイル市場を事実上独占しており、唯一のライバルとなっていた Intel はモバイル市場からの撤退を余儀なくされた。IoT（Internet of Things）市場においても、アームは大きな成功を収めつつある。

　本件は、IoT 市場の長期的な成長を視野に入れたソフトバンクの買収戦略である。

　なお、2020 年 9 月、ソフトバンクは米エヌビディアにアームを約 4 兆 2,000 億円で売却すると発表した。その後、米国の規制当局である米連邦取引委員会（FTC）は 2021 年 12 月、反トラスト法に基づく買収差し止めを求めてエヌビディアを提訴した。また、EU の欧州委員会も 2021 年 10 月、競争法に基づく本格調査を始めたと発表した。2022 年 2 月、「これ以上承認を得る努力をしても認められない」として、ソフトバンクはエヌビディアとの買収契約解消に合意したと発表した。

事例　5G 分野の成長を視野に入れた買収

　ルネサスエレクトロニクスは、2021 年 2 月、英ダイアログ・セミコンダクターの全株式を取得し、完全子会社にすることで合意したと発表した。買収金額は、アドバイザリー費用などを含めて 6,179 億円である。ダイアログは、ロンドン郊外に本社を置き、独フランクフルト証券取引所に上場しており、電源制御 IC の技術に強く、アップルの電源 IC などに使われている。ルネサスは、主力の自動

車向けの他に、成長が見込める5Gの分野をあらたに成長の柱にするため大型買収に踏み切る。

　本件は、ルネサスが強みとする機器を制御するマイコンと、ダイアログの電源制御ICを組み合わせて、5G基地局向けの技術やワイヤレス給電などの開発を目指す買収戦略である。

事例　IoT基盤のグローバル展開を加速するための買収

　日立製作所は、2021年3月、米IT（情報通信）大手のグローバルロジックを約1兆368億円で買収すると発表した。3月31日に買収契約を締結、2021年7月末までに買収を完了する。現金対価による逆三角合併方式により日立グローバルホールディングスの完全子会社とする。グローバルロジックは、米シリコンバレーに本社をもち、デジタルトランスフォーメーション（DX）を支援するシステムを提供している。米通信大手のTモバイルやスウェーデンの商用車大手ボルボなど欧米の大手企業を中心に世界400社超の顧客を抱えている。

　本件は、日立製作所が、産業向け機器から家電まで手がける製造業の強みを生かしつつ、データを駆使したデジタル企業への転換を目指す買収戦略である。

事例　センサーなどにソフトを組み合わせた事業改善案を企業に提供しハード事業の幅を拡げるための買収

　パナソニックは、2021年4月、製造・流通向けソフトウェアを手がける米ブルーヨンダーを買収（有利子負債を含み総額約7,700億円）すると正式発表した。ブルーヨンダーは、製品の需要や納期を予測するソフトを手がけ、顧客企業のサプライチェーンを見直して収益改善につなげる事業を展開している。顧客は英ユニリーバや米スターバックス、ウォルマートなど世界約3,300社にのぼる。ブルーヨンダーは、ソフトウェアを顧客に提供し、繰り返し利用料金を取る継続課金の事業モデルを採用している。パナソニックは、2020年に約860億円でブルーヨンダーの株式20%を取得した。取締役の派遣や日本での共同事業を通じ、買収による相乗効果などを見極めてきた。年内に実質的な株主である米ファンドのニューマウンテンキャピタルやブラックストーンから全株式を取得し、完全子会社とする。

　本件は、パナソニックが、ソフトとの融合を通じたハード製品の付加価値向上を目指す買収戦略である。ソフトウェアの知見を取り込み、企業のデジタルフォー

メーション（DX）支援を収益源の 1 つに育てる。パナソニックは、店頭に設置する監視カメラや物流施設で使われるバーコード読み取り用の携帯端末で高いシェアをもつ。これらの製品にブルーヨンダーのソフトを組み合わせることで、高い精度をもった在庫管理サービスなどとして提案しやすくなる。パナソニックは、この買収により継続課金モデルのノウハウも得る計画である。

事例　鉄道分野で顧客向けの移動をサービスとして提供する「MaaS（モビリティ・アズ・ア・サービス）」の流域で、中国や欧州の世界鉄道大手に対して先手を打つ買収

　日立製作所は、2021 年 8 月、仏電子機器大手タレスから鉄道信号事業を買収すると発表した。買収金額は約 2,150 億円である。鉄道システム子会社の日立レールが 2023 年 3 月期後半までに買収する。日立が狙うのは MaaS などの移動サービス分野への進出である。タレスの鉄道信号事業は運行管理や人流解析、料金収受システムに強みをもち、売上高の約 5 割がデジタル関連事業であり、このノウハウを日立の鉄道事業と組み合わせる。具体例は、タレスの料金収受システムを活用した旅客向けサービスであり、利用者の場所や時間などから、鉄道やバス、タクシーを組み合わせた最適なルートや料金を提案し、乗車券などを購入せずに自動で精算できるシステムなどである。タレスがもつ人流解析技術を街づくりに活用するなど、MaaS を通じてインフラやエネルギーなど日立のほかの事業との相乗効果を出す考えもある。日立は、2021 年 3 月に買収を発表したグローバルロジックとタレスの技術で鉄道事業のデジタル化を加速する。

　本件は、旅客向けの MaaS は実証実験段階のサービスも多く、日立は新規市場の開拓で先行して優位に立つことを目指す買収戦略である。

事例　人口 13 億人の巨大市場でオンライン配信の拡大を先導し、米ウォルト・ディズニー系などに対抗する買収

　ソニーグループは、2021 年 9 月、インドで映像制作・配信事業を手がける子会社ソニー・ピクチャーズ・ネットワーク・インディア（SPNI）が現地の放送大手ジー・エンターテインメント・エンタープライゼズと経営統合すると発表した。統合会社は、放送事業でインド最大手となる見通しで、ソニーが株式の過半数を握る。投資額は 1,500 億円前後である。ソニーは、SPNI が約 1,700 億円の手元資金をもつよう資金を追加拠出した上で、株式交換などで統合会社の最大株式の過

半数を取得する。ジー社は 49 のチャンネルを運営し、2021 年 1 〜 3 月期の市場シェアは 18.9％、ディズニー系列（市場シェア 24.6％）を追う業界 2 番手であり、現在 26 のチャンネルを運営する SPNI と統合することで、合算シェアは 28.8％と最大手になる。

　本件は、経営統合により番組制作やコンテンツ IP（知的財産）メディアとしての競争力を高める戦略である。

事例　国内の石油元売り大手による再生エネ新興企業の買収

　ENEOS ホールディングスは、2021 年 10 月、再生可能エネルギー新興企業のジャパン・リニューアブル・エナジー（JRE）を買収する方針を固めたと発表した。買収額は 2,000 億円程度の見通しである。JRE の株主である米ゴールドマン・サックスとシンガポール政府投資公社から全株式を取得する。JRE は 2012 年創業の新興エネルギー企業であり、日本や台湾で計 60 の太陽光や風力、バイオマス発電所を手がける。開発中の発電所を含めた合計出力は約 88 万 kw と、原子力発電所 1 基分に相当する。

　本件は、世界ではエネルギー大手による太陽光発電や風力など再生エネ投資が拡大しており、脱炭素時代を見据え、石油依存からの構造転換を加速する環境下において、エネルギー大手は再生エネ分野に活路を求めており、ENEOS も大型投資に踏み切るものである。

事例　欧州での事業基盤を拡充するための買収

　日本ペイントホールディングスは、2021 年 10 月、建築用塗料大手の仏クロモロジーホールディングを買収すると発表した。約 1,500 億円を投じて同社の株式すべてを 2022 年上期中に取得する。クロモロジーは 2006 年に発足し、建築用では欧州 4 位で、フランスやイタリア、スペイン、ポルトガルではいずれも上位 3 位に入っている。日本ペイントは、建築向けが主力で、売上高全体の 56％を占める。地域別では中国を含むアジアやオセアニアが中心で、中国で DIY 向けシェアは 33％と首位である。中国ではこれ以上のシェア拡大は簡単ではなく、日本市場も低迷するなかで最近は他の地域での M&A を重ねていた。

　本件は、日本ペイントが M&A を続けるのは海外ではブランド別に顧客がついていることが多いため、新規開拓は容易ではないという、建築向け塗料特有の事情があり、そのため買収などで商圏を拡げるのが事業成長の近道となることか

ら、今回も欧州での顧客網をもつクロモロジーを子会社化し、現地での事業強化を急ぐ戦略である。

事例　安定収益が見込める産業分野へのシフトを加速するための買収

　横浜ゴムは、2022年3月、農機用タイヤなどを手がけるスウェーデンのトレルボルグ・ホイール・システムズ（TWS）を買収すると発表した。買収額は約2,700億円と、横浜ゴムにとっては過去最大となる。TWSの親会社で、シーリング材などを扱うトレルボルグから全株を取得する。2022年7〜12月中の買収完了を予定している。横浜ゴムは、2016年にオランダの農機タイヤメーカー、アライアンス・タイヤ・グループ（ATG）を約1,300億円で買収した。今回はATG以来の大型買収である。この買収により農機用のラインアップが増え、コスト競争力が強化できると期待している。農機用は乗用車用に比べて、景気変動の影響を受けにくい。ATGは北米やアジアに強く、TWSは欧州が中心のため補完関係にある。今回の買収で横浜ゴムの農機タイヤ事業は世界有数の事業規模となる。

　本件は、横浜ゴムにとって、乗用車用だけでは生き残りが難しいために、農機用というニッチだが需要は底堅い市場で存在感を高める狙いの買収である。

事例　米の再保険仲介会社の買収による米市場の開拓

　三井住友海上火災保険は、2022年8月、米国の再保険仲介会社トランスバース・インシュアランス・グループを買収すると発表した。買収額は約4億ドル（約540億円）の見通しである。トランスバースを保有する投資ファンドから買収し、2022年中に完全子会社化する。世界でサイバー犯罪などが増え、保険のリスクを別の保険会社に引き受けてもらう再保険の重要性が増している。米国で伸びる再保険の仲介事業のノウハウを生かせば、日本でもサイバー犯罪向け保険などが一段と広がる可能性がある。

　トランスバースは2018年設立でニュージャージー州に本社を置き、全米で再保険の仲介を手がける。買収後の収益に応じ、三井住友海上火災保険が追加で1億5,000万ドル前後を支払う契約も盛り込むようである。トランスバースは米国の保険代理店が販売した保険について、再保険を引き受ける別の保険会社を集め、それぞれどの程度リスクを引き受けるのかを取りまとめる。保険料の5%前後を仲介料として受け取る事業で、米国では数年前から伸びている。欧州など他の地域でも今後、需要が増える可能性がある。

　米国では災害やテロ、サイバー犯罪のリスク拡大を受け、運輸や医療など特定分野に強い保険代理店が販売するケースが増えている。三井住友海上火災保険はこれまでアジアで事業を広げてきたが、今後は損保で世界最大の市場である米国の開拓に活路を見いだす。

　本件は、三井住友海上火災保険にとって、米国の再保険仲介会社を買収してそのノウハウを活かすことにより、サイバー犯罪などの増大により再保険仲介業の需要が拡大している米国市場に進出するための戦略的買収である。

事例　金属3Dプリンター事業を強化するための買収

　ニコンは、2022年9月、独3Dプリンター大手SLMソリューションズ・グループを買収すると発表した。買収額は6億2,200万ユーロ（約840億円）である。ニコンは半導体露光装置事業で培った技術を応用した新規事業として、金属3Dプリンター事業を強化している。3Dプリンターで世界的に著名なSLMとの共同開発などを通じて、成長が見込める電気自動車（EV）などの需要を取り込む。同日、SLMと投資契約を結んだ。SLMは1969年の創業で独リューベックに本社を置く金属3Dプリンター大手であり、従業員は500人以上である。まずSLMの株式数の約10%にあたる4,500万ユーロの増資を引き受け、その後株式と新株予約権付社債（転換社債）を公開買付けをする。買収費用は手元資金で対応する予定である。

　金属3Dプリンターは設計データから自由度の高い立体物を作る装置である。複数の部品を一体化して作ることができるため、強度を高めながら軽量化できるメリットがある。宇宙航空分野に加え、EVの航続距離や燃費の向上を目指す自動車業界など幅広い分野での活用が期待されている。SLMは複数のレーザーで金属を溶かして造形する方式で、大型部品を高速で造形する技術に強みがあり、宇宙航空や自動車業界などに大手顧客をもつ。ニコンによると、3D金属プリンターの世界シェアは1割程度で、独EOS、米ゼネラル・エレクトリック（GE）に次ぐ3位という。ニコンは半導体露光装置で培った高精度の計測技術や微細加工技術を応用し、「光加工機」と呼ぶ3Dプリンターを手がける。金属製の粉を吹き付けて自由に成形する方式をとっており、SLMのもつ技術との掛け合わせで競争力の強化を狙う。

　本件は、ニコンにとって、製造業のデジタル化やカーボンニュートラルなどで有望市場の金属3Dプリンターで世界的リーダーを目指す買収戦略である。

事例　デジタル融資を強化するための買収

　三菱 UFJ フィナンシャル・グループは、2022 年 11 月、フィリピンとインドネシアでノンバンクを買収すると発表した。2023 年中にオランダの消費者金融会社から約 6 億ユーロ（約 870 億円）で両国の現地法人を買収する。三菱 UFJ の傘下にあるタイ・アユタヤ銀行を通じ、オランダに本社がある消費者金融ホームクレジットのフィリピンとインドネシアの現地法人を買収する。三菱 UFJ が東南アジアの中核と位置づけるアユタヤ銀行がフィリピンでは発行済みの全株式、インドネシアでは 85% の株式を買い取って各 75% の議決権を握り、取締役などを送る。

　ホームクレジットは利用客がスマートフォンのアプリに職業や年収を入力すると数十秒で融資の可否や条件を判断し、その場で家電などの購入資金を貸し出す「POS（販売時点）ローン」で高いシェアをもつ。アプリのダウンロード数はフィリピンとインドネシアで 2,000 万程度にのぼる。

　従来は邦銀の資本参加が通例だったが、今回は傘下のアユタヤ銀行が買収と事業展開の双方を手がける。邦銀の M&A（合併・買収）戦略があらたな局面に移ったことを象徴している。

　本件は、三菱 UFJ フィナンシャル・グループにとって、膨大なデータを駆使して素早く資金を貸し出す「デジタル融資」の強みを活かして消費者ローンの成長を取り込み、東南アジアでの事業基盤を固めるための買収である。

事例　皮膚病などの新薬候補を獲得するための買収

　武田薬品工業は、2022 年 12 月、米スタートアップを 40 億ドル（約 5,500 億円）で買収すると発表した。米バイオ企業ニンバス・セラピューティクスの子会社で、皮膚病などの免疫疾患に効果のある治療薬候補の権利を保有している。新薬開発に成功した場合、武田は売上高に応じた対価をニンバス社に支払う。

　買収するのはニンバス社の子会社ニンバス・ラクシュミ（米マサチューセッツ州）である。同社はニンバス社が開発中の「NDI-034858」という経口薬の特許などの知的財産を保有している。NDI-034858 は、皮膚病や炎症性の腸疾患など複数の免疫疾患に対する有効性が期待される新薬候補であり、第 2 段階の臨床試験（治験）では有望な結果が出たと報告されている。治験の詳細なデータは 2023 年はじめに公表される見通しだが、武田は同新薬候補が将来的に大型製品となると判断したとみられる。

　ニンバス社は 2010 年設立のスタートアップで最先端の計算機技術と機械学習技術を使い、画期的な低分子医薬品を複数開発している。

事例　事業リスクを分散するための買収

　東京電力ホールディングスと中部電力が折半出資する JERA は、2023 年 3 月、ベルギーの洋上風力発電大手パークウィンド（ルーバン市）を 15.5 億ユーロ（約 2,500 億円）で完全子会社化すると発表した。日本企業による再生可能エネルギー会社買収としては過去最大規模となる。これまで JERA は洋上風力開発に当たって日本に近い適地である台湾中心の戦略を組み立てていたが、市場が先行する欧州に手を広げて電源を分散する。

　JERA が英子会社を通じて、パークウィンド親会社のビリヤエナジーから株式の 100% を取得する。年内に完了する予定である。資金は借り入れや社債発行で賄う。今回の買収で、JERA の再生エネの発電容量は権益の持ち分に応じた容量ベースで 280 万キロワットと従来比 60 万キロワット増える。

　パークウィンドは、洋上風力の開発から運転まで 10 年以上かかわってきた実績と水素製造の知見をもっている。ベルギーとドイツで風車を固定するタイプの洋上風力を手がける。現在の容量に加えてさらに 2020 年代後半にかけて、欧州などで約 450 万キロワットの洋上風力プロジェクトの開発を予定している。

　これまで JERA の洋上風力は出力ベースで全体の 9 割の電源が台湾に立地し、リスク分散が課題だった。同社は台湾で進めていた洋上風力事業「フォルモサ 3」（最大出力 200 万キロワット）の権益を仏エネルギー大手のトタルエナジーズなどに売却する手続を進めていることも明らかにした。現状約 44% の権益を保有しているが、2022 年末までにプロジェクトから手を引く意向を台湾当局に通知しており、トタルなどに出資分をすべて売却する。今後は欧州を中心に M&A（合併・買収）も活用して洋上風力事業の拡大を進める。再生エネ開発にかかわる人材も台湾から一部を欧州へ移すことも検討する。

事例　代替投資を強化するための買収

　三菱 UFJ 信託銀行は、2023 年 3 月、英国の資産運用会社アルバコア・キャピタルを買収すると発表した。傘下にあるオーストラリアの運用会社を通じ、今年夏ごろ傘下に収める。投資家は金融市場の動揺が続くなかで運用の分散を重視している。三菱 UFJ 信託銀行は買収で手薄だった非伝統的なオルタナティブ（代替）領域を拡大する。

　アルバコアは 2010 年設立で、運用資産は 95 億ドル（約 1.2 兆円）である。三菱 UFJ 信託銀行が 2019 年 8 月に連結子会社とした豪ファースト・センティア・インベスターズ（FSI）を通じて買収する。FSI が株式の 75% を買い取り、アル

バコアの経営陣が保有する残り 25% を買い取る権利も取得する。買収額は最大で 1,000 億円程度とみられる。FSI 増資に三菱 UFJ 信託銀行が応じ、買収に必要な資金を賄う。三菱 UFJ フィナンシャル・グループ（MUFG）の資産運用は三菱 UFJ 信託銀行を中心に担っており、昨年末時点の運用残高は約 92 兆円にのぼる。

　アルバコアが強みとするのは、プライベートデットと呼ぶ領域である。2008 年のリーマン・ショックを機に強まった資本規制で、銀行が貸し出しの選別を強めた結果、欧米ではファンドが隙間を埋めるように企業への融資を増やしてきた。低金利下でも高い利回りを見込めるため、年金基金や保険会社の引き合いが強い。足下では急ピッチの金利上昇で景気後退の懸念がくすぶり、銀行が融資に慎重な姿勢を強める可能性がある。ファンドによる資金調達を検討する企業は少なくなく、今後も年平均 10% 以上の市場拡大が見込まれる。

事例　スマホ向けゲームの開発ノウハウを取得するための買収

　セガサミーホールディングスは、2023 年 4 月、モバイルゲーム「アングリーバード」を手がけるフィンランドのロビオ・エンターテインメントを買収すると発表した。英国子会社のセガサミーヨーロッパを通じて買収する。ロビオはナスダック・ヘルシンキ証券取引所に上場している。フィンランド当局の承認を得た後に 5 月にも 1 株 9.25 ユーロで TOB（公開買い付け）をする。ロビオの複数株主から合計約 49.1% 分に関して TOB に応募することについて同意を得ている。9.25 ユーロは 4 月 14 日のロビオ株の終値（7.78 ユーロ）を 19% 上回る。セガサミーは 2022 年 12 月末時点で現預金が 1,500 億円弱あり、買収資金は手元資金で賄う。

　ロビオは 2003 年設立で、2009 年にモバイルゲーム「アングリーバード」の提供を iPhone 向けに始めた。個性豊かな鳥のキャラクターが豚に盗まれた卵を奪い返すゲームで、子どもにも分かりやすい簡単な操作性もあって欧米を中心に人気を集めた。セガサミーホールディングスは 2021 年 5 月に発表した中期計画で、既存知的財産のグローバルブランド化を進める方針を掲げている。

　ロビオはアングリーバードなど世界規模の知的財産を使い、玩具やアニメ、映画など複数の媒体でコンテンツを展開している。アングリーバードも 2016 年に 3D アニメを公開している。セガサミーはロビオの買収で、アングリーバードなど知的財産を強化する。それぞれが保有する世界的なキャラクターについて、多面的なメディア展開を進め、相互のファンベースの拡大を加速させる。またロビオがもつモバイルゲームの運営ノウハウを活用してグローバル市場における成長を加速させることを目指す。

事例 アジア販路を拡大するための買収

　キリンホールディングス（HD）は、2023年4月、オーストラリアの健康食品メーカーのブラックモアズを約1,700億円で買収すると発表した。ブラックモアズの販路を生かし、免疫機能を維持するキリンの独自素材「プラズマ乳酸菌」の販売を東南アジアを中心に延ばす計画である。ビール市場が縮小するなか、健康分野に成長の軸足を移す。ブラックモアズのアジア・太平洋での販路を使い、5年以内に10億人の顧客へアクセスできる。

　ブラックモアズは、サプリメントなど健康食品の豪州最大手である。同社の株主総会での承認などの手続を経て、8月に全株式を取得する予定である。2022年6月期の連結売上収益は6億5,000万豪ドル（約580億円）であり、半分弱がオセアニア、東南アジアが3割、残りが中国である。なかでも東南アジアの健康食品市場は2桁成長が続く見通しである。市場開拓の要の1つがプラズマ乳酸菌であり、キリンHDは海外での販売を考えてきたが、各国の法制度などの壁があり難しかった。ブラックモアズは薬剤師などを抱え、こうした分野に詳しい。同社のサプリメントなどにプラズマ乳酸菌の導入を検討する。タイやマレーシア、インドネシアではサプリメントを摂取する目的に、「免疫・抵抗力」を挙げる人が多いといわれる。

事例 眼科領域で大型の新薬候補を獲得するための買収

　アステラス製薬は、2023年5月、米バイオ医薬品企業のアイベリック・バイオを約59億ドル（約8,000億円）で買収すると発表した。同社の買収では過去最高額となり、眼科領域で大型の新薬候補を獲得する。

　買収する米アイベリック・バイオは、2007年設立のバイオスタートアップで、眼科領域に特化している。老化などによって視力低下や失明を引き起こす難病「加齢黄斑変性」に対する拡散医薬品「ACP」を開発中である。すでに米食品医薬品局（FDA）に薬事承認を申請している。ACPはFDAから優先審査に指定されており、8月19日の審査終了を目標としている。承認が下り次第、早期の販売開始を見込んでいる。アステラスはACPが年間売上高10億ドルを超える大型薬「ブロックバスター」になると期待している。イクスタンジ（主力の前立腺がん薬）の独占期間満了による売上減少を補う収益の柱に位置づける。イクスタンジの2023年3月期の売上高は約6,600億円、連結売上高の4割強を占めるが、2027年ごろから特許切れを迎える。特許が切れるとすぐに後発薬が登場し、収益が激減する。この減少分を補うため、実用化間近の医薬品を巨額資金で買収す

ることに決めたとみられる。アイベリック・バイオの買収額は3月31日の株価終値に6割上乗せした金額となる。

事例　半導体関連事業を強化するための買収

　富士フィルムホールディングスは、2023年5月10日、半導体材料の米インテグリスから半導体製造時の洗浄などに使う化学薬品事業を買収すると発表した。買収額は7億ドル（約950億円）である。半導体製造工程の複雑化に伴って化学薬品の需要が増えており、関連企業の買収で半導体材料事業を強化する。

　インテグリス傘下の米テキサス州の「CMC マテリアルズ　KMG コーポレーション」を買収する。同日に株式買収契約を結んだ。2023年内に全株式を取得する見込みである。KMG 社は1992年設立であり、半導体製造時の洗浄や乾燥工程などで、異物や油脂を取り除くのに使う化学薬品を手がける。

　富士フィルムは2027年3月期に半導体材料事業の売上高を2022年3月期比で約7割増の2,500億円とする目標を掲げていた。KMG 社の買収や半導体材料事業の好調を受け、目標達成を2年前倒しして2025年3月期とする。

事例　味の素が米国遺伝子治療薬を買収

　味の素は、2023年11月、米国の遺伝子治療薬の開発製造受託（CDMO）事業を手がけるフォージバイオロジクスホールディングスを買収すると発表した。買収額は5億5,400万ドル（約828億円）である。味の素はCDMOを戦略的事業の1つとして位置づけており、今回の買収でヘルスケア事業を加速させる。

　フォージ社は2020年設立でオハイオ州に本社を置く。味の素の米国子会社が全株式を12月に取得する予定である。味の素のヘルスケア分野における企業買収では過去最大である。

　遺伝子治療では、治療に用いる遺伝子を目標とする細胞まで運べるかどうかがカギを握る。病原性のないウイルスを使った「アデノ随伴ウイルス（AAV）ベクター」で運ぶ手法が主流だが、ベクターに遺伝子を搭載できる割合が1〜2割程度にとどまる。遺伝子が入っていない空のベクターが副作用を引き起こす課題があった。

　味の素が買収するフォージ社は、遺伝子の入ったベクターを最大数倍程度に増やすことができる技術をもつ。味の素は細胞の培養に必要な培地の技術などが強みで、両社のノウハウを活用して効果を高める戦略である。

遺伝子治療の 75% が AAV の技術を使っており、世界で 100 以上の臨床試験
（治験）が実施されている。

遺伝子治療薬の市場は成長するとみられている。希少疾患が対象でそれぞれ
の患者数は少ないものの、治療法が確立されていない多くの希少疾患に効果が期
待できる。味の素によると、市場規模は 2022 年の 70 億ドルから 2030 年には 6.5
倍の 460 億ドルに拡大する見通しである。

味の素は調味料や冷凍商品などの商品事業に加えて、ヘルスケアや半導体材料
などをアミノサイエンス系事業として注力している。今回の買収もその一環であ
る。2023 年 3 月期の同事業の売上高は 2,996 億円、事業利益は 486 億円だった。
2030 年までに事業利益の半分をアミノサイエンス系事業で稼ぐ目標を掲げてい
る。

2 国際買収の形態

買収の形態は、合併か株式・資産買収か、交渉による買収か現金公開買
付か、全部買収か一部買収かなどさまざまであり、またそれぞれの組み合わ
せも多様である。買主である買収企業の事業戦略と売主である被買収（買収
対象）企業との関係により、当該買収における買収形態が決まってくるが、
ここではアメリカ法の下において、交渉による買収か、合併、株式買収また
は資産買収のいずれを選択するかの観点から各種の買収形態を概観する。買
収においては、租税負担の問題は買収形態を決定する重要な要因の 1 つであ
り、専門家による十分な検討が必要である。

アメリカ租税法の下では、買収企業が買収対象企業（target company）の
株式または資産を買収するに際し、売主である対象企業とその株主に租税負
担のかからないような取引形態を利用することが一般的に可能である。もっ
とも、このためには買収企業が売主である対象企業またはその株主に対して
株式を発行することが要求される[1]。

（1） 交渉による買収と敵対的買収

買収対象企業の経営陣が当該買収に対して友好的であるかどうかにより、
買収形態は友好的買収と敵対的買収に分けることができる。売主と買主間に

おける交渉による買収は、基本的に友好的買収であり、売主の経営陣の協力を得ることができる。したがって、買主である買収企業は、交渉による買収方式により次のように円滑に買収を進めることが可能である。第1に、売主の協力により、買主は買収対象とする事業のさまざまな面を調査することができる。第2に、買収対象の事業または企業の経営・支配の円滑な移行が容易であり、そしてその経営陣の継続的な雇用を確保することができる。第3に、協力的な雰囲気の中で買収の交渉が行われるので、買収対象企業の経営陣が敵対的である場合に生じやすい費用の増加、心理的プレッシャーの影響、訴訟の提起などのマイナス面を避けることができる。もっとも、交渉による買収の場合、売主は当然のことながらその事業を売却するに当たり最大限の価値を実現しようとするので、買収価格をめぐって厳しい交渉が展開されることになる。

　敵対的買収の典型は、現金公開買付（cash tender offer）において買収対象企業の経営陣がこれに反対する行動をとる場合である。

（2）合　併
（a）法による合併（statutory merger）

　会社法に基づく合併には、買収企業が買収対象企業を直接合併する場合と買収企業の子会社を対象企業と合併させる場合がある。これらの直接合併、三角または逆三角合併に共通する利点は次のとおりである。①対象企業の株主にとっては、買収企業の株式を受け取ることにより課税負担のない（tax free）取引となる。②対象企業自体の買収となり、少数株主が残ることはない。③一般的に販売税の課税はない。もっとも、三角・逆三角合併については州により課税問題が生じる。④対象企業の契約上の権利は一般的には損なわれない。もっとも、特定の契約条項については合併に対して契約の相手方当事者の同意を必要とする。⑤合併のための書類作成は比較的簡単である。⑥敵対的な関係より協力的な関係であり、対象企業の経営陣にとっては魅力的となる。

　これに対して不利な点は次のように考えられる。①買収企業は対象企業のすべての債務・責任を引き受けなければならず、自らの資産をそれらの責任

に従わせることになる。もっとも、三角・逆三角合併の場合には、親会社である買収企業の責任は子会社の利用によって限定することが可能である。②対象企業による売主としての保証は、合併後は通常残存しない。もっとも、対象企業が閉鎖会社であれば、その株主の保証を得ることは可能である。③対象会社の株主総会において、過半数以上の特別決議が通常必要である。買収企業の株主総会の承認は、直接合併については通常必要であるが、三角・逆三角合併の場合は一般的に要求されない。④対象企業の株主には、反対株主の株式買取請求権が与えられる。

国際買収の形態の事例

事例　友好的現金公開買付による株式買収

　富士フィルムホールディングスは、2011年12月、超音波診断装置の米ソノサイト（SonoSite, Inc.）と、米国子会社を通じた株式公開買付によりソノサイトの発行済普通株式総数を総額約9億9,500万ドルで友好的に買収することに合意したと発表した。富士フィルムは買収のため特別目的会社（SPC）を米国デラウェア州に設立、公開買付完了後、SPCはソノサイトに吸収合併（逆三角合併）され、ソノサイトは富士フィルムの連結子会社として事業を継続する。ソノサイトは携帯型装置で世界的に高いシェアを有し、北米や欧州に販売拠点をもつが、今後は富士フィルムがもつ中国や中南米など新興国の拠点も活用できる。ソノサイトが注力する携帯型装置は年率10%超の成長を続けており、ソノサイトの設計技術にX線画像診断分野でトップシェアをもつ富士フィルムの画像技術を組み合わせるなど超音波診断装置の新製品開発の相乗効果が期待できる。

　本件は、富士フィルムが超音波事業をメディカルシステム事業の中であらたな成長の柱と位置づける事業戦略に基づいており、両社の技術の相乗効果を狙った買収戦略である。

> ### 事例　友好的現金公開買付と合併による買収
>
> 　旭化成は、2012 年 3 月、米救命救急医療機器大手のゾール・メディカル（ZOLL Medical Corporation）と、旭化成の米国子会社による株式公開買付およびそれに続く現金を対価とする合併により、ゾール・メディカルを友好的に買収することに合意した（買収額は約 1,812 億円）。人口増大や高齢化で医療機器分野の成長が見込まれるアジア市場を共同で開拓する。
>
> 　本件は、旭化成にとって医薬・医療事業を化学、住宅に次ぐ収益の柱に育てることを目指す買収戦略である。日本企業による海外の医療機器メーカー買収が相次いでいる。医療機器分野の高い成長への期待に加え、海外展開の足がかりを得ようとの狙いがある。医療機器は事業展開に当たって各地域や国の当局による販売承認が必要であり、医療機関との信頼関係や学会とのつながりなど事業基盤の整備も欠かすことはできない。

（i）直接合併（direct statutory merger）

　買収対象企業が買収企業に合併させられ、対象企業の株主は買収企業の株式を受け取る。アメリカの州の会社法は、アメリカの買収対象企業が外国の買収企業に直接買収されることを一般的に認めていないので、次に述べる買収企業のアメリカ子会社との合併という形態がほとんどの場合にとられる。

（ii）三角合併（forward triangular merger）

　買収対象企業が買収企業の新しく設立した子会社に合併させられ、対象企業の株主は買収企業の株式を受け取る。その結果、対象企業の事業は買収企業の完全子会社により運営されることになる。対象企業は、その資産のほとんどすべてを買収企業に譲渡しなければならない。買収企業は、子会社をどこに設立するか、またどのように定款を定めるかなど新しい事業会社を自らの事業戦略により組み立てることができる[2]。しかし、対象企業はその姿を消すことになり、対象企業が活動していた市場に好ましくない影響が生じる、あるいは対象企業が譲渡不能な資産を有しているというマイナス面が顕在化するおそれもある。

（iii）逆三角合併（reverse triangular merger）

　買収企業の新しく設立した子会社が買収対象企業に合併させられ、対象企業の株主は買収企業の株式を受け取り、親会社である買収企業が対象企業の

すべての株式を受け取る。その結果、対象企業は買収企業の完全子会社となる。対象企業の会社としての同一性および事業活動に必要な許認可の権利等はそのまま存続する[3]。

合併方式の事例

> **事例 世界のスマートフォン市場の取り込みに向けた逆三角合併方式を活用した買収**
>
> ソフトバンクとスプリント・ネクステル・コーポレーションは、2012年10月、ソフトバンクがスプリントの事業に対して約201億米ドル（約1兆5,509億円）の投資を行うことに合意した。投資総額のうち約121億米ドル（約9,469億円）はスプリントの株主に支払われ、約80億米ドル（約6,240億円）はスプリントの財務体質の強化等に投じられる。ソフトバンクはあらたに米国持株会社を設立、米国持株会社の子会社として新スプリントを、新スプリントの子会社として合併子会社を米国内に設立した。ソフトバンクは、新スプリントを通じて、あらたに発行されるスプリントの転換社債を31億米ドルで引き受ける。ソフトバンクは、米国持株会社を通じて新スプリントに対して約170億米ドルを追加出資するとともに、合併子会社を消滅会社、スプリントを存続会社とする合併（逆三角合併）を実施し、約121億米ドルが合併の対価としてスプリントの既存株主に支払われる。以上の取引の結果、ソフトバンクは米国持株会社を通じて新スプリントの株式の約70%を保有し、スプリントの既存株主は新スプリントの株式の約30%を保有することになる。新スプリントはニューヨーク証券取引所に上場し（スプリントを承継）、米国における上場会社となる。ソフトバンクグループは、両社を合計した顧客基盤が日米市場で最大級に、移動体通信事業の売上高が世界3位となり、世界最大級のモバイルインターネットカンパニーとしての事業基盤を確立する。
>
> 本件は、ソフトバンクが海外での通信事業に乗り出すための戦略的買収であるが、スプリントの財務体質の強化のための投資も含まれるという買収事例である。スプリントは2011年12月期まで5期連続の最終赤字、顧客数はAT&T、ベライゾン・ワイヤレスの大手2社の約半分とその差は大きく、高速携帯電話サービスLTE向けの基地局への投資負担も重く、財務が悪化していた状況にあった。

事例　世界の酒類市場でのグローバルプレーヤーを目指して逆三角合併方式を活用した友好的買収

　サントリーと米蒸留酒最大手ビーム（Beam Inc.）は、2014年1月、サントリーがビームの発行済株式を1株当り83.5ドル（過去3か月の売買高加重平均株価を24%上回る、総額約1兆6,500億円）で取得し、買収することに合意した。サントリーホールディングスが全額出資で米国に設立済みの特別目的会社がビームと合併、買収する。蒸留酒の世界市場は拡大を続け、新興国はほとんど手つかずのために、世界的な需要拡大が期待できる。サントリーは、両社の強力なブランドの展開に加え、販売流通網の拡大や技術交流の深化により、上位に欧米ブランドが並ぶ蒸留酒で勝負をかける。両社の蒸留酒売上高の合計は、英ディアジオ、仏ペルノ・リカールに次ぐ世界3位となる。

　本件は、寡占化が進む世界の飲料大手の一角に食い込むための大手蒸留酒メーカー買収という、サントリーの世界戦略であり、飲料と酒類の両翼が揃うことになる。一方で、巨額の大型買収だけに、相乗効果をどこまで積み上げられるかが課題となる。

(b) 現金合併（cash merger）

　対象企業の株主が現金を受け取る点を除いては、前述「法による合併」における直接合併、三角合併または逆三角合併の3つの形態がそのまま現金合併に該当する。現金合併は、対象企業の株主が現金を受け取ることにより租税負担のある（taxable）取引となる。これ以外の利点と不利な点は前述「法による合併」と同じである。

　現金合併は、アメリカにおいて上場会社を非上場会社とする、あるいは少数株主を締め出すために、合併と連動させて一般株主の株式を買い取る方法である。対象企業の株主は、その株式と引き換えに買収企業から一定額の現金を受け取る権利をもつにすぎない。

　逆三角型の現金合併を例にとれば、その手順は次のとおりである。買収企業である日本企業がアメリカに持株会社を設立し、さらに現金合併を行うためにこの持株会社が100%出資の子会社を設立する。日本企業は、子会社を通じて買収対象企業であるアメリカ企業に対して逆三角型の現金合併のオファー（1株当りの買収価格を含む）を提案する。アメリカ企業は当該オ

ファーを検討、日本企業と交渉し、合意に達すれば、取締役会で現金合併（買取価格および合併契約書を含む）の承認を決議する。アメリカ企業の株主総会において当該現金合併の承認が決議されると、日本企業の子会社はアメリカ企業に合併させられ、日本企業は、現金と引き換えにアメリカ企業の株式を取得してアメリカ企業は日本企業の子会社となる[4]。

（3）株式買収

　株式買収は、買主である買収企業と対象企業の株主との間の契約によるものであり、対象企業の経営陣の合意は要しない。すなわち、敵対的買収であっても株式買収は可能である。しかし、株式買収には個々の株主の合意が必要であり、関連する証券法の規制に従わなければならない。また、反対株主の株式を買い取るために、あるいは少数株主を除去するために第2段の手段が必要である。対象企業の資産とすべての責任はそのまま対象企業にとどまり、資産買収とは異なって新しい株主がその責任を原則として承継することになる。

（a）株式による株式買収（株式交換）

　対象企業の株式（すくなくとも80％以上）が、買収企業の発行する議決権のある株式と引き換えに買収企業によって取得される[5]。

　このような株式買収は次のような利点をもっている。①売主である対象企業の株主にとって、買収企業の議決権のある株式の発行により租税負担のない取引となる。②対象企業の会社としての同一性は、事業活動に必要な許認可等とともに維持される。この同一性は、譲渡不能な権利や資産がある場合には必要なものである。③対象企業の契約上の権利は、当該企業に対する支配の変化について特別の合意を要求されない限り、損なわれない。④対象企業が閉鎖会社の場合には株主の数が限定されており、比較的簡単な取引が可能である。⑤買収企業の株式が市場において高値に評価されている場合には、この高値を買収に利用することができる[6]。

　これに対して不利な点は、次のように考えられる。①全部の株式の買収に至らず、少数株主の問題を将来に残すことになる。②買収企業は議決権のある株式を発行しなければならない。

(b) 現金による株式買収

　売主である対象企業の株主にとっては、その株式の売却の対価として現金を受け取るので租税負担のある取引となる。これ以外の利点と不利な点は「株式による株式買収」と同じである。

　現金による株式買収は、交渉による株式買収と現金公開買付に大きく分けることができる。現金公開買付は、買収企業が株式市場で対象企業の株式を買い付けるものであるが、対象企業の経営陣の協力が得られるか否かにより、友好的公開買付と敵対的公開買付に分かれる。友好的公開買付は、対象企業の経営陣がその株主に対して積極的に公開買付に応じるように勧め、買収企業が株主名簿を入手して個々の株主に対し直接売却の依頼をすることも可能であり、またアメリカの州法上の規制も緩やかで成功の可能性が高くなる。一方、敵対的公開買付においては、対象企業の経営陣が公開買付に応じないよう株主に働きかけ、ときには妨害訴訟を提起する、あるいは競争する公開買付者を呼び込むこともある。

　現金公開買付の利点として、買収企業は、①もっとも短時間でかつもっとも簡潔に買収を完了することが可能な買収形態であり、②非友好ベースではいきなり公開買付を仕掛けることもできる。その不利な点は、前述の対象企業の株主の租税負担に加えて、次のように考えられる。①買収金額の予想が困難である。とくに非友好ベースでは株式市況に左右されて当初の予定額を大幅に超過するおそれがある。②非友好ベースにおいては、買収企業は当然のことながらデューディリジェンス（due diligence、買収に当たって対象企業の事業内容を調査すること）を行うことはなく、事業買収契約書もないので、対象企業からなんらの表明（representations）保証（warranties）もとることはできない。

事例　現金による株式の友好的買収

　楽天は、2014 年 2 月、キプロスの無料対話アプリ大手バイバー・メディア（Viber Media Ltd.）を買収すると発表した。バイバーの発行済株式全株と新株発行を引き受けて子会社化する（買収額約 920 億円）。バイバーは世界 193 か国に約 3 億人の登録ユーザーをもち、楽天市場の登録ユーザー約 2 億人を合わせると一

気に5億人という楽天「経済圏」に拡大する。楽天はフェイスブック、アップル、グーグルやアマゾン・ドット・コムなどの巨大経済圏に対抗する世界規模の競争に乗り出すことになる。買収した無料通話アプリは利用時間や頻度が多く、楽天はユーザーを引き付けて電子商取引、金融やコンテンツ配信による利用で収益増を狙う。

　本件は、楽天の競合企業の買収による世界戦略であるが、「経済圏」をめぐる単なる囲い込み競争から同時にユーザーの利用による収益向上も狙う買収戦略である。

（4）　資産買収

　買主にとって資産買収の主たる利点は、株式買収と異なり、買主が売主の責任を引き受ける限度を交渉することができることである。とりわけ売主が重大な偶発債務や潜在的な責任を負っている場合には、買主はそのような責任を売主に残し、過去の汚点を残さない事業を買収することが可能である。また、買収企業の株主総会の承認は一般的には要求されない。しかし、資産買収には、若干複雑な譲渡契約書を要する、アメリカにおいて州レベルの販売税が課される、あるいは時間がかかっている間に競争者が現れるおそれが生じるという不利な点があることを考慮しなければならない。

（a）株式による資産買収

　対象企業のほとんどすべての資産が、買収企業の発行する議決権のある株式と引き換えに取得される。

　このような資産買収は、次のような利点をもっている。①売主である対象企業にとって、買収企業の議決権のある株式の発行により租税負担のない取引となる。②事業全部の買収が可能であり、少数株主の問題はなく、反対株主の問題も一般的には生じない。これに対して不利な点は、次のように考えられる。①対象企業の会社としての同一性は、実質的な資産の譲渡が会社の解散に至る結果として維持されない。②資産譲渡に伴う契約上の権利の譲渡に対して一般的に相手方当事者の同意が必要であり、対象企業の義務の期限前履行や債務の前払いが要求される。

(b) 現金による資産買収

　現金払いによる資産買収では、買収企業はとりわけ買収の対象とする資産を選別し、引き受ける債務・責任も選別することができる。もっとも、売主である対象企業にとっては、その資産売却の対価として現金を受け取ることから租税負担のある取引となる。これ以外の利点と不利な点は、前述の「株式による資産買収」の場合と同じである。

(c) 事業の一部買収

　対象企業の全体を一括して買収するのか、その一部、すなわち事業部門あるいは工場を買収するかは、買収企業の買収の目的いかんに関わってくる。その事業部門が、対象企業の子会社として独立して運営されていることもあれば、対象企業の本体の一事業部門ということもある。対象企業の全部買収よりも一部買収の方が、買収の目的を達成するのに適切な買収戦略として選択される場合が多い。買収企業は、もっとも手に入れたい経営資源に買収の的を絞りたいからである。

　当該事業部門が対象会社の子会社である場合には、前述したようなさまざまな買収形態がありうるが、この子会社は通常は非上場会社ないし閉鎖会社であるので、友好ベースによる買収が行われる。当該事業部門が対象企業の本体の一部である場合にも、友好ベースによる資産買収が行われる。

　このような一部買収は、事業売却と表裏の関係にあるが、グローバル市場で激しい競争を続ける企業が、一方で事業の再構築を図りつつ、事業規模の拡大や業容の多様化を目的とする手段としてますます利用されるようになっている。

（5）　株式買収と資産買収の差異

　株式買収（合併を含む）と資産買収のビジネス上の重要な差異は、租税負担の問題は別にして、結局のところ、対象企業の資産・責任に関わる法的属性が前者の場合には継続するが、後者の場合は原則として継続しないということである。対象企業の株式が買収されたとき、買収以前に対象企業がもっていた契約上の権利や既存の責任は一般的にそのまま買収企業に承継される。もっとも、契約上の権利については、対象企業における所有と支配の変

化により相手方当事者の解除権が発動されることがある。資産買収においては、買収企業は対象企業の責任承継を避けることが可能である。

　合併の場合は、三角または逆三角合併を利用することによって、買収企業は対象企業の責任を買収企業の子会社にとどめておくことができる。対象企業の契約上の権利については、継続することも可能であるが、所有と支配の変化による解除権の発動に従うこともある。

3　リーガルプランニング

（1）ビジネス・ロー
（a）ビジネス・ローの基本原則

　国際取引法は、英語で International Business Law であり、企業のグローバルな事業活動に関わるビジネス・ローの主たる分野である。

　ビジネス・ローとは何か、あるいはその範囲や対象はいかなるものかといった、定義や定説は存在しないし、そのような必要性はないといってもよい。ビジネス・ローとは、主として企業および企業の事業活動に関わる法規範のすべてが含まれるという、包括的な概念を前提として議論を進める。

　まず、ビジネス・ローは多様な法規範を対象としているが、ビジネス・ローが依拠する基本原則はどのようなものであろうか。

　(i) 信義誠実と公正取引の原則

　信義誠実の概念は、わが国を含め大陸法の法制度の共通の核心に属し、そして米国の統一商事法典（UCC）および判例法の体系であるリステイトメントやオーストラリアのような他のコモンロー制度によっても認識されている。

　また、国際物品売買に関する国連条約（CISG）や各国契約法の国際リステイトメントといわれるユニドロワ国際商事契約原則において、信義誠実（good faith）と公正取引（fair dealing）の原則は重要な地位を占めている。当事者は、国際取引における信義誠実および公正取引の原則に従って行動しなければならないとされている。信義誠実の概念が公正取引の原則とともに用いられており、当事者の行動が主観的な基準やそれぞれの国内法制度の基

準に従って評価されるのではなく、国際ビジネスにおいて見いだされる客観的な基準、つまり市場における公正さの基準に従って評価されるべきことが明らかにされている。

　信義誠実と公正取引の原則の具体的な機能は、たとえば契約関係においては次のように考えられる。

　第1に、すべての契約は信義誠実と公正取引に従って解釈しなければならない。当事者の意図が明らかでない場合、裁判所は合意の文字どおりの条項によるのではなく、合理的な当事者が契約に与える意味に従って契約を解釈するべきである。第2に、信義誠実と公正取引は補充的な機能を有する。契約または制定法において明示に規定されていない補充的な権利・義務が当事者間に生じうるが、信義誠実と公正取引により黙示の条項として当事者の権利・義務が補充される。第3に、信義誠実と公正取引は制限的な機能を有する。当事者を拘束し、契約の文言においてまたは制定法により規定されるルールは、その効果が信義誠実と公正取引に反する範囲においては適用されない。このような制限的機能は、事情変更における契約の適合、不合理な契約条項の抑制などの法理を生み出したといわれている。

　このように信義誠実と公正取引の原則は契約関係のみならずビジネスを規律する基本原則であり、ビジネス・ローの中核の基本原則と考えられる。

　(ⅱ)　公正取引と公正競争の原則

　ビジネスにおける公正な取引は、当事者間で公正な競争が行われる環境が確保されていることが前提である。公正な取引は、公正な競争なくしては成り立ちえない。市場主義経済の下ではビジネスにおける競争がその本質的要素であるが、市場に任せていては公正な競争を確保することはできない。公正な競争の場は、当事者間の関係によってではなく、ビジネス・ローの介入により設定することが可能となる。この意味においてビジネス・ローはビジネスを規律するルールであるといえる。当事者間における公正な取引は、このような競争環境において公正な競争を行うことにより達成することが可能である。公正取引の原則は、公正競争の原則を前提とした両者不可分の関係にあると考えられる。

（ⅲ）ビジネス・ローの指導理念と社会的役割

ビジネス・ローはビジネスに関わるルールを対象とするが、これはビジネスを規律するルールとビジネスを形成・運営するルールに大きく分けられる。

ビジネスの担い手である企業の事業活動は、海外の子会社や関連会社を通じて世界に及んでおり、ビジネスは国境を越えた国際性を本来的に有している。この意味においてビジネス・ローは国際的な性格をもつものであり、その指導理念もグローバルな視野で、つまり国内社会のみならず国際社会に通用するものでなければならない。

このような指導理念は次のように考えられる。

第1は、論理性と合理性であり、ビジネス・ローの考え方はビジネスの内外において論理的な思考方法と合理的な判断基準に基づいていなければならない。第2は、ルールの遵守と社会的妥当性であり、ビジネス・ローに基づくルールは、国内・国際社会に通用しうるものであることが必要である。ビジネス・ローは国内・国際社会における社会規範との共通基盤をもつ存在である。ビジネス活動は社会規範の上に存立している。社会規範は社会的妥当性として体現されるが、ビジネス活動は社会的妥当性に裏付けられたものでなければ持続しえないからである。第3は、公正と信頼であり、ビジネス・ローによるルールは、ビジネスの内外から公正かつ信頼しうると評価されるものでなければならない。第4は、ビジネス・ローが構築するルールは、計画性と創造性を有するものであり、国内・国際社会に貢献しなければならない。

（b）ビジネス・ローの対象領域

ビジネス・ローが対象とする領域は、ビジネスにおける企業およびその事業活動の法的側面であり、いわゆる企業法務と呼ばれている。企業法務に関わる人は、直接の担い手である企業の法務部門、企業法務の案件を担当する弁護士や企業法務を研究の対象とする研究者などであるが、主たる担い手は企業の法務部門である。

まず、企業の法務部門は現在どのような法律業務を取り扱っているのであろうか。

　いかなる企業も国内の事業活動から発展していく過程をたどる以上、法務部門の本来の領域は国内法務業務にあったが、わが国企業の国際化は、外国企業のわが国市場への参入、通商問題、規制緩和等に応じて国内においても急速に進んでおり、この意味において国内法務業務も変容しつつある。企業活動のグローバル化が進展すれば、企業は各国の法制度とその運用問題に直面する。そのグローバル化の進展段階に応じて、国際法務業務がカバーする範囲は地理的に格段に拡がるとともに、その内容においてますます多様化・複雑化している。

　通常の事業活動に伴って生じる契約問題あるいは一般プロジェクトについては、法務部門は国内、海外ともわりと早い段階から参画しているのが通常である。

　国内における買収、合弁、提携等、海外における買収、合弁、投資、現地法人設立、提携等、企業の事業活動に重要な影響を及ぼす重要プロジェクトについては、常に法務部門の参画が要請されている。法務部門は企画立案の早い段階から積極的に参画し、企画部門や事業部門等とともに主導的な役割を果たすべきである。とりわけ海外においてはその必要性はきわめて高いが、国際法務業務における力不足のせいか平均的にはその参画の程度と主導力はかならずしも満足しうるものではない。

　国内における取引関係、知的財産、環境、消費者問題、雇用・労災、会社法関係等、海外における取引関係、知的財産、製造物責任、アンチダンピング、雇用関係、競争法等にかかわる紛争・訴訟については、法務部門が紛争発生部門に対して完全なリーダーシップをとり、全社的な問題として迅速に対応すべきである。コンプライアンスや内部統制システムについては、国内、海外とも法務部門が主導することが期待されている。

　ビジネス・ローは、このような企業法務の法律問題を取り扱うので、その対象とする法領域は、国内関係では、物権法、債権法等の民法、知的財産法、会社法等の商法、独占禁止法、環境法、消費者法、労働法などであり、海外関係では、国際取引法、国際私法、国際民事訴訟法、さらに代表的にはアメリカ法、EU法等の各国法や条約における契約法、知的財産法競争法、通商法、環境法、消費者法、労働法、会社法など多岐にわたることになる。

（2）ビジネス・ローの研究

（a）研究の対象領域

　ビジネス・ローの対象とする法領域は、幅広くかつ多岐にわたっている。ビジネス・ローの研究者は、研究の対象として特定の分野を主たる専門分野とするだけでは不十分であり、さらに、これにつながる第2の専門分野、第3の専門分野を自らの専門的研究の対象として設定することが必要である。これらの分野を有機的に研究することが、それぞれの専門分野の研究を進化させるために不可欠であると考えられる。

（b）専門的研究と比較法的研究

　ビジネスがグローバル化している環境下では、ビジネスを規律するルールおよびビジネスを形成・運営するルールもグローバルに通用することが必要であり、ビジネス・ローの研究は必然的にグローバルな性質をもっている。法学の研究には比較法による考察が必要という、単なる研究方法の意味においてのみならず、グローバルなルールとしての通用性をもつためには比較法の視点からの研究が不可欠である。また、比較法的研究ということは、グローバルには至らないルールや法は考慮しないというのではなく、いわばローカルなものについてもその価値を認識し、併存させる必要があるということである。

（c）専門的研究と領域侵犯的研究

　法学の研究者は、とかく自ら設定した専門分野に狭く閉じこもりがちである。ビジネス・ローが多様で幅広い法領域を対象とする以上、特定分野における専門的研究もその分野内で完結することはありえない。必要に応じて自在に関連分野に領空侵犯して研究領域を広げる必要があると考えられる。このような領空侵犯的な研究ができなければ、特定分野の専門的研究には限界が生じてくる。研究テーマによっては、関連分野における研究も専門的研究からのアプローチなくしては成り立ちえない場合もある。

（d）学際的研究と専門的研究

　ビジネス・ローは、ビジネスを規律するルールあるいはビジネスを形成・運営するルールを探求する法であるから、ビジネスに直結している。ビジネス・ローの研究にビジネスからの視点を欠かすことはできない。この意味に

おいてビジネスに跨がる学際的研究は、ビジネス・ローの特定分野における専門的研究を深めるために不可欠であると考えられる。また、ビジネス・ローの研究者は、あらゆる機会をとらえてビジネスの実際の姿を知るべく努力するべきである。

（3）　リーガルプランニング
（a）ビジネス・ローの方法論としてのリーガルプランニング

　厳しい社会的・法的環境の下でグローバルな事業を展開する企業は、ビジネス面におけるプランニングをサポートするリーガルプランニングを必要としている。ビジネス・ローは、ビジネスを規律するルールとビジネスを形成・運営するルールから成り立つが、これらのルールを探求するための方法論としてリーガルプランニングの考え方が有用であると考えられる。

　企業法務の担い手である企業の法務部門は、その機能を臨床法務、予防法務、戦略法務と進展させてきたが、これまでに開発してきた手法と目的をリーガルプランニングという考え方で再構築し、さらにこの考え方に沿ってあらたなものを加えるならば、ビジネスにおけるプランニングに対応するリーガルプランニングの機能が明らかになり、これをビジネス・ローの方法論として位置づけることが可能になると考えられる。

　さらに、企業法務の企業経営への貢献に対する期待に呼応して、経営における創造性につながるリーガルプランニングの考え方を企業の法務部門の機能の中心に据えることができれば、ビジネス・ローの方法論としてのリーガルプランニングの機能は、現代のそして将来の企業の法務部門のあり方を導くことになると考えられる。

　このリーガルプランニングは、次のような3つのアプローチによりその性格と機能を明らかにすることができる。第1は、ビジネス的アプローチであり、企業活動におけるビジネスの目的に対応して、その目的に貢献するような法的戦略と法的枠組みを考案し、実行するという、ビジネスの視点から法的課題に取り組む。

　第2は、比較法的アプローチである。現代の企業活動はさまざまな局面において国境を越えてグローバル化しており、ビジネスが抱える問題は絶えず

グローバルな視点から検討する必要に迫られている。したがって、ビジネスにおける法的問題も1つの国の法制度ないし法システムという枠内のみでは解決策を見いだすことは困難であり、多くの他国の法制度・法システム、さらには国際的な法システムないしルールを考慮に入れることが必要である。

　第3は、法政策的アプローチであり、企業活動を取り巻く法制度やルールの動向を見通して、その問題や解決策に関して社会に向けて提言する。このアプローチは、上記のビジネス的アプローチや比較法的アプローチの延長線上にあり、国際的な視野の中で法政策的な課題に取り組むものである。

　それでは、リーガルプランニングは実際にどのように展開され、どのような機能を果たすことができるのであろうか。国際取引関係の構築および国際取引関係のリスクという2つの局面を取り上げて検討する。

（b）国際取引関係構築のリーガルプランニング

（i）取引関係構築のリーガルプランニング

　まず、企業の基本的活動である「取引関係の構築」を例として検討する。

　リーガルプランニングとは、ビジネスのポリシーの設定および事業計画の立案からその実行に至るすべての事業活動の法的側面において、立案、交渉、履行と紛争、そして次の立案へとつながる一連の活動を意味しており、リーガルプランニングの機能と性格を「取引関係ないし契約関係の構築」に当てはめると次のように述べることができる。

　①　フレームワークの設計

　　企業の事業活動は、さまざまなビジネス上の取引関係となって具体化する。取引関係の法的な投影は当事者間における契約関係であるが、この契約関係は多くの要素から構成されており、本来的に多様である。この契約関係をビジネスの目的に従ってどのような内容とするか、すなわちどのような法的フレームワークを構築するかがリーガルプランニングの第一の目標である。

　②　あらたなビジネス関係の創造

　　フレームワークの設計は、単に事業活動のための器を用意するということではなく、事業活動を促進し、実現するために適切な基盤ないし枠組みを設けるものである。それは、1つの事業活動の実現を通じてあらたなビ

ジネス関係の創造を目指しており、リーガルプランニングは、法的な観点から企業の積極的な事業展開を可能とする契機を提供することに目標がある。

③　拘束力と強制力による実行

さまざまな取引関係は、当事者間における契約締結によりそれぞれの契約関係、つまりフレームワークが構築されるが、それは当該契約の法的拘束力によって担保されている。当事者は契約上の義務を履行しなければならず、その違反に対して、相手方は仲裁または訴訟を提起することによって履行を強制または損害賠償を請求することができる。

④　計画に対する成果の評価

契約締結時におけるフレームワークの設定という計画がどのように達成されたかどうか、また目的とする事業活動に適切なものであったかどうかなど、その成果が一定の時点で評価されなければならない。このような客観的な評価は、契約関係の当事者が途中で軌道を修正する、あるいは相互間の紛争を解決するためにも有用である。

⑤　成否の果実のフィードバックと活用

企業は、他の数多くの企業とさまざまな取引関係を数多く構築している。グローバルに事業を展開する企業にその典型がみられる。1つの取引関係から得られる成果は、それが成功であればもちろんのこと、たとえ失敗であっても当該取引関係自身に、また他の取引関係やあらたな取引関係にフィードバックして活用することが可能である。むしろ、契約締結時点におけるフレームワークの設定による計画は、当該企業のそれまでの数多くの取引関係から得られた知見とノウハウに基づいており、この意味における循環的創造性はリーガルプランニングにおける本来的な性格の1つである。

(ii)　事業関係構築のリーガルプランニング

次に、「事業関係の構築」の例として、企業が内外において事業活動の積極的な展開を図ろうとして、他の企業と手を結ぶための提携関係に入る場合を取り上げ、リーガルプランニングの機能を考えてみる。

① フレームワークの設計

　他企業との事業提携にはさまざまな選択肢がある。法的な観点からは、純粋契約型提携、少数資本参加型提携、ジョイントベンチャー型提携に大きく分けられる。さらにジョイントベンチャー型提携は、パートナーシップ型ジョイントベンチャー（有限責任の有無により、一般パートナーシップ型、有限責任パートナーシップ型あるいはメンバーが経営する有限責任会社型）、コーポレート型ジョイントベンチャー（マネージャーが経営する有限責任会社型と株式会社型）に分けられる。ビジネスの観点からは、事業の段階に応じて、研究開発提携、生産提携、マーケティング提携、生産・マーケティング提携、研究開発・生産・マーケティング提携に分けることができる。

　事業提携の目的と性格、パートナーとの関係などを考慮して、どのような形態を選択すべきか、各形態のメリット・デメリットを慎重に検討して決定する必要がある。提携関係の目的を達成するのにもっとも適した形態を将来の事業活動の戦略に沿って長期的な観点から選択する必要がある。

② あらたなビジネス関係の創造

　事業提携の基本的な形態が決まれば、その器の中でどのような提携関係を当事者間で構築するのか、パートナーとなる相手方との交渉を通じて、具体的な契約関係に入る必要がある。たとえば、少数資本参加型提携の場合、どのような事業で提携するのか、提携から期待する利益は何か、出資比率はどれぐらいか、取締役は派遣するのか、提携関係を解消する場合の手続と解消後の関係はどうするのかなどである。提携の内容が提携契約に織り込まれることにより、あらたなビジネス関係が創造されることになる。

③ 拘束力と強制力による実行

　事業提携契約は、当事者の提携事業に関する権利・義務とともに、提携事業の内容を定める。たとえば、コーポレート型ジョイントベンチャーの場合、事業提携契約であるジョイントベンチャー契約は、合弁会社として有限責任会社または株式会社を設立し、その事業内容や運営の仕方とともに、メンバーまたは株主としての権利および義務を定める。提携の当事者

は、事業提携契約に従って、すなわち契約に基づく拘束力の下で提携関係
を構築し、提携事業を運営することになる。

④　計画に対する成果の評価

　提携関係は、提携契約の締結時点で当事者の利害が一致していても、
当事者それぞれの事業における変化、さらに提携事業をめぐる変化は、時
間の経過とともに激しくなる。提携関係は、本来的に不安定な要素を内包
しているともいえる。しかし、そのような変化に対応できる当事者の事業
戦略と提携事業から得られる利益があるならば、提携関係という戦略は、
当事者の事業活動に大きな成果をもたらす可能性がある。この意味で提携
契約においても、当初の提携計画を定期的に評価し、たとえば、あらたな
パートナーを受け入れる、あるいは提携事業の内容の見直しや軌道修正が
必要である。

⑤　成否の果実のフィードバックと活用

　現代のビジネスにおいては、企業は数多くの企業とさまざまな提携関係
に入っているのが通常である。1社単独で内外における激しい競争に生き
残ることは難しく、緩やかな提携関係も企業グループの中に取り込んでい
る。激しい競争環境下ではすべての提携関係が当初の計画どおりに成功に
至るわけではない。1つの提携関係の成功あるいは失敗の教訓は、次のあ
らたなる提携関係に生かすことができる。提携関係の数が多くなればなる
ほど、それらの教訓や知見は、ノウハウとしてあらたな価値を創造すると
考えられる。ここでもまた、リーガルプランニングの創造性が発揮される
ことになる。

（c）国際取引関係におけるリスクとリーガルプランニング

　前述の国際取引関係構築のリーガルプランニングとは異なる視点、すなわ
ち、さまざまな国際取引関係が有する固有のリスクに焦点を合わせ、そのリ
スクにどのように対処するかという視点からリーガルプランニングの機能を
検討する。ここでは2つの事例を取り上げる。

(i) 国際技術ライセンスにおけるライセンサーによる許諾技術保証義務の
リスクとリーガルプランニング

① ライセンサーによる合理的な保証

　国際技術ライセンスにおいては、円滑な技術移転の観点から、許諾技術
の保証についてライセンサーの義務はどのように考えるべきであろうか。
ライセンサーの責任は、原則としてその収入の範囲内で負うとすることが
国際技術ライセンスの目的およびライセンサー、ライセンシー両当事者の
目的に適うところである。

② ライセンサーによる性能基準達成のプロセスと性能基準未達成の責任

　ライセンシーの新しいプラントにおける試運転を繰り返しても、ライセ
ンサーに起因して性能基準を達成できなかった場合にライセンサーの責任
はどのように考えるべきであろうか。

　試運転の上限回数を定めておいてそこで試運転を打ち切り、ライセンシー
の損失をなんらかの形で補償する。ライセンサーとしては、この段階に至る
まで円滑な技術移転に最大限の努力を尽くした以上、国際技術ライセンス契
約上の義務は金銭的な損害賠償義務に転ずるとすべきである。しかし、上記
①で述べたようにライセンサーの責任はその収入の範囲内に限定することを
考える必要がある。ライセンサーの責任を限定するには、一般的に損害賠償
額の予定として構成する方法が考えられ、具体的には金額的に最高額を設定
する方法とロイヤルティを減額する方法がある。

(ii) 国際合弁会社におけるデッドロックのリスクとリーガルプランニング

　共同事業者は、その持株比率に応じて合弁会社の取締役を指名する権利を
有する。合弁会社の取締役会における重要な意思決定事項については決議要
件が加重されており、共同事業者は、少数株主であっても会社の意思決定を
左右することができる。共同事業者が、合弁会社の経営に関してそれぞれの
利害をその指名する取締役を通じて妥協することなくあくまでも主張する場
合、合弁会社の取締役会は分裂してデッドロックに乗り上げる。取締役会に
おけるデッドロックは、株主総会に舞台を移しても同じデッドロックをもた
らす。このような共同事業者は、株主総会においても同様の加重決議要件や
拒否権を留保している。このようなデッドロックに対処する方策は考えられ

るであろうか。

①　スイングマンの権限

　当初から取締役の数を奇数にし、そのうちの 1 人を最終的な決定を下す取締役として双方の共同事業者が受け入れることのできる公平なアウトサイダーにする。しかし、実際問題としてかかる強大な権限を与えるに値するようなスイングマンを見いだすことはきわめて困難である。

②　最高経営責任者の権限

　取締役会のデッドロックが、合弁会社のビジネスの継続または財産の保全にとって重要な問題に関わる場合や、共同事業者がある特定の分野で衝突する可能性が予期される場合には、最高経営責任者は合弁会社としての意思決定を行うことができる。

　しかし、このような最高経営責任者の意思決定は、後で常に反対の共同事業者によって吟味されるものであり、その責任が追及されることがありうる。最高経営責任者は結果としてすくなくとも共同事業者または取締役の過半数によって受け入れられるようなコースに合弁会社を導くことになり、一見幅広い最高経営責任者の権限もこの意味において制限されたものとなる。さらに、最高経営責任者は、一方の共同事業者の仲間であって仲裁人としての地位を欠いており、他方の共同事業者の観点からはもちろんのこと、最高経営責任者にかかる重大な権限を与えることが実際的に困難な状況にあるのがしばしばである。

③　仲裁人の起用

　ジョイントベンチャー契約における仲裁の対象にデッドロックとなる事項が含まれることを明記して、公平な立場にある第三者を仲裁人として起用する。

　しかし、ビジネスの基本的ポリシーのような論争がはたして仲裁になじむものか、また第三者がそのような論争について対立する共同事業者に受け入れられるような解決策を提示することができるのか疑問であり、仲裁は、経営方針の意見の不一致や事業戦略についての意見の相違の解決にはほとんどの場合役に立たない。

④ 共同事業者のトップマネジメント間の協議

　取締役会においてデッドロックとなった紛争は、共同事業者が自ら直接に協議し、ビジネス上の問題として解決に当たることが必要となる。すでに共同事業の実際の運営責任を担う者のレベルにおける妥協の試みは尽くされた後であるから、当該紛争は、共同事業者のトップマネジメント（最高経営責任者）間の協議に委ねられ、ジョイントベンチャー関係の存続の観点から大局的に判断されなければならない。このようなトップレベルでの協議は、当該共同事業に対する事業戦略というポリシーの観点から紛争解決を図るものとしてきわめて有効に働く可能性もあるが、最後の手段としていわば政治的な妥協を図るものであり、かならずしもつねに紛争解決に成功するとは限らない。

[注]

1)　Simon M. Lorne & Joy M. Bryan, *Acquisitions and Mergers: Negotiated Acquisition Transactions Vol.11*（Clark Boardman Callaghn, 1995), at 2-6.2.

2)　買収企業がすでに活動中の現地法人をもっており、この現地法人がアメリカにおける事業活動の拠点であれば、この子会社を利用することが考えられる。この子会社は持株会社、事業会社のいずれであってもよい。

3)　日本企業がアメリカ企業を買収する場合、その現地法人が買収を目的とする子会社を設立する、あるいは現地法人をもたないときには、持株会社をあらたに設立し、さらにその下に買収を目的とする子会社を設立するのが通常である。

4)　日本企業が海外において外国企業を買収する場合、現金合併以外に、現金による株式買収（現金公開買付を含む）または現金による資産買収の形態をとるのが通常である。

5)　アメリカ租税法上、租税負担のない株式交換となるためには対象企業の議決権ある株式の 80% 以上の取得が必要とされる。I.R.C. Sec. 368（a）（1）（b）and（c）.

6)　アメリカにおける買収は、1980 年代は現金による買収が主流であったが、1990 年代に入って、とくに 1990 年代後半以後は、株式交換による買収が隆盛となっている。企業の経営者は、自社の株価が実力以上に評価されていることを認識しつつ、高値の自社株を利用して大規模な買収を行っている。このような株式交換による買収は、対象企業の過大評価につながり、必然的に買収の巨大化をもたらすことになる。過大かつ性急な買収は、買収後の企業経営に困難な問題を引き起こすおそれを抱えることになる。

第**2**章

国際買収のプロセス

1　国際買収の一般的プロセス

　友好ベースの交渉による国際買収として、買収企業は、次のような一般的プロセスを経て対象企業の買収を実現する。

（a）買収目的の設定

　買収企業の事業戦略の一環として、その事業経営上のニーズと買収の必要性を把握し、買収による効果および買収後の事業経営の見通しを明確にする。対象企業の業種、規模、特徴やその所在国ないし地域等について目標を設定する。

（b）買収対象企業の選定

　具体的な候補企業をリストアップし、それぞれについて公開情報を集めて分析する。関係取引先や投資銀行等から情報を収集して優先順位を決める。

（c）買収プロジェクトチームの編成

　買収企業は、関係部門から各分野の専門家を選び、権限をもった機動性のあるプロジェクトチームを早期に編成する。同時に外部の専門家、投資銀行、弁護士事務所や会計事務所を選定し、緊密な協働体制を始動させる。

（d）買収戦術の立案

　特定の対象企業に対する買収戦術について、買収企業は、起用した投資銀行、弁護士および公認会計士と具体的な検討を行う。買収形態については、資産買収か、株式買収あるいは合併のいずれか、そしてその支払いは現金か株式か、それぞれ税務上の観点とともに、最適な選択肢を吟味する必要があ

る[1]。対象企業にどのようにアプローチして、友好ベースの約束をとりつけるかは、買収を成功させるための重要な戦術である[2]。

(e) 買収交渉

　買収戦術に従って、対象企業の経営陣に対する友好ベースの買収が打診される。その経営陣の協力が得られる場合には、買収企業は、具体的な買収の対象、買収形態などの買収内容を提案し、両者間で交渉が行われる。

(f) レター・オブ・インテントの締結

　買収当事者は、買収に向けての当事者の意思および買収の内容について、その骨子を基本的に確認しておくための契約書を締結する場合がある。とりわけ次のデューディリジェンスの具体的なステップを契約書に織り込むことは、買収企業にとって重要である。

(g) デューディリジェンス

　買収企業は、起用した投資銀行、弁護士および公認会計士とともに買収プロジェクトチームを対象企業の事業所や工場等の現地へ派遣して、さまざまな角度から買収対象の事業を調査する。

(h) 買収契約の締結

　買収企業は、デューディリジェンスの結果とその評価を踏まえつつ、買収契約書を起案して提案し、両者間で具体的な契約内容の交渉が行われる。クロージング（closing）までに対象事業の評価に影響するような問題が生じた場合には、買収金額等について必要な調整を行う旨の条項を織り込むことは、買収企業にとってきわめて重要である。

(i) クロージング

　買収契約に定められた特定の日時と場所において、買収契約書に記述された表明保証および約束の確認、買収金額の支払い、株券の引渡しなど両当事者の買収契約上の義務の履行が同時に行われ、買収取引が完了する。

2　投 資 銀 行

　いかなる買収においても、とりわけ海外において買収を行う場合には弁護
士、公認会計士および投資銀行（Investment Bank）を起用することは不可
欠であるが、投資銀行の起用については、さまざまな観点からその必要性と
程度、どのような機能を期待するのか、そのメリット・デメリットなどにつ
いて十分検討する必要がある。買主の買収における経験度、売主との関係、
当該買収の性格、弁護士・公認会計士の活用の程度などによって、投資銀行
の役割が大きく変わってくるからである。

（1）　投資銀行の機能

　投資銀行は、買主の買収を援助するために買主により起用されるが、弁護
士や公認会計士が有しない機能、とりわけ次のようなビジネス面における貢
献が期待されている。①対象企業が属する産業ないし業界に詳しく、買主の
ために買収対象の企業を探知し、選択・決定するのに必要な情報を買主に提
供できる。②売主となんらかのつながりがあって、友好的な買収を行えるよ
う働きかけをすることができる立場にあり、買収契約の交渉において貢献で
きる。③当該買収対象企業の事業の価値の評価について、どの程度の買収価
格であれば売主に受け入れ可能かについて買主に現実的な助言をすることが
できる[3]。

　買主の事業が当該買収対象企業の事業と同種であれば、買主は当該業界の
事情に精通して相当な情報をもっており、それだけ投資銀行が提供する情報
ないし助言は価値を失うことになる。また、投資銀行は当該買収を成功さ
せるのに熱心なあまり、むしろ高値の買収価格を助言することも珍しくな
い[4]。買主としては、投資銀行にどのような機能をどこまで求めるのか、そ
して弁護士、公認会計士からの情報・助言を合わせて、自らの評価をどのよ
うにするのかについて冷静な判断が必要である。

（2）　投資銀行の起用

　前述のような一般的な機能に加えて、具体的な投資銀行の選択に当たっては次のような点について考慮する必要がある。①誰が当該買収プロジェクトを実際に担当するのか。買収の過程において実際の機能を果たすのは、投資銀行の組織そのものではなく、その組織に属する個人の専門家である。投資銀行の起用の成否は、その個人の経験と才能によるといっても過言ではない。②投資銀行と売主とのつながりはどの程度のものか、たとえば、具体的な取引関係にあるのか、売主の経営陣と面識があるのかなど。③国際的な買収の実績はどうか、さらにその投資銀行は当該買収の対象とする事業が存立する地域に強い基盤を有しているかどうか。

　投資銀行を起用するための雇用契約（employment agreement）は定型的であるが、多くの条件は交渉により変更可能である。買主の立場からは、とくに報酬と免責の条項を検討する必要がある。報酬については、買収対象企業の探知のために一定金額を支払い、買収が成功するに至れば成功報酬を支払うというのが通常である。この場合、成功報酬の算定基準は、買収価格の一定比率とするのではなく、買収予想価格に基づいた一定金額として契約時に固定しておく必要がある[5]。投資銀行に対する免責については、無条件ではなく一定の歯止めを設けるような文言とすべきである。

3　秘密保持契約

　売主は、買主が買収対象とする企業の事業の評価のために必要な秘密情報を提供するが、このためにまず買主に対して秘密保持契約を結ぶことを要求する。

（1）　秘密保持契約の目的

　秘密保持契約は、基本的にもっぱら売主の利益保護を図るためであり、売主の立場からその目的を次のように述べることができる。第1に、秘密保持契約の期間中、買主による秘密情報の利用を買収の評価のためにのみ制限する。第2に、秘密保持契約において買主が買収をオファーすることができる

手順と時期を定める。とりわけ買主が複数存在する場合は、売主は買収全体のプロセスを完全にコントロールするためにこれらの手順と時期をあらかじめ設定する。第 3 に、買収が不成功に終わった場合、その後の一定期間秘密情報の取り扱いを含む買主の行動を制限する。

（2）秘密保持契約の内容

　買収における秘密保持契約の内容は一般的に定型的なものであり、売主が起案するだけに売主有利となっているのが通常である。しかし、あまりに売主に有利すぎる場合は、かえって買主を過剰に不安にさせることになる。買主の立場からは、次のような点について十分な検討が必要である。①秘密情報の定義について、売主が提供するすべての情報を対象とすべきではなく、書面によるものでかつ秘密扱いと明示されたものに限定する。②秘密情報の利用について、売主は包括的な表現でその利用を制限しようとするが、特定された明確な表現による文言でその利用を制限する。③買収交渉を公に開示することは禁止されるが、売主と買主双方を拘束する義務とする。もっとも、証券法等の法の要求に従う場合は例外とする。④上場会社に関する秘密保持義務契約において、その締結後一定期間買主が売主の株式を取得する、あるいは売主の経営に圧力をかけることを禁止するような条項が定められる場合、第三者が売主に対して買付のオファーを出したときには、買主はそのような条項に拘束されないものとする。⑤買主による契約違反については、買主の損害賠償責任の範囲から付随的損害や結果的損害を除外し、その責任に制限を設ける。

4　レター・オブ・インテント

　正式な買収契約の締結に至る前の段階で、売主と買主の間で当該買収についての当事者の意図およびその骨子について契約を結ぶ場合がある。このようなレター・オブ・インテント（Letter of Intent）の目的は、買収の構造、買収価格の考え方、停止条件、買収の手順と時期等の枠組みを設定することである。買収の交渉において、レター・オブ・インテントを経て買収契約

に至る2段階とするか、直ちに買収契約の締結を目指すべきか、議論の分かれるところである。売主と買主の関係、買収対象とする事業ないし企業の性格、買収交渉の環境などのさまざまな観点から検討する必要がある。

（1） レター・オブ・インテントの利用

　レター・オブ・インテントを利用するメリットは次のように考えられる。第1に、レター・オブ・インテントの交渉を通じて、売主と買主の両者は、正式の買収契約書の締結に至るまでの時間と費用がかかる段階に入る前に、当該買収について原則的に合意に達した理解を比較的簡単で明快な文書にすることができるかどうかを決定できる。とりわけ当事者がこうした取引に慣れておらず、取引のプロセスについて誤解を生じやすい、あるいは文書がないと互いに矛盾した解釈を生じやすいような複雑な要素がある場合には、レター・オブ・インテントの交渉過程が役立つことになる。基本的な合意に達することができないと分かれば、両者は比較的早い段階で交渉を打ち切ることができる。第2に、正式な買収契約書の締結までに相当長い期間が予想される場合（たとえば、買主にとって徹底的なデューディリジェンスが必要な場合や大規模な取引で多くの利害の調整を必要とする場合など）は、第1段階として両者の意図を確認するためにレター・オブ・インテントを結ぶ必要が生じる。第3に、当事者、とりわけ買主にとって、買収交渉に入るための前提条件（たとえば、反対株主による訴訟に対する補償・免責など）を明らかにすることができる。第4に、当該買収取引について公的な開示が適当と判断される場合には、当事者はレター・オブ・インテントを公表することができる。

　これに対してレター・オブ・インテントを経由することのデメリットはどうであろうか。第1に、レター・オブ・インテントといっても重要な条件はある程度織り込まなければならず、その交渉だけでも相当な時間と手間がかかる。第2に、レター・オブ・インテントの法的効力については、とくに定める場合を除き、拘束力のないものとすることができるし、その例も多く見受けられる。しかし、道義的、ビジネス的責任は生じており、その後条件を変更する、あるいはまったくあらたな条件を加えることは交渉において実際

上困難である。第 3 に、複雑な取引については、レター・オブ・インテントにおいても正確な定義や文言が必要となり、結局のところ長い契約書となってしまうおそれがある。また、この段階で正確を期するあまり買収交渉全体をかえって複雑にし、同時に柔軟性を失うこともある。

　ところで当事者が上場会社である場合は、レター・オブ・インテントの締結については、法に従いその開示が要求されるのが通常である。開示によって、潜在的な競争者が当該買収を妨害するおそれが生じる、あるいは買収対象企業の従業員や顧客等が不安に陥いることもありうるので、これらに対する対応策を考えておく必要がある。開示義務に服しない非上場会社の場合にはこれらの心配はなく、レター・オブ・インテントが一般的に利用される傾向にある。

（2）　レター・オブ・インテントの内容

　レター・オブ・インテントは、正式な買収契約に至る前段階のより簡易な覚書であるだけに、当事者の当該買収にかかわる事業上の意図をできるだけ明確に文章化する必要がある。これはレター・オブ・インテントを法的拘束力あるものとするか否かにかかわらずそのようにいうことができるが、とりわけ非拘束的な場合はなおさらその意図を明確にしておかなければ、レター・オブ・インテントの趣旨を最終的な交渉に活かせないおそれが生じる。

　レター・オブ・インテントの内容はかならずしも定型的ではないが、一般的に買主の観点から次のような点について検討することが必要である。①買主の立場から、できるだけもっとも有利に最終的な取引を完了させることができるように柔軟性を留保しつつ、当該買収に必要な主たる条件を明記する。レター・オブ・インテントで基本的な合意ができていないような重要な条件を最終的な契約書に織り込むことは実際上きわめて難しいからである。②買主は、その事業戦略から売主のどの事業ないし資産を買収するのか、どのような債務・責任を引き受ける用意があるのかを十分検討した上で[6]、さらに税務上の考慮を加えて買収形態を決定すべきである。また、買収価格に関連して、特定の債務の引受けの範囲、買収価格の一部を延払いにする、あ

るいはエスクロー勘定（escrow）に入れるかどうかについて[7]、責任・リスク配分の観点から検討する必要がある。③表明保証および補償免責について、この段階においては買収対象の事業が属する業界における買収取引にとって慣習的な条項が与えられるのが一般的である。買主がとりわけこれらについての懸念事項を早い時期に交渉の論点とすることは、売主を過剰に警戒させ、交渉を行き詰まらせることになるので、これらの内容や範囲については慣習的な文言にとどまらざるをえないとしても、買主がとくに懸念する事項についてはすべて網羅しておく必要がある。④買主は、最終的な買収契約書の締結の前に十分なデューディリジェンスの機会を確保しなければならない。⑤クロージングのための条件として、売主は、当該取引の対象である事業の価値を損なわないように、クロージングの時までその事業活動を通常の事業の過程にとどめることが要求される。しかし、売主の一般的な義務としてだけではなく、とくに買主として懸念する事項があれば、その同意を要する旨を契約に明記しておくべきである。⑥クロージングの条件の1つとして、両当事者は、政府、第三者あるいは自社内のどのような承認・同意が要求されるかを明らかにする必要がある。⑦当該買収の公表は、相手方当事者の承認なくしては禁止される。もっとも、法に従う場合は許容される。⑧買主は、当該買収の独占的交渉権を確保するために、売主が交渉期間中第三者から積極的に買収のオファーを募集することを制限する必要がある。

［注］
1) 現金による株式買収の場合、市場での対象企業の株式の買い集めをどのようにするのかについて、いきなり現金公開買付か、あるいはまず大株主との相対取引か、そして反対株主の株式買い取りや、少数株主の比率についての検討が必要である。また現金合併の可能性は、第1の検討課題である。
2) 対象企業の経営陣の誰に、どのようなタイミングおよびどのような内容の申し入れを行うかは、弁護士および投資銀行との十分な検討を経て、その助言に従った行動が必要である。
3) 投資銀行は、対象企業の価値を算定する方法に関して、その株式市場価格に加えるべきプレミアムや対象企業の株主が受け入れることが可能な株価について当然のことながら精通している。
4) 投資銀行が、買収企業に当該買収を止めるよう助言する、あるいは対象企業が主張し

ている高い価格に対し、買収企業のオファー価格を引き上げないように助言することは
まれである。

5)　投資銀行に買収価格の引き下げのインセンティブを与える方法として、たとえば、実
際の買収価格が買収企業の予想価格を下回った場合、その節約額の一定割合を報酬とし
て与えることも考えられる。

6)　逆にいえば、売主のいずれの資産や債務が買収の対象から除外されるかを明確に特定
することが必要である。

7)　この場合のエスクローは、当事者間のエスクロー契約に基づき一定の条件が満たされ
るまで買収価格の一部を第三者の金融機関に預託した金であり、買収企業の利益保護の 1
つの方法として用いられる。

第 **3** 章

国際買収契約の基本的構造

どのような形態の買収契約にも定型的な標準フォームが用意されており、当事者はこれを交渉のベースとして頼りがちである。しかし、買収対象の事業の性質や買収企業の業種、また当事者間の関係などにより交渉すべき内容は大きく変わってくるので、当事者は契約関係の構築について十分吟味することが必要である。ここでは、売主が保有する対象会社の発行済株式のすべてを買主へ譲渡する、交渉による買収の形態としてもっとも基本的な「現金による株式買収」を前提に、当事者間の買収契約関係を検討する。

1　譲渡価額の合意

株式譲渡契約においては、株式譲渡の対価（譲渡価額）についての合意が必須の要件となる。譲渡価額は、売主および買主がそれぞれ対象会社の企業価値を評価し、両者の協議・交渉によって決定されることになるが、企業価値の手法にはさまざまなものがあり、会社の事業または資産のどの点に着目しているかによって採用される手法は異なってくる。一般的には、純資産法、ディスカウンテッド・キャッシュ・フロー法（DCF 法）、類似会社法等により企業価値の評価が行われる[1]。

2　クロージング

　契約締結日から一定の期間を空けて、当事者が合意した日時、場所にお
いてクロージングが行われることが一般的である。株式譲渡契約におけるク
ロージングに関する規定としては、株式譲渡の実行に係る手続を中心に、こ
れに付随・関連する手続に関する事項が定められる。株式譲渡の実行に係る
手続としては、株券の交付、代金の支払い、その他各種書類の交付が行われ
る。買主は、クロージングにおいて、合意した譲渡価額（買収価格）を全額
支払う（ただし、別途の合意による価格調整や延払いが行われる）。
　買主は、クロージング以後買収した事業に関わる責任・義務を負うのが原
則であり、売主はクロージング以前の事業活動に関わる責任・義務を負って
いることを明文化しておく必要がある。一方、売主は、環境責任のようなク
ロージング以前の事業活動に帰するものについてその責任を限定しようとす
る場合がある。買主は、クロージング以前のいかなる責任を引き継ぐことに
合意するのか否かを買収契約に明記しなければならない。

3　クロージングの前提条件

　株式譲渡契約においては、クロージングに関する売主および買主の義務の
履行に係る前提条件が規定されることが通例である。前提条件は、売主と買
主に分けて規定されることが多く、各当事者は、自己の義務履行の前提条件
が充足されない場合には、クロージングを行わないことができる。前提条件
の機能は、その具体的な内容によってさまざまであるが、典型的には、当事
者が取引の前提としていた事実に誤りが判明し、あるいは変動が生じた場合
に、それにより不利益を被る当事者に、取引の実行を拒む権利を与えるとい
う機能を有する[2]。

（a）表明保証の正確性

　売主・買主ともに、相手方の表明保証の正確性が前提条件として定められ
ることが多い。両当事者とも、表明保証が正確であることを前提に取引実行

の有無や条件に合意しており、表明保証違反がある場合には、その前提が成り立たなくなる可能性があるからである[3]。

(b) 義務の遵守

売主・買主ともに、相手方の誓約条項その他の義務の履行が、クロージングに係る義務履行の前提条件として定められることが多い。相手方がクロージング前に遵守すべき義務を履行しない場合には、取引実行の当否やその条件の検討の前提が成り立たなくなる可能性があるからである[4]。

(c) 許認可・競争法上の届出等

株式譲渡の実行に先立って法令上必要とされる手続の履行も、両当事者に共通の前提条件とされるのが通常である[5]。典型例としては、当該買収取引を禁じるようないかなる命令等も司法当局から出されておらず、競争法上の待機期間が経過したことが問題となる。

(d) 株式譲渡の承認

対象会社が会社法上の譲渡制限会社の場合には、株式譲渡を対象会社に主張するためには、対象会社の株主総会（取締役会設置会社の場合には取締役会）による譲渡承認を要する。そこで、対象会社の譲渡承認が得られていることを買主の前提条件として定めることが多い[6]。

(e) 関連契約の締結等

株式譲渡に当たっては、株式譲渡契約以外にも、これに付随・関連する契約が締結されることがある。これらの契約の内容は、案件ごとに多種多様であるが、たとえば、売主の他に新株予約権者が存在する場合に、当該新株予約権者から新株予約権を買い取るための契約、売主が対象会社に提供していた各種サービスをクロージング後一定期間継続して提供する旨の移行サービス契約等がある[7]。

(f) 辞任役員の辞任届

株式譲渡に当たって、売主側から派遣されていた取締役等、対象会社の役員の全員または一部が辞任することとされる場合がある。このような場合、辞任役員は、基本的には売主側の関係者であるため、対象会社に対して辞任届を提出させることを売主の誓約事項とするとともに、辞任届の提出を買主側の義務履行の前提条件とすることが多い[8]。

（g）第三者の同意の取得等

　株式譲渡に当たって、第三者の同意を得ることなどが必要である場合には、売主の誓約事項として、クロージングまでに必要な同意を得るよう努力する義務が規定されることが多い。株式譲渡に際して必要となる第三者の同意の取得が買主の義務履行の前提条件とされることがある[9]。

（h）資金調達

　株式譲渡の代金支払いに必要な資金の調達が買主の義務履行の前提条件とされることがある。とくに、買収ローンなどの買収ファイナンスによる資金調達が想定されている場合に、当該資金調達が不調に終わった場合には買主は取引実行の義務を負わないこととする趣旨である[10]。

（i）重大な事業上の変化の不存在

　株式譲渡契約の締結日からクロージングまでの間に、対象会社の事業等に重大な影響を及ぼす事由が生じていないことが、買主の義務履行の前提条件として定められることがある。株式譲渡契約の締結後に重大な後発事象が生じた場合にクロージングを実行しないことを認めることによって、そのような後発事象に係るリスクを売主に負担させる趣旨である[11]。

（j）必要書類の交付

　一定の書面を買主が受領していることが、買主の義務履行の前提条件とされることが多い。このような書面としては、たとえば、株式譲渡の承認に係る対象会社の取締役会の議事録の写しや、辞任役員の辞任届の写しである[12]。

4　表　明　保　証

（1）表明保証の機能

　表明保証とは、株式譲渡契約の各当事者が、一定の事項が真実かつ正確であることを相手方当事者に対して表明し、保証するものである[13]。表明保証の違反が判明した場合には、取引実行前においては、相手方当事者の義務の前提条件が不充足となり、相手方当事者は取引を中止することができる。また、表明保証の違反は後述の補償・免責条項の原因として契約上規定されることとなるため、相手方当事者は、表明保証の違反を理由として、補償の請

求を行うことが可能である。このように表明保証の主な機能は、とくに売主による対象会社に関する表明保証に関しては、かりに表明保証の違反がある場合において、買主に対して、取引を中止する権利、または補償請求によって金銭的な救済を受ける権利が与えられることによって、売主および買主の間のリスク分担を行うことにある。これに加えて、表明保証は、売主による情報開示を促進し、買主による対象会社に対するデューディリジェンスを補完する機能を有する。すなわち、表明保証条項がなければ、譲渡価額その他の取引条件の前提となった事情を買主側のリスクにて確認することが必要となり、買主のデューディリジェンスの負担は過大となりかねない。一方、表明保証条項がある場合には、売主としても表明保証の違反を回避するために対象会社の状況を確認のうえで表明保証の内容を精査することになり、売主が認識している事項については表明保証の対象外とするように開示別紙にて開示されることになるため、買主はその内容を認識することが可能となる。また、表明保証には、売主と買主の間にある情報の非対称性を克服して効率的な取引の実現を促進する機能があるとされる [14]。

（2） 表明保証の時点

　一般的に、株式譲渡契約の当事者は、株式譲渡契約の契約締結日およびクロージング日を基準日として、各表明保証事項が真実かつ正確であることを表明保証する [15]。

（3） 表明保証の範囲または除外に関する事項

　表明保証を規定するに際しては、各個別項目ごとに、表明保証の内容・範囲を正確に吟味・検討する必要がある。表明保証の範囲を画する際には、別紙において表明保証の除外項目を定めたり、重要性・重大性の制約、または表明保証者その他の一定の者による認識に基づく制約（「知る限り」や「知りうる限り」の留保）を規定する場合がある [16]。

（4）　開示別紙

　表明保証条項に違反するような事実や事象（もしくはその可能性）がすでに認識されている場合、表明保証者は、開示別紙（Disclosure Schedule）にこれらの事実等を記載することにより、表明保証の対象から除外することが行われる。一方、相手方当事者は、開示別紙に記載された事実について表明保証違反を理由とした請求等ができなくなる一方、当該事実を事前に認識できる結果、譲渡価額に反映させるよう交渉する等の対応をとることができる[17]。

（5）　売主の表明保証

　売主は、一般的に以下のような事項について買主に表明保証する。

　(i)　売主の立場

　買収取引を行う売主自らの立場は次のとおりである。①売主は、適法な会社であり、事業活動を行う権限を有している。②売主は、当該買収契約および買主に引き渡すべき契約を締結し取引を完了する権限を有しており、それが会社の行為により認められている。また当該買収契約は、有効でかつ強制しうるものである。③当該買収契約および買収取引の完了は、基本定款・付属定款および買収対象の事業に関わるいかなる法令等にも違反していない、また抵当権証書、リース、契約等においてデフォルト（default, 債務不履行）、解除、期限の利益喪失や担保権の実行等を引き起こさない。

　(ii)　財務諸表

　売主は、買収対象の事業について特定の日付の財務諸表（貸借対照表と損益計算書）を買主に事前に提供しているのが通常である。これらの財務諸表は、一貫した一般的な会計原則に従って、その日付における当該事業の財務状況および当該期間における事業の成果を適正に示している。当該事業は、その特定の日付から当該買収契約締結の日までに、個別に一定額以上の債務・責任および累計して一定額以上の債務・責任を負っていない。

　(iii)　事業上の変化

　当該事業は、前述の最新の貸借対照表の日付以降、過去の慣行に一致した方法で通常の過程において行われ、その運営、資産や状況において重要な影

響を及ぼすようないかなる変化も生じていない（ただし、例外が開示別紙に明記される）。

（iv）知的財産

売主は、その知る限りにおいて（to the seller's best knowledge）、譲渡される知的財産の排他的な所有者であり、それらの財産を譲渡することができ、ロイヤルティ等の支払いなくしてそれらを自由に使用する権利を有する。また売主の知る限りにおいて、これらの知的財産に対してクレームや訴訟は提起されていない（ただし、上記いずれにおいても例外が開示別紙に明記される）。

（v）訴訟

対象会社において、当該事業に重大な影響を与えるような裁判所または政府機関による命令、クレームや訴訟等の提起またはそのおそれは生じていない（ただし、例外が開示別紙に明記される）。

（vi）法令遵守

売主の知る限りにおいて、当該事業は、関連するすべての法令等にすべての重要な面において従っている（ただし、例外が開示別紙に明記される）。

（vii）資産

資産といっても、不動産、動産、債権、知的財産権等種類もさまざまであり、また使用形態もさまざまである。表明保証を検討するに際しては、対象会社グループがいかなる資産を保有しているか、そのうち重要な資産は何かという観点から、重点的に特定の資産について表明保証を求めることを検討することになる[18]。

（viii）契約等

対象会社グループが締結している契約は、事業の基礎をなすものであり、企業価値の源泉であることから、その適法性・有効性等やその遵守状況に問題が生じれば、従前どおりの事業遂行が困難となり、対象会社の企業価値・事業価値に悪影響が生じうる。対象会社グループが不利な契約を締結している場合や、株式譲渡に伴って契約が解約される可能性がある場合も同様である。対象会社グループが締結している契約について、さまざまな表明保証が規定されることがある[19]。

（ix）人事労務

人事労務に関する表明保証については、対象会社の人事労務に関して、偶発債務の不存在や法令遵守等を確認するために規定される。主に対象会社と雇用関係にある従業員を対象としていることが多いが、役員についても表明保証の対象に含めることもある[20]。

（x）公租公課

対象会社に税金の未払いが存しないことについては、他の偶発債務と同様に、取引価額等の前提となるため、表明保証の対象とすることがある。また、対象会社の過去の税務申告の正確性等に関しては、法令遵守の観点でも重要であり、かつ、今後の税務申告の前提ともなるため、これらも表明保証の対象とすることがある[21]。

（xi）保険

買主としては、対象会社の資産および事業に関するリスク管理の観点から、火災保険、運送保険、PL（製造物責任）保険等に関する特別の表明保証を要求する場合がある。

（xii）環境

環境に関する表明保証としては、環境法令および環境基準の遵守、環境に関する司法・行政機関等からの指導、命令、勧告もしくは調査（またはこれらの原因事実）の不存在、環境に関する第三者からのクレームもしくは訴訟等（またはこれらの原因事実）の不存在、規制物質や危険物質の使用もしくは流出の不存在、および、PCB（ポリ塩化ビフェニル）廃棄物等の個別法に対応する事項が挙げられる[22]。

（xiii）関連当事者取引等

買主にとって想定外のキャッシュ・アウトが売主に対してなされ、または想定外の債務を対象会社が売主に負担しているというような事態を防ぐことを目的として、売主関係者との取引の不存在に関する表明保証が規定される[23]。

（6）買主のデューディリジェンス

　買主は、買収契約締結の前に、買収対象事業のデューディリジェンスを実施する機会を確保する必要がある。買主は、買収契約のドラフトに提示された売主の表明保証の内容、とりわけそれらの例外について注意を払いつつ、買収しようとしている事業にどのようなリスクがどの程度存在ないし潜在しているかを認識しなければならない。デューディリジェンスの結果により、買主は、当該買収そのものを中止する、あるいは買収契約の条件、とりわけ買収価格にそれを反映させることを検討すべきである。

　買主にとっては、デューディリジェンスの機会についての一般的な記述だけでは不十分である。売主は、デューディリジェンスの実際の場においてはつねにそれを制約しようとする傾向がある。買主は、デューディリジェンスの対象とする場所、期間およびその主たる内容について具体的な規定を買収契約に織り込んでおく必要がある。

（7）買主の表明保証

　買主に関する表明保証としては、設立および存続、契約の締結および履行、法令等との抵触の不存在、許可等の取得、反社会的勢力について、売主の表明保証と実質的に同じ内容が規定されることが一般的である。さらに、買主が株式譲渡契約に基づく義務（譲渡価額の支払義務を含む）を履行し、株式譲渡を完了するに足る十分な資金を有している旨の表明保証が規定される[24]。

5　誓　　約

　当事者は、買収契約の締結後からクロージングまでの期間において買収取引のクロージングに向けてさまざまな約束（covenants）を果たすことが要求される。

（a）事業活動の現状維持

　売主は、買収の対象とされる事業を過去の慣行に一致した方法で通常の過程に従ってクロージングのときまで運営しなければならない。この約束の目

的は、売主の事業が買収契約締結時と実質的に同じ活動状況にあるように、すなわちその事業価値を維持するように確保することである。過去の慣行に従った通常の過程におけるものは除かれるが、売主は、一定額以上のまたは買主に悪影響を及ぼすような行為をしてはならない。たとえば、一定額以上の資本的支出または資産の処分、一定額以上の配当、保証または借り入れ、重要な契約の締結・変更、資本の償還、従業員の給料増額や福利厚生プランの締結・変更などの行為を具体的に挙げておく必要がある。もっとも、買主の承認を別に得るならばそのような行為は可能である。

(b) 取引実行のために必要となる手続に関する義務

　具体的には、取締役会における株式譲渡の承認決議、独占禁止法等の法令に基づき必要となる手続の実行および株式譲渡について承諾を要する契約に係る承諾の取得に関する義務が規定される。

(c) 対象会社の役員に関する義務

　売主が、対象会社をして、退任する役員からクロージング前に辞任届を取得させる義務が規定される。

(d) 対象会社の事業・権利関係に基づく義務

　株式譲渡の実行に伴い、対象会社は、売主の子会社でなくなることになる。売主の子会社であることに基づく、権利関係等をクロージング日までに解消することが望ましい場合があり、このような解消について売主のクロージング日までの義務として規定されることがある[25]。

(e) 関連契約の締結

　株式譲渡契約において、移行サービス契約の締結、株主間契約の締結や業務提携契約の締結を当事者の義務として定めたうえ、株式譲渡の義務履行の前提条件として規定することがある。

(f) 買収資金のファイナンスに関する義務

　買主において、株式の買収資金を金融機関からの借り入れや増資により外部調達する場合、買主の義務として、ファイナンスに係る契約の締結および実行に関する義務が規定されることがある[26]。

(g) 取引保護条項

　株式譲渡と矛盾または抵触する取引等について、その実行はもちろんのこ

と、協議や交渉またはデューディリジェンスのための情報提供等についても禁止する旨の規定（独占交渉義務）が設けられることがある[27]。

（h）勧誘禁止義務

対象会社の企業価値の重要な一部を対象会社の役職員が占めている場合、買主としては、株式譲渡後に、売主が対象会社の役職員を引き抜く行為を禁止したいと考えることが多い。売主による対象会社の役職員の引抜き行為を一定期間禁止する条項を設けることがある[28]。

（i）派遣役員・従業員の責任免除

対象会社の役員は、売主の従業員が管理のために派遣されているという場合も多い。このような場合に、株式譲渡前に当該役員が行った行為について、株式譲渡後に責任を追及することが可能であるが、売主としては、買主によるそのような責任追及を禁止するべく当該役員の責任を免除する規定を定めることがある[29]。

（j）商号・商標等に関する義務

買主の義務として、クロージング後一定の期間内に対象会社の商号・商標等を変更する旨を規定する。

（k）売主による情報アクセス

株式譲渡前の買主による対象会社への情報アクセスと反対に、株式譲渡後、売主による対象会社の情報へのアクセスを定めることがある[30]。

（l）取引完了への最善努力義務

売主、買主いずれも、買収取引を完了させるのに必要なことをすべて実行する最善努力義務を負うことが明記される。さらに、関係政府機関の承認等を得るために最善努力義務を負うことも付加される。

ところで、友好的買収交渉の当初は買主が1人であったが、競争者が現れる、あるいは売主が敵対的買収に対抗して競売による友好的買収へ切り替えようとすることも少なくない。買収企業としては、当該買収取引が他から干渉されないで完了するよう確保する、すなわち売主を当該取引に閉じ込める（lock up）ような、なんらかの契約上の仕組みを望むのが通常である。しかし、このような性質の契約は、売主企業の取締役についてその株主に対する信認義務との背反の問題を生ずるおそれがある。このような問題を避けるた

めには、最善努力義務条項がもっとも安全なものと考えられる。また、買収
企業が、売主企業の支配株主と議決権契約（voting agreement）を結び、当
該買収取引に対する支持を確保する方法も考えられる。

（m）競業禁止

買主は、売主から買主と競業しないとの合意を取り付けることを望むのが
通常である。しかし、このような競業禁止の契約は反競争的な問題を生ずる
おそれがあるので、売主に対する競業制限を合理的な範囲にとどめる必要が
ある。たとえば、売主は、クロージング後の３年間、買収対象の事業が行わ
れていた地域において、そのような事業と同じ活動を展開する企業とはいか
なる資本関係ももたないことを約束する。一方、譲渡したトレード・シーク
レットや秘密情報について、売主がその使用を禁止されることは許される。

（n）従業員の承継

買主は、買収対象の事業のために雇用されている従業員を原則として承継
するのが通常である。そして買主は、従業員の福利厚生プランについて、ク
ロージング直前に与えられていたものと全体として実質的に等しいものを、
引き継いだ従業員に与えることを約束する。もっとも、特定の個々のプラン
については変更されることがありうることを明記する必要がある。

6　環 境 責 任

事業活動に伴って生じる環境責任は、アメリカ法の下においては、第三者
から提起される環境クレーム、法により要求される土壌の浄化責任および環
境法を遵守するためのコスト負担の３つに大きく分けることができる。買主
は、クロージング以後買収した事業から生ずる環境責任を負うのが原則であ
り、この旨を買収契約に明文化する必要がある。

一方、売主は、クロージング以前の事業活動から生じた環境に関わる責
任・義務を制限するために、たとえば、環境クレームや土壌の浄化責任につ
いてはクロージング後７年以内、環境法遵守のためのコスト負担については
クロージング後６か月以内に申し立てられたものに限定しようとする場合が
ある。買主としては、メーカーの事業を買収する場合は環境責任が最大の懸

念事項であり、このような売主の環境責任の免責にたやすく応じることはできない。

7　補償・免責

補償とは、ある当事者に株式譲渡契約の表明保証違反、誓約条項違反またはその他の義務違反があった場合に、当該違反による損害を補償または賠償等する旨の合意である[31]。

当該買収契約において定められた売主および買主の責任・義務に関して、相互に補償または免責する（indemnify）総括的な条項が設けられる。売主および買主は、クロージングの時点を基準として、当該買収契約に定める責任の不履行・義務違反から生じる損害について相互に補償または免責することに合意する。この場合の損害は、保険による補填および第三者へのクレームによって回復した額を差し引いて算定される。また第三者からクレーム等が申し立てられた場合は、当事者が相手方に対して補償・免責を請求し、第三者に対応するための手続が定められる。

(a) 補償の限定

補償の金額による制限としては、補償の下限と上限が問題となる。補償の下限としては、個別事由の下限および損害の累計額の下限が検討される。補償の上限は、違反当事者による補償の最大限であり、これを超える金額については、かりに違反があったとしても違反当事者は補償義務を負わない[32]。

このような補償・免責の制限は、実際上売主保護のために設けられるものであり、買主は上限・下限いずれの額についても慎重な検討が必要である。

(b) 補償の期間

補償の期間についても、半永久的に補償が可能となるのではなく、一定の時期的制限が設定され、それ以降は補償請求が認められない旨が規定される場合がある[33]。

売主および買主によりなされた表示保証は、クロージング後の一定期間、たとえば1年間は残存するのが通常である。表示保証についてのクレームは、この期間内に相手方に申し立てることが要求される。

（c）その他の補償責任の限定等

　補償義務の根拠となった事項と同一の事由によって、対象会社または買主が別途利益を受けた場合には、売主による補償義務を軽減する旨が規定される場合もある[34]。

8　解　　　除

（a）解除が可能な期間

　株式譲渡契約の解除は、クロージング前までに限って行うことや、クロージング後は、補償請求による金銭的な処理のみを認める場合が多い[35]。

（b）解除事由

　株式譲渡契約においては、解除事由として、相手方について表明および保証の違反がある場合、相手方に義務違反がある場合、相手方について法的倒産手続が開始された場合、一定の日までにクロージングが行われない場合が規定されるのが一般的である[36]。

［注］
1)　戸嶋浩二・内田修平・塩田尚也・松下憲『M&A契約　モデル条項と解説』（商事法務、2018）29頁。
2)　同上、58頁。
3)　同上、60頁。
4)　同上、62頁。
5)　同上、62頁。
6)　同上、63頁。
7)　同上、64頁。
8)　同上、64-65頁。
9)　同上、65頁。
10)　同上、65-66頁。
11)　同上、66頁。
12)　同上、68頁。
13)　同上、72頁。
14)　同上、73-74頁。

15)　同上、74頁。

16)　同上、76頁。

17)　同上、79頁。

18)　同上、100-101頁。

19)　同上、108頁。

20)　同上、111頁。

21)　同上、115頁。

22)　同上、119頁。

23)　同上、121頁。

24)　同上、125-126頁。

25)　同上、141-142頁。

26)　同上、146頁。

27)　同上、147頁。

28)　同上、152頁。

29)　同上、155頁。

30)　同上、157頁。

31)　同上、158頁。

32)　同上、164-165頁。

33)　同上、167頁。

34)　同上、170頁。

35)　同上、178頁。

36)　同上、178頁。

第 **4** 章

買収におけるデューディリジェンスのリスクと リーガルプランニング

　買主は、買収において次のような基本的な懸念ないしリスクに直面している。第1に、買主が当該買収によって目指している一定の目的（たとえば、新しい市場への進出、事業基盤の拡大、新しい技術の獲得、競争力の強化など）を達成できるかどうかである。第2に、買収後、買主が当該事業を継続し、経営するだけの能力を維持することができるかどうかである。これらの能力は、たとえば、買収した設備の操業、既存の顧客とののれんの維持、主要な供給者や金融機関との関係の継続、買主の経営スタイルの下における既存の従業員のつなぎとめなどのために必要である[1]。したがって、買主はこれらのリスクを評価してできるだけ軽減する、あるいはこれらに対応するために十分なデューディリジェンスが不可欠であり、その成果を買収取引の交渉の過程において反映させなければならない。

（1）　デューディリジェンスの目的
　デューディリジェンスの目的は、買収の対象とする事業の業種と性格、買主の事業目的などによって大きく異なってくるが、一般的に次のように挙げることができる。①対象企業の事業について売主により適正な表明保証がなされているかどうかを評価する。②対象企業の事業の事業上および収益面における強さと弱さを評価する。③偶発債務ないし責任が発生する可能性とその影響を評価する。④当該買収取引を壊すような重大な問題、あるいは買収価格の評価に影響するような問題の存否とその影響を評価する。⑤特定の懸念がある分野を取り扱うのに適切な表明保証および補償免責条項を検討す

る。⑥当初考えていた買収形態またはその一部を変更する必要がないかどうかを検討する。

（2）　デューディリジェンスの方法と時期

　デューディリジェンスは、売主の観点からは短い期間内に実施することが要求され、買主の観点からはできるだけ効率的に実施しなければならない。買主は、デューディリジェンスの手順と方法について次のように十分な検討が必要である。①買主は、当該デューディリジェンスの目的を明らかにし、その範囲と重要なポイント、とりわけ作業の優先順位を関係者全員に指し示す。②デューディリジェンスを実施するチームのメンバーそれぞれの役割分担とその責任を明らかにする。③買収企業内で専門家を結集するのみならず、社外の専門家、たとえば、弁護士や公認会計士はもちろんのこと、不動産鑑定士、環境コンサルタント、技術コンサルタントなどを活用する[2]。④メンバー間の円滑な意思疎通と協力の体制を構築する。

　デューディリジェンスは、それぞれの専門家による作業の集積であるが、相互に密接に関連しており、その成果は、社内の中核となる専門家グループが社外の弁護士や公認会計士をデューディリジェンス全体の調整役としてどのように有効に使うことができるかどうかにかかっている。

　買主は、デューディリジェンスを買収契約の交渉中に実施する必要がある。デューディリジェンスの過程は、基本的に買収契約書のドラフティングと契約交渉の過程に完全に統合されるべきである。たとえ売主の立場が強い場合であっても、買主は、売主との交渉を通じて明らかとなった対象事業に対する懸念事項をデューディリジェンスにおいて調査する必要があり、納得のいくデューディリジェンスを完了するまでは買収契約の締結を延ばすべきである。買主は、デューディリジェンスの成果を買収契約の交渉に活かさなければならない。

（3）　デューディリジェンスの対象

　デューディリジェンスの対象も、対象企業の事業の業種と性格、買主の事業目的などによって変わってくるのはいうまでもないが、次のような3つの

観点からその対象を一般的に検討することができる。

(a) 法的観点からのデューディリジェンス

　法的観点から対象となる典型的な項目は、会社の基本的な構造に関する書類（たとえば、登記書類、基本定款、付属定款、株主総会議事録、取締役会・経営会議等の議事録とその運営規則等）、株式関係の書類（たとえば、株主名簿、転換社債、株式の種類とその権利内容、自己株式、株主間契約等）、事業活動に関する許認可や契約に関する書類等であり[3]、定型的なものであるが、以下のような項目については十分な吟味が必要である。

　(ⅰ)　株式譲渡・事業譲渡に対する制限

　株式譲渡・事業譲渡に対する法令上ならびに売主および対象企業内の要件（株主総会・取締役会の決議要件等）はどうか、また対象企業における支配の状況の変化または重要な資産の売却に対し第三者の承認を得ることを義務付ける契約があるかどうかを明らかにする。

　(ⅱ)　重要な契約の開示

　すべての重要な契約（とりわけ停止条件・解除条件、譲渡制限、解除、有効期間、契約違反、債務不履行およびその他の通常でない条項を含む契約）を開示させる。

　(ⅲ)　コンプライアンス・プログラム

　事業活動に必要なすべての政府の認可を得ているか、法令遵守のためのコンプライアンス・プログラムを含むコンプライアンス・システムは機能しているかなどを確認する。

　(ⅳ)　係争問題の発生

　現在生じている、そして将来発生しそうなすべての係争問題（民商事、労働、行政、刑事を含む）、とりわけ雇用問題、反トラスト法問題、知的財産係争、製造物責任や環境問題についてその詳細な状況を開示させる。

(b) 経理的観点からのデューディリジェンス

　すべての財務諸表（営業報告書、監査報告書を含む）、税務申告書類（税務クレームを含む）、予算と事業計画書、資金収支表、資金調達と融資関係書類（融資契約を含む）などは経理的観点からの定型的な対象項目であるが、以下のような点については十分な調査・検討が必要である。

(i) 会計基準

当該事業に用いられている会計原則・基準が健全なものかどうか、その基準の採用によりなんらかの問題や影響を生じる可能性があるかどうかを確認する。

(ii) 簿外債務・偶発債務

簿外債務がないかどうか、どのような偶発債務があるか、そしてそれが顕在化する可能性と影響はどの程度のものかを開示させる。

(iii) 担保・保証

売主が与えている担保・保証（履行ボンド、コンフォート・レターを含む）の詳細を開示させる[4]。

(iv) 内部統制システム

財務に関連する情報を適正に収集し開示するための内部統制システムがどのように構築されているか、そして有効に機能しているかを調査する。

（c）経営的観点からのデューディリジェンス

事業経営の観点からは、当該事業の現状と将来、他企業との提携関係、グループ企業との関係、売主と取締役・株主間の契約、当該事業に関する市場と業界の状況、主要な顧客とディストリビューターのリスト、原材料供給者との契約関係などが典型的な項目であるが、以下のような点については十分な検討が必要である。

(i) 買収に伴って生じる負担

当該買収に伴って、対象企業が締結していた既存の契約は解除されるのか、買主はどのような義務・責任を負うことになるのか、そしてその影響がどのような事業上の問題になるかを把握する。

(ii) 保険

付保している保険の内容、どのようなリスクが付保されていないか、過去および現在の保険クレームなどを明らかにする[5]。

(iii) 雇用・従業員問題

取締役との契約、社会保険負担、労働組合との契約、ストック・オプション、秘密保持契約、労働・雇用係争、年金・信託制度等の内容を開示させる[6]。

（4）　デューディリジェンスと表明保証

　買主が売主から獲得する表明保証は、デューディリジェンスに代替するものであるが、完全なデューディリジェンスを実施する機会が買主に与えられている場合は、買主は売主による表明保証を期待すべきではないとしばしばいわれる。売主は、一般的な表明保証（買主にとって満足できるものとはいえない）を与えていることを理由に、十分なデューディリジェンスの機会を買主に与えようとしない傾向がみられる。しかしながら、表明保証とデューディリジェンスは、相互に排他的であるというわけではない。両者の間にある種の相互依存関係が存在するが、それぞれは異なる目的を有するものの、補完的な目的に資するものと考えられる[7]。

　デューディリジェンスの目的は、リスクを特定してその程度を測ることであり、一方表明保証の目的は、しばしば特定されていないリスクを買主または売主に配分することである。デューディリジェンスのプロセスは、買主に十分な情報を与えることによりリスクと責任を買主と売主に割り当てる機会を提供するので、両者の利益に適うものとなりうる。買主が完全なデューディリジェンスを実施する機会を与えられている場合であっても、表明保証が機能する場が存在する。たとえば、効果的なデューディリジェンスは、表明・保証の焦点を絞り、売主に対して特定の表明保証を要求する争点を実際に明らかにすることができる。売主による十分で適切な情報開示と買主による十分なデューディリジェンスの実施は、買収後の表明保証に関するクレームや係争の発生を減少させると考えられる。

[注]
1)　Michael Whalley & Thomas Heymann ed., *International Business Acquisitions: Major Legal Issues and Due Diligence*（Kluwer Law International, 1996), at 321.
2)　これら以外に、保険プログラムについて保険ブローカー（insurance broker）、年金基金の評価やその積み立ての義務等について保険数理士（actuary）の起用も考えられる。買収企業がこれらの専門家と直接の契約を結ぶ必要はなく、法律事務所や会計事務所を経由するので十分である。
3)　売主が株式会社である場合は、委任勧誘状や証券法上の関係書類等。
4)　売主が金融機関等に出しているコンフォート・レター（comfort letter）の内容と程度

はさまざまであるが、買収企業の立場からは基本的に売主の保証義務を構成するものとして吟味するべきである。

5)　保険事故の分析や保険に関する係争の調査は、対象企業の事業活動上の問題点を明らかにする手がかりとなりうる。付保範囲についての潜在的なギャップや保険プログラムの内容等の保険ポリシーもリスク分析に有用である。

6)　年金基金が過少ではないか、生命保険や医療保険プランにおける退職者に対する義務など対象企業の年金・福利厚生制度については、買収後に予想外の重い負担となることがあり、事前の専門家による分析・調査を欠かすことはできない。

7)　Whalley & Heymann ed., supra note 1, at 322.
　　たとえば、売主が環境責任について包括的、詳細かつ具体的な表明保証を明記し、それらが買収後も一定の期間（たとえば2年間）残存し、その責任を担保する確実な方策を約束するならば、デューディリジェンスの範囲、すなわちそれによって開示される情報は買主にとって十分でなくてもよいと一般的にはいえるが、売主がこのように不利な表明保証条項を受け入れることはほとんどの場合期待できない。

第 **5** 章

買収後の経営におけるリスクとリーガルプランニング

　買収企業は、買収直後から買収した事業の経営責任を担う。一見成功したかのようにみえる買収でも、買収後の経営に失敗する例はきわめて多い。当該買収の成否は、この買収後の経営の成果によって決まるのであり、買収企業は、買収の戦略・戦術とともに、買収後の経営計画をたてる必要がある。買収企業の経営陣の真価が問われるのは、むしろ買収後の経営にあるといえる。

1　事業経営の独立性と支配

　買収企業が海外において買収した企業ないし事業を子会社として運営する場合、この子会社の経営は独立した経営とするのが基本である。買収企業は、異なる企業文化や経営ポリシーの下に活動していた事業と従業員を承継したのであり、その独立性を尊重する必要がある。一方で買収企業である親会社は、当該子会社を完全にまたは実質的に支配しており、その支配により買収の成果を上げなければならない。

　子会社の経営陣に対する親会社の経営ポリシーは大きく2つに分かれる。1つは、子会社の社長を始め経営陣には原則として現地人を登用し、親会社からの派遣は最小限にとどめるもの（間接統治）、もう1つは、親会社から子会社の社長以下の経営陣に相当数の人材を送り込み直接にコントロールする体制を築くもの（直接統治）である。親会社は、買収後当面の間、親子間の事業の調整、子会社の事業の見直しなど厳しい合理化を断行する必要がある場合には、前者に比べて後者の方がそれを実行しやすい。しかし、現地法人の

経営は、現地人による経営陣が経営責任をもって独立した経営を行うことが現地法人の事業経営を成功に導き、親会社の利益につながる。したがって、長期的な観点からは、前者によるまたは後者から前者への移行による間接統治が子会社経営の基本であると考えられる。

2　買収後の統合

（1）　統合の基本的プロセス

（a）戦略統合プロセス

　被買収企業に対して、財務目標の共有はあっても、戦略の共有がない場合が見受けられる。戦略統合プロセスでは、単に財務目標の合意形成だけではなく、経営資源の活用や顧客への価値提供といった戦略面での合意形成も重要になる[1]。

（b）業務統合プロセス

　上記の戦略を企業活動の各業務に落とし込むことが必要である。そのためには、被買収企業の日常の経営活動を、各業種別に目標値に落とし込むことである。具体的には、開発、製造、販売・サービス、経理、人事、購買などの各業務の現場のリーダーを中心に、戦略実現のために各業務がすべきことの議論を進めていくことが必要である[2]。

（c）モニタリングプロセス

　業務統合プロセスまで進めば、戦略と一貫性のある目標値が設定されているため、モニタリングプロセスは比較的容易である。このプロセスでは、月次での目標値と各業務の統合状況を確認し、PDCA（計画・実行・評価・改善）を確実に回していくことが必要である[3]。

（2）　機能統合プロセス

（a）販売・マーケティング機能統合

　買収後の統合において非常に重要なのが、販売・マーケティング機能の統合である。販売機能においては、買収企業が被買収企業と同じ地域にすでに販売拠点をもっている場合は、拠点の統合が重要になる。また、地域別に製

品ブランドをどのように統合していくかというこうも重要な論点となる。販売地域における販売力、保有顧客、地域シェアなどを勘案して、地域での販売拠点の統合、ブランド統合の方針を検討しなければならない[4]。

(b) 購買・物流機能統合

　統合後、購買の業務プロセスを統合することが必要となる。その際には、戦略統合プロセスで明示した事業戦略を実現するために、あるべき購買の将来像を明確にすることが重要であり、これに基づいて、需要予測業務、生産計画との連携の仕方、在庫のもち方、物流機能などについて、どのように統合するのかの検討を進める[5]。

(c) 製品開発機能統合

　製品開発については、お互いがもつ経営資源を生かし、あらたな付加価値を創造していくプロセスを構築することが求められる。買収企業・被買収企業が、お互いがもつ製品、技術、プロセスをもち寄ることで、あらたな製品・サービスを実現することが重要である[6]。

(d) 人材基盤・ガバナンス統合

　さらに統合において重要なのは、人材基盤の統合とガバナンスの統合である。人材基盤の統合としては、価値観の共有、重要人材の可視化と育成の仕組みが重要であり、ガバナンスの統合としては、責任権限の明確化、透明性の確保、主体性・当事者意識の向上が重要な論点となる[7]。

3　事業売却

　1つの企業が抱える多くの事業がすべて国際的に競争力を有することはほとんどありえない。しかも企業の経営資源には限りがあり、どの事業を中核の事業として育てるかは経営ポリシーの要である。企業が買収によってその事業全体を強化、補充しつつ、一方で中核から外れる事業または弱い事業を維持していくことは経営的にきわめて困難である。企業がグローバル市場で生き残るためには、新陳代謝を図ることが必要であると考えられる。当該企業にとって不必要なまたは弱い事業も他の企業にとっては魅力的な買物になりうる。

　このような事業売却は、買収のための原資を提供し、企業の新陳代謝を可能にする。この意味において事業売却は、まさに買収と表裏一体の関係にあり、これらを効果的に選択することによって事業の再編を速やかに実現することが可能である。企業は、事業買収とともに事業売却を重要な経営戦略として位置づける必要がある。

事例　コア事業の戦略から外れる事業部門の売却

　ソニーグループは、2021年10月、米ソニー・ピクチャーズエンタテインメント（SPE）傘下の完全子会社で、テレビ番組制作を手がける米ゲーム・ショー・ネットワークのゲーム部門を、モバイルゲーム開発の米スコープリーに約1,100億円で売却すると発表した。スコープリーは、2011年設立のゲーム会社で、他社のIP（知的財産）を活用したゲーム開発を得意とする。国内を含め、世界7か国に拠点がある。対価の半分をスコープリーの株式で受け取り、少数株主となる。SPEは、事業譲渡に伴い株式を取得する狙いについて、成長が期待されるスコープリー、モバイル業界から便益の機会を得るためとしている。

　ソニーは、映像作品などIPを活かしたゲーム開発を強化している。カードゲームの場合はジャンルが異なるため、コア事業にはあたらないと判断し、事業が好調なスコープリーへの売却を決めた。

　本件は、ゲーム・ショー・ネットワークのゲーム部門はビンゴやトランプのゲームを手がけているが、映画やアニメなどのコンテンツIPを活用してファンを囲い込むソニーの戦略からは外れると判断して、売却に至ったものである。

事例　規模を追えるだけの生産能力をもっていない事業部門の売却

　三菱マテリアルは、2021年11月、自動車部品などに使うアルミニウム事業を米投資ファンドのアポロ・グローバル・マネジメントに売却すると発表した。譲渡額は負債も含め約600億円である。売却するのは、子会社の三菱アルミニウムとユニバーサル製缶であり、飲料缶向けのアルミ缶に加え、アルミ板をつくる「アルミ圧延」、自動車向けなどに高精度な加工が可能な「アルミ押出」を手がける。アポロは、コールバーグ・クラビス・ロバーツ（KKR）やカーライル・グループに並ぶ米国の有力ファンドであり、今夏までに昭和電工のアルミ事業を買収しており、同事業を手がける子会社が三菱マテリアルのアルミ子会社を引き継ぐ形で再編を進める予定である。アポロ傘下のアルミ事業は売上高で国内3位グ

ループとなる。

　本件は、三菱マテリアルのアルミ事業は、かねて規模が中途半端と指摘されており、自社での成長は難しいとして構造改革を探っていたことから売却に至ったものである。今後は、シェアが高く、EV などで底堅い需要が見込まれる銅加工分野や航空機需要回復が期待される超硬工具、金属リサイクルの成長分野に投資を振り向ける。

事例　売却で得た資金を再生エネや企業買収など他の成長分野に充てるための子会社売却

　オリックスは、2021 年 12 月、子会社である会計ソフト大手の弥生を米投資ファンドの KKR に売却する方針を固めたと発表した。金額は約 2,000 億円程度である。オリックスは、弥生を 2014 年に 800 億円超で買収した。弥生が手がけるクラウドソフトの需要が強まり、企業価値が高まったことから投資資金を回収する。売却資金は再生可能エネルギーなどに振り向ける。

　本件は、オリックスは弥生の買収後複数の取締役を派遣して収益拡大に取り組み、オリックスの営業網を通じて弥生のソフト拡販を狙ったが、オリックスの顧客が主に大企業や中堅企業で、個人商店の経営者などを得意とする弥生との相乗効果は限定的であり、有力な買手候補が現れたことから売却方針に転じたものである。

事例　グループ再編を完了するためのグループ子会社の売却

　日立製作所は、2022 年 4 月、グループ子会社の日立物流を売却する方針を固めたと発表した。米大手ファンドの KKR に売却に向けた優先交渉権を与えた。KKR は、6,000 億円超を投じ、日立物流を買収して非公開化する見通しである。交渉がまとまり次第、KKR は日立物流の TOB などに乗り出す。KKR が TOB を実施すれば日立物流と日立製作所は賛同する見通しであり、日立製作所は TOB とは別に保有株を売却するとみられる。日立製作所は、現在日立物流の 4 割を保有する筆頭株主であるが、比率を 1 割まで引き下げる。今回の売却で、日立製作所は 2,000 億円前後の資金を得るもようである。日立製作所は、KKR の日立物流買収後も 1 割の株式は保有し続け、物流システムなどでの協業は継続する考えである。日立物流は、荷主企業の物流業務を一括受託する 3PL（サード・パーティー・ロジスティクス）の国内最大手である。

　本件は、日立製作所が 2009 年 3 月期に当時日本の製造業として過去最大となる 7,873 億円の連結最終赤字を計上した後、立て直しのため IT（情報技術）を軸とした事業入れ替えを進めてきたが、日立物流の売却によりグループの再編がほぼ完了することになる。日立製作所は、これまでに、2016 年、日立キャピタルを売却、2017 年、日立工機を売却、2020 年、日立化成を売却、日立ハイテクを完全子会社化、スイス ABB の送配電事業を買収、2021 年、日立金属を売却、米グローバルロジックを買収、仏タレスの鉄道信号事業を買収、2022 年、日立建機株の売却、という IT を軸に事業の選択と集中を進めてきた。

事例　本業の財務の安定のための事業売却による窮余の資金捻出

　エイチ・アイ・エス（HIS）は、2022 年 8 月、傘下のテーマパーク「ハウステンボス」（長崎県佐世保市）を香港拠点の投資ファンド PAG 系の特別目的会社に売却すると発表した。九州の地元企業の持株を合わせた売却総額は 1,000 億円規模となる。HIS は 9 月末にハウステンボス株の 66.7% すべてを PAG 系の特別目的会社「PAG HTB ホールディングス」（東京・港区）に 666 億円で売却する。九州電力など九州の地元企業が保有する残り 33.3% の株式はハウステンボスに売却する。

　PAG は香港に本部を置き、過去にはユニバーサル・スタジオ・ジャパン（USJ、大阪市）の運営会社などに投資した実績がある。2021 年 1 月には投資銀行とファンドからそれぞれ幹部人材を招き、日本での投資に本格的に乗り出した。

　HIS はコロナ禍の旅行需要の低迷を受け、2021 年 10 月期の連結最終損益が約 500 億円の赤字となった。2021 年 11 月～ 2022 年 4 月期も最終損益が 269 億円の赤字（前年同期は 235 億円の赤字）となり、2022 年 4 月末の自己資本比率は 6% と、2021 年 10 月期に比べて 4 ポイント低下していた。主力の海外旅行の回復ペースも鈍いなか、電力小売事業の売却などを進めてきた。ハウステンボス売却で財務の安定を急ぐ。

事例　成長が頭打ちになった事業の売却による資金を成長分野の投資に充当

　オリンパスは、2022 年 8 月、生物顕微鏡などを手がける科学事業を米大手投資ファンドのベインキャピタルに 4,276 億円で売却すると発表した。科学事業はオリンパスの祖業である。主力の内視鏡など医療機器事業に経営資源を集中させる方針で、売却資金などを成長投資に充てる。科学事業の 2022 年 3 月期の売上

高は 1,191 億円で、全体の 1 割強を占めていた。売上高営業利益率は 15% で、主力の内視鏡事業の 29% と比べて大きく見劣りしている。成長率は頭打ちになっており、2021 年に売却を前提に分社化を決めていた。2022 年 4 ～ 6 月期の科学事業は半導体不足や中国のロックダウンの影響から、営業損益が 16 億円の赤字（前年同期は 18 億円の黒字）となった。

今春以降の入札ではベインのほか、米カーライル・グループやスウェーデンの EQT、欧州拠点の CVC キャピタル・パートナーズなども応札していた。金額などの条件面でベインが他陣営を上回ったとみられる。

オリンパスの科学事業は、大学や企業の研究機関向けに工業用顕微鏡や非破壊検査器を手がける。生物顕微鏡のシェアは世界 2 位で、工業用顕微鏡は半導体や自動車部品、航空機エンジンの検査に使われ、工業用製品の生産現場では欠かせない製品である。

本業で稼いだキャッシュと事業売却で得た資金を医療機器関連の M&A（合併・買収）などに投じるとみられる。

事例　石油化学事業を含めた汎用品の構造改革のための売却

三井化学は、2022 年 8 月、合成樹脂などの原料となる基礎化学品フェノールを生産するシンガポールの現地子会社を 2023 年 3 月にも英化学大手イネオス・ホールディングスに売却すると発表した。三井物産が保有する株式を譲り受けたうえで、全株をイネオスに譲渡する。三井物産の保有分を含めた株式の譲渡価格は 3.3 億ドル（約 450 億円）を見込む。売却するのは、三井フェノール・シンガポールで、三井化学が 95%、三井物産が 5% の株式を保有する。

三井化学はフェノールの大手であり、日本と中国でのフェノール生産は継続する。シンガポールの生産量は同社全体のフェノールの生産量の約 3 割を占める。同社は市況変動の影響を受けやすい石油化学事業の整理・縮小を含めた汎用品改革に取り組んでおり、シンガポール子会社売却もその一環である。世界の産業の二酸化炭素（CO_2）排出量のうち石化などの化学産業は 13% を占め、脱炭素の圧力も強い。石化産業は収益性と環境対応の両面から投資家の評価を得にくくなっている。三井化学は石化を含めた汎用品の構造改革に取り組む。市場は石油化学事業縮小につながる今回の子会社売却を好感している。

事例　最終赤字・業績低迷が続いている百貨店子会社の売却によりコンビニエンス事業に経営資源を集中

　セブン＆アイ・ホールディングスは、2022年11月、百貨店子会社のそごう・西武を米投資ファンドのフォートレス・インベストメント・グループに売却すると発表した。セブン＆アイは2023年2月1日に売却する予定で、売却額はそごう・西武の企業価値2,500億円から有利子負債などを調整して決定する。セブン＆アイは年初からそごう・西武の売却手続を進め、2次入札を経て優先交渉権を与えたフォートレスと条件を詰めてきた。フォートレスの不動産事業や企業再生ノウハウがそごう・西武の収益改善や不動産価値の向上につながると判断して、売却を決めた。そごう・西武子会社の生活雑貨店、ロフトはグループ内にとどめる。一部のセブンイレブンでロフト商品を取り扱うなどしており、コンビニ事業への貢献も可能とみている。フォートレスは家電量販店大手のヨドバシホールディングスと連携し、そごう・西武の再建を目指す。ヨドバシは西武池袋本店（東京・豊島）やそごう千葉店（千葉市）内に出店することを検討している。店舗の不動産も取得する考えで、不動産取得などの費用は2,000億円を超えるとみられる。

　フォートレスは、ソフトバンクグループ傘下の投資ファンドで、不動産会社のレオパレス21や国内ゴルフ場最大手のアコーディア・ゴルフ・グループへの投資実績がある。

　セブン＆アイにとって、今回のそごう・西武売却は、停滞に陥った総合小売り経営からの転換に向けた大きな一歩を踏み出したことになる。セブン＆アイは日米を軸にしたコンビニエンスストア事業に経営資源を集中する。セブン＆アイはさまざまな流通業態を抱える「総合小売り」から脱却し、コンビニエンスストアを軸にした成長戦略を加速する。

事例　三井物産がオランダの鉄道リース会社を売却

　三井物産は、2023年8月、オランダの鉄道リース子会社を同業のビーコン・レイル・メトロ・ファイナンス（オランダ）に売却すると発表した。売却額は現時点では確定していないが数百億円規模といわれる。三井物産は成長分野への投資や株主還元の減資を確保するため事業構成の見直しや資産の入れ替えを進めており、今回もその一環である。

　売却するミツイ・レイル・キャピタル・ユーロップは物資・旅客車両のリースと保守を一体で提供するサービスをオランダやドイツなどで展開している。2022

年 3 月期の売上高は 231 億円であった。2024 年 3 月期中に売却手続を完了する。売却額の大半は三井物産の 2024 年 3 月期の連結業績予想に織り込み済みとしている。

［注］
1)　青嶋稔『海外 M&A を成功に導く PMI の進め方』（中央経済社、2019）9-10 頁。
2)　同上、11 頁。
3)　同上、12 頁。
4)　同上、12 頁。
5)　同上、13 頁。
6)　同上、13 頁。
7)　同上、14 頁。

第**6**章

国際買収失敗のリスクとリーガルプランニング

　国際買収はリスクの高い事業戦略である。さまざまなリスクが潜在しており、顕在化する場合がしばしば見受けられる。

　国際買収の目的は、買収企業が国際買収を計画するに際して、最初に掲げるステップであるが、とかく抽象的になりがちである。具体的なケースにおいて、目的が漠然としており、買収プロセスを完成したものの、具体的にどのような目的を目指したのか不明確な場合がある。当該買収の成果を評価するのが困難となり、買収企業は、買収後の経営に問題を抱えることになる。したがって、買収企業は、具体的な買収計画において、買収の目的を具体的に明確にして、買収プロセスに入らなければならない。

（1）　買収後のグローバル企業経営ができる人材の不足

事例　日本板硝子による英ピルキントンの買収

　2006年2月、板ガラス世界第6位の日本板硝子は、同3位の英ピルキントンの全株式を現金にて取得し、完全子会社とすることで双方が合意したと発表した。ピルキントンが抱える有利子負債の借り換え分を含めて総額約6,160億円の大型買収である。買収金額には約3割のプレミアム（割増金）が上乗せされており、日本板硝子は高値づかみした。当時の日本板硝子の連結売上高は2,649億円、一方、ピルキントンは5,000億円、年商が2倍の企業を傘下に収める「小が大を呑む」買収として話題をさらった。日本板硝子は海外売上高比率が2割から7割へ急増し、生産拠点は28か国、従業員は2割が日本人で、それ以外はすべて外国人という、文字通りグローバル企業へと転換した。

　買収後、日本板硝子はグローバル企業の管理運営という難しい課題に直面した。日本板硝子は海外に生産拠点があるにはあったが、ドメスティック（国内型）企業の典型であり、グローバル企業の経営ノウハウを持ち合わせていなかった。この課題を解決するために、外国人が経営し、日本人が監視するという特異な企業統治形態、ハイブリッド経営体制とでもいうべき統治形態をとった。このようなハイブリッド経営は頭の中で練られた空理空論でしかなく、現実には全く機能しなかった[1]。

　本件は、海外での買収を成功させるには買収後の統治作業が圧倒的に重要であることを明らかにしている。日本板硝子にはグローバル企業を経営できる人材がいなかったのである。

　国際買収の目的が海外市場におけるシェアを一気に拡大するという戦略に基づいて、買収対象企業を買収企業の子会社として買収し、グローバル化することに成功したが、買収企業はグローバル経営を担うことができるグローバル人材を欠いているために、子会社の経営に困難を来たす場合がある。

（2）　不十分なデューディリジェンスによる品質問題の顕在化

事例　第一三共によるインド後発医薬品大手ランバクシーの買収と売却

　第一三共は、2008年6月、成長する後発医薬品事業展開の切り札としてインド後発医薬品大手のランバクシー・ラボラトリーズの買収に合意した（買収額約5,000億円）が、買収後の経営は誤算続きであった。買収合意直後の株式取得中に米食品医薬品局（FDA）がランバクシーのインドの主力2工場の品質管理に問題があるとして、2工場の製品の米国への輸出を禁止した。FDAは、2009年2月にはうち1工場の製品で一部虚偽データを使って承認申請をした疑いがあると指摘した。ランバクシーの株価が大幅に下落、第一三共は2009年3月期に3,358億円の連結最終赤字を計上した。2013年5月品質問題に関する米司法省との協議で和解金500億円の支払いに合意した。第一三共は経営陣を送り込むなどランバクシーの品質問題に対処してきたが、「現場レベルまで行き届いた指導がなされなかった」といわれ、改善策の徹底が遅れFDAの不信を募らせた。再びFDAは2013年9月インドの1工場の米国向けの製品の輸出を禁止、2014年1月にもインド1工場の米国向け原薬の輸出を禁

止した。

　第一三共は、2014年4月、インド後発医薬品最大手サン・ファーマシューティカル・インダストリーズによるランバクシーの吸収合併に合意したと発表した。ランバクシーに約63.4％出資する第一三共は、株式交換の形でサンの約9％の株主となる。

　本件は、グローバルな後発医薬品ビジネスに乗り出すための戦略的買収が、わずか6年で実質的な事業売却に至った事例である。親会社が買収子会社の品質問題をコントロールできなかったということが原因とされているようであるが、買収後の海外子会社の経営問題が買収の成否を決めるという大きな教訓を残している。

　デューディリジェンスの一般的な方法については前述したが、買収対象企業の業種や性格の観点から重要なものに関しては漏れなくデューディリジェンスの対象とすべきであるが、とりわけ医薬品メーカーである場合には、品質管理体制に関しては徹底したデューディリジェンスを実施する必要がある。品質管理に問題があるかどうか、あるいは品質問題が顕在化するおそれがあるか否かは、買収の是非を決定する重要な判断基準である。

　デューディリジェンスが不十分なために、買収対象企業の欠陥や問題点が明らかにされず、買収後の経営にこれらが大きな悪影響を及ぼす場合がある。たとえば、買収対象企業を買収企業の子会社にする形態で買収したが、デューディリジェンスにより探知できなかった品質問題が顕在化して、当該子会社の業績が悪化した結果、数年後には子会社を売却するに至ったケースがある。このような場合、買収企業は、買収プロセスの途中においても、買収を止める決断をする必要がある。

（3）　悪化した経営状況下に追い込まれた状態における買収

事例　武田薬品工業によるスイスの製薬会社ナイコメッドの買収
　武田薬品は、2011年5月、スイスの製薬会社ナイコメッドを1兆1,100億円で買収することで、大株主の投資ファンドと合意したと発表した。ナイコメッドの純資産は1,700億円、買収金額は純資産の約6.4倍であり、大きな買い物

である。ナイコメッドは、売上高 3,200 億円、特許切れとなった新薬と同じ成分の薬をつくる後発医薬品が重要な収入源になっており、ロシア、中国、ブラジル、トルコ、メキシコなどの新興国に強い。

　2011 年 5 月に発表した 3 か年の中期経営計画によれば、武田薬品の 2014 年 3 月期の売上は、2011 年 3 月期比で 11％減の 1 兆 2,600 億円、営業利益は 35％減の 2,400 億円に落ち込むとの厳しい見通しであった。米国での売上高が 3,062 億円（2011 年 3 月期）の糖尿病治療薬アクトスの特許切れを織り込んだために、減収減益という中期経営計画となった。この窮地から脱するためには、あらたな企業を買収し、減収の穴埋めをするしかない。武田薬品は、有望な創薬メーカーを探す時間的余裕がないほど追い込まれていた。ナイコメッドの買収で、2014 年 3 月期が大幅な減収になる事態は見かけ上回避できる。懸案だった、新興国や欧州の一部の販売網が手に入り、成長著しい新興国市場に本格参入することで新興国での売上を一気に 8 倍に引き上げることができる、という目論見であった。

　本件は、追い込まれた状況下において実施した買収であった。ナイコメッドは有力な新薬候補をもっている会社ではなく、数社の製薬会社が統合した組織で、複数の投資ファンドが保有する非上場企業であった。技術力や開発力にみるべきものがあるわけではなく、新興市場での販売力を売物にした企業であった。販売網を手に入れて、武田薬品の製品を新興国に売ってもらう、という実に安直な狙いで買収したものである。創薬企業が最良な買物であったが、相手を選り好みする時間的余裕はすでになく、慌てふためいてナイコメッドの買収に飛びついた。当初から予想されていたように、この買収は高いものについた。さらに、ナイコメッド買収により、巨額なのれん代（買収価格と被買収企業の純資産の差額）が発生し、このれん代の償却費の計上が買収後の営業利益を減少させる原因になった[2]。

　買収企業の損益状況が悪化している状況において、苦境を脱するための手軽な手段として同業の海外企業を買収するという戦略は、同業の買収対象企業の買収によって相乗効果を達成することができるのであれば、有効な買収戦略となりうるが、本件の場合は、買収対象企業のナイコメッドは技術力や開発力にみるべきものがなく、単に買収企業の当面の損益を改善するための手っ取り早い短期的なものであった。このような状況においては、必然的に高値づかみの買収となり、買収後において巨額ののれん代の償却費の計上を迫られることになり、武田薬品の長期的な利益減少要因となった。

（4）　買収先の経営の状況および進出する市場に関する調査不足

> **事例　キリンホールディングスによるブラジルのビール会社スキンカリオールの買収**
>
> 　キリンホールディングスは、2011年8月、ブラジルのビール会社2位のスキンカリオールの持株会社であるアレアドリを約2,000億円で買収した。スキンカリオールの株式は、創業家の孫がそれぞれ経営するアレアドリ（持株比率50.45%）とジャダンジル（持株比率49.55%）の2社が保有していた。キリンはアレアドリがもつ全株式を取得して、スキンカリオールの子会社化を試みた。ところがジャダンジルは、事前承諾なしにキリンへ株式を譲渡したのは株主条項違反だとして、サンパウロ州イトゥー市裁判所に買収の無効を求める仮請求を行った。同裁判所は、この仮処分申請を認めた。キリンは、直ちに上級審であるサンパウロ州裁判所に上告した。同年10月、同州裁判所はジャダンジルの申し立てを却下する判決を下した。同年11月、キリンはジャダンジルから、スキンカリオールの株式の49.55%を約1,000億円で買い取った。創業家一族のアレアドリとジャダンジルから全株式を取得したことで、訴訟は終結し、キリンはスキンカリオールを完全子会社にした。本来は、スキンカリオールの負債の半分を含めて継承し、買収額は約2,000億円のはずだったが、1.5倍の約3,000億円に跳ね上がった。
>
> 　そもそもスキンカリオールの経営をめぐる争いは、業界では有名な話だったが、創業家一族の争いを知らなかったのはキリンだけだった。
>
> 　スキンカリオールは、ブラジルのビール市場では2位だが、1位のアンハイザー・ブッシュ・インベブ傘下のABインベブが、69%という圧倒的なシェアを握っていた。加えて、アジア、オセアニア市場に力を入れていたキリンがブラジルに進出したことに当初から驚きの声があった。ブラジル市場に対してキリンは、今後の消費拡大が期待できるという甘い読みをした。これまでのキリンの買収先でもっとも評価が低かったのがスキンカリオールであり、高値づかみの典型的な失敗例となった。これまでのアジア・オセアニアを中心とした戦略から外れ、唐突にブラジル市場に進出することに投資家やアナリストは不信の目を向けたのである[3]。
>
> 　キリンは、2017年2月、ブラジルのビール・飲料事業子会社ブラジルキリンを、オランダのハイネケンに7,770億円で売却すると発表した。ブラジル経済の低迷や同業他社との競争激化で経営の悪化が続いていた。世界3位の市場に進出後、わずか6年で撤退する。今後は市場成長が期待できる東南アジアに投資を

集中する。キリンは、2011年にスキンカリオール（現ブラジルキリン）を買収したが、その後、経済低迷に加え、価格競争の激化で他社にシェアを奪われ3位に後退し、赤字経営が続いていた。キリンは自主再建を進めるため、2015年12月期にブラジル事業で約1,100億円の特別損失を計上し、一部の工場を売却するなど効率化したほか、ハイネケンなど現地の同業他社と物流や調達の面などの業務提携協議も始めていた。提携協議を進める中で、複数社から買収提案があった。

　買収対象企業の経営状況に問題がないかどうかは、買収の戦術を検討する際の基本的な問題である。とりわけ創業者一族が絡んでいる場合には、なんらかの争いがあるかどうか、あるいはそれが顕在化するおそれがあるかどうかなど、徹底的に調査する必要がある。また本事例のように、アジア・オセアニアという主力の市場から外れて、ブラジルという新規市場へ進出する場合には、当該ブラジル市場に関して徹底した調査が必要である。単なる消費拡大に対する期待だけでは買収を決定することはできない。ブラジル市場における買収対象企業の実力に対する冷静な検討が必要である。これらの2つのポイントを欠いた買収は、結果として高値づかみの買収にならざるをえない。

（5）　買収後の完全子会社において発生した事故に関する情報が親会社に伝達されない管理体制の不備

事例　ブリヂストンによる米ファイアストン買収後のブリヂストン・ファイアストンにおけるタイヤ破損事故

　ブリヂストンによる世界第2位のタイヤメーカー、米ファイアストン・タイヤ・アンド・ラバーの買収は、一時、日本企業による唯一の米国企業買収の成功例と称賛されたが、タイヤ破損事故で奈落の底に突き落とされた。投資額26億ドル（3,300億円）は、当時の日本企業による海外企業の買収として最高の金額であった。1988年5月、買収は完了し、ブリヂストンはファイアストンを完全子会社に組み入れた。小が大を呑む買収であった。フィアストンの従業員は5万人を超えており、1万6,000人だったブリヂストンの3倍以上の企業規模であった。1990年5月、ファイアストンと米国ブリヂストンが統合し、ブリヂストン・

ファイアストン・インクに社名を変更した[4]。

1996年6月、アメリカ国内で最初のフォード・エクスプローラーの破損事故が報道された。1999年8月サウジアラビアにおいて、2000年6月ベネズエラにおいてフォードはタイヤを自主的に回収した。2000年5月、アメリカ高速道路安全局がフォードのエクスプローラーに装着されたブリヂストン・ファイアストン製タイヤ3種類の本格的調査を開始した。2000年8月、フォードがブリヂストン・ファイアストン（ブリヂストンの100%子会社）のディケーター工場製タイヤに問題ありと特定し、ブリヂストン・ファイアストンは3種類のタイヤ650万本のリコールを開始した。ブリヂストン・ファイアストンとフォードに対して損害賠償を求める訴訟が140件相次いで提起された。

2000年9月6日、アメリカ議会上下両院において公聴会が開かれた。フォード社長は、これまで何度もブリヂストン・ファイアストンに注意を喚起したことを裏付ける資料を用意し、タイヤに原因があると表明した。日本人のブリヂストン・ファイアストン会長は、社内調査では解明できなかったとしてタイヤの欠陥を認めなかった。このようにして最初の段階でブリヂストン・ファイアストンが説明能力を欠いたために、アメリカの消費者団体やメディアから徹底的な糾弾を受け、ブリヂストン・ファイアストンから味方となる企業や人が離れていったといわれる。

12日に2回目の公聴会が開かれ、ブリヂストン・ファイアストン副社長は、タイヤの欠陥に全責任を負うとし、タイヤは自動車事故の原因の一部としてフォードの責任も示唆した。

フォードは、基本的にはタイヤのみに責任があるという立場であった。リコール対象のタイヤは温度が上昇しやすく剥離強度が弱いなどの特徴があって、タイヤの接地面剥離を起こしやすい、そしてディケーター工場製のタイヤに事故が集中しており、不良タイヤが原因であるとフォードは主張した。一方、ブリヂストン・ファイアストンは、基本的にはフォードのエクスプローラー車体設計上の問題もあり、横転事故は複合要因であるという立場である。エクスプローラー用のハイブリッド・タイヤは、フォードの要請に基づき開発したものであり、その設計に関与したフォードの責任も免れない。そしてタイヤの空気圧や車体の設計自体が横転しやすい構造になっており、車両との連帯責任であるとブリヂストン・ファイアストンは主張した。

2001年3月、ブリヂストンの社長が交代した。同年5月、フォードは1,300万本のブリヂストン・ファイアストン製タイヤのリコールを開始した。同年5月、ブリヂストン・ファイアストンはフォードとの約100年の取引関係の終結を宣言した。

　2001 年 6 月、フォードによるタイヤのあらたなリコール 1,300 万本に関してアメリカ議会下院の公聴会が開かれた。同年 7 月、ブリヂストン・ファイアストンはアメリカ運輸省からのタイヤの追加リコールの要請を拒否した。同年 7 月、ブリヂストンはタイヤの品質管理体制を世界規模で強化するとし、年内にタイヤの基本仕様や品質評価手法など 5 項目について統一基準を作成し、23 か国に 46 ある工場に導入すると発表した。

　2001 年 8 月、原告テキサス州在住の内科医は、ブリヂストン・ファイアストン製タイヤを装着したエクスプローラーで横転事故が起き、妻が脳に重い傷害を受けて車いす生活を余儀なくされたとして、ブリヂストン・ファイアストンに対し 10 億ドルの損害賠償を求めてテキサス連邦地方裁判所に提訴していたが、ブリヂストン・ファイアストンが原告に 750 万ドルを支払うことで和解した。

　2001 年 11 月、ブリヂストン・ファイアストンは、同社製タイヤを装着したフォード車事故多発問題を共同で調査していた全米 50 州などに対して総額 4,150 万ドルを支払うことで和解した。同年 11 月、フォードの社長が交代した。

　2002 年 5 月、原告ユーザーらがブリヂストン・ファイアストン製タイヤを装着したフォード車で多発した事故問題に関して提起したクラスアクションについて、2 つの全国的なクラスを認定したインディアナ南部地区インディアナポリス連邦地方裁判所の判決に対して、フォードおよびブリヂストン・ファイアストンは控訴していたが、第 7 巡回区連邦控訴裁判所は、当該クラスが連邦民事手続規則第 23 条 a 項および第 23 条 b 項 3 号の要求する共通性および優位性の要件を満たしていないとして、連邦地裁の判決を覆した。

　2002 年 12 月、ブリヂストンは 2003 年から世界の自動車メーカーに供給する新車用のタイヤを「ブリヂストン」ブランドに統一すると発表した。「ファイアストン」ブランドは一部の市販用タイヤを除いて廃止された。

　ブリヂストンでは、製品に対するクレームは現地で責任をもって対応することになっていた。ファイアストンのタイヤ破損事故の情報は、日本の本社には上がらず、米国だけで事後処理にあたっていた。このような無責任体制下の権限委譲が、結果的に、174 人の死者が出る大惨事を招いたのである。危機管理という視点からすれば、ブリヂストンの情報管理システムはまったく機能しなかった。米国で相次いでタイヤの破損事故が起こり、大問題になっていたにもかかわらず、ブリヂストンのトップには、その情報が上がっていなかったのである。ブリヂストンは現場重視の会社である。親会社であるブリヂストンのトップへの情報伝達、それも企業の命運を左右するような重要な情報の伝達が遅れたことが致命傷となり、不祥事発生によるリスクを最少化することに失敗したのである。

　買収後の海外子会社をどのように統治するかの問題はきわめて難しいが、当該買収が長期的な成功の是非を決定するものである。とりわけ本件のように、米国の子会社においてタイヤ破損事故という重大な事故にどのように対応すべきか、これは企業グループ全体の統治にかかわる問題である。本件においては重大事故に対応する危機管理体制が構築されていなかったのである。親会社であるブリヂストンの現場重視といういわば企業文化が、米国の子会社にそのまま適用されてきた。これでは日本と異なる文化の米国会社の重大事故に対応することはできない。本件は、危機管理体制はグループ企業のそれぞれが立地する国の文化に適応することができるように構築しなければならない、という教訓を教えている。

（6）　買収後の環境変化に対応できないための売却

事例　丸紅による米穀物3位のガビロンの買収と売却

　丸紅は、2012年5月、米穀物3位のガビロンを買収すると発表した。買収額は36億ドル（約2,860億円）で、総合商社による非資源分野の投資案件では過去最大級である。丸紅の穀物貿易量は3,300万トンと世界シェアが1割強になり、穀物メジャーと肩を並べる。丸紅の販売力とガビロンの調達力を統合し、急成長するアジアなどの穀物需要に対応する狙いである。ガビロンの主要株主である米オスプレイなど3つのファンドから全株式を9月までに所得する。買収資金は手元資金のほか、一部銀行借り入れで賄う。

　丸紅は、2022年1月、傘下の米穀物大手のガビロンの穀物事業をカナダの穀物大手バイテラに売却すると発表した。丸紅は、ガビロンの事業を再編し、一部の事業を丸紅に移管した上で、2022年度中の譲渡完了を予定している。

　買収後、米中貿易摩擦による穀物輸出の減少などで業績が低迷し、丸紅の発表によると、2020年3月期にはガビロンの穀物事業で783億円の減損損失が発生した。丸紅は、穀物事業における戦略見直しの中で、ガビロンの穀物事業の保有方針を検討してきたが、今回妥当な条件で譲渡する機会が得られたことから売却を決めたという。「当初の目標は取引量を拡大し、世界の穀物メジャーになることだったが、取引量が増えると市場リスクが高くなり、戦略はうまくいかなかった」「買収額が高すぎたこともあり、苦戦を強いられた」と、丸紅は述べている。

　買収後の急激な国際経済環境の変化により、買収対象企業の事業が赤字に陥り、その状況が続く場合がある。そのような場合には、妥当な条件で当該事業を売却できる機会があれば、損失をできるだけ回復するために当該事業を売却することを検討するべきである。

（7）　買収後の市況急変により買収企業が苦境に追い込まれた買収

事例　古河電気工業による米ルーセント・テクノロジーズの光ファイバ事業の買収

　米ルーセント・テクノロジーは、2001年7月、光ファイバ・ケーブル部門「オプティカル・ファイバ・ソリューションズ」（OFS）を古河電気工業など3社に売却することで合意したと発表した。古河電気工業も同日、買収契約書にサインしたことを明らかにした。古河電気工業は今回の買収により、光ファイバ関連製品市場で米コーニングについで世界シェア第2位になる。OFSの売却金額は27億5,000万ドルである。このうち、18億7,500万ドル（約2,800億円）を古河電気工業が、6億5,000万ドルを米コムスコープが、2億2,500万ドルをコーニングが支払う。古河電気工業は、OFSの買収後にコムスコープとの合弁会社を設立する。

　古河電気工業はルーセントの買収によって、同社が保有する特許や技術を手に入れることができ、全世界で光ファイバの製造販売ができるようになった。これまで日本とアジアの一部に限られていた光ファイバ事業を、米国をはじめ世界展開に要する「時間を買う」利点、そして光ファイバ製品の「世界市場占有率」でコーニングに次ぐ2位となり、国内の競合である住友電工やフジクラを引き離す利点があった。この買収によって、古河電気工業は世界10か所の生産拠点と4,200人の従業員を擁する事業を引き継いだ。しかし、ルーセント光ファイバ事業の経営は買収から半年でつまずくことになった。北米を中心とする通信不況から、世界的に光ファイバ需要が冷え込み、買収した10工場の稼働率が20%前後まで落ち込んだ。その後も光ファイバの需要は減少し続け、買収時に2,000億円を超える売上高があったルーセントの事業は2002年度には300億円にまで急減し、古河電気工業の情報通信事業セグメントは600億円を超える営業赤字となった。工場の統廃合、人員削減を始めたが、光ファイバ事業の落ち込みに追いつかず、2003年度には4回も業績の下方修正を繰り返した後、連結で1,419億円の赤字となり、実に54年ぶりの無配に転落した。そして光ファイバ事業の減損処理で1,625億円の特別損失を計上した。

特許や技術を有する海外企業を買収することで、古河電気工業は世界展開への挑戦権を買ったが、肝心の世界市場の需要を読み誤った。買収交渉をしていた2001年に最大手のコーニングが光ファイバの生産停止を実施するなど、市況の変調はすでに表面化していた。光ファイバの販売で頼みにしたコムスコープも、古河電気工業との合弁出資比率を下げるなど、初めから腰が引けていた。その中で古河電気工業は買収に踏み切ったが、生産設備と人員は需要減で余剰となる。世界市場占有率の拡大がアダとなって、市況の逆風を何倍もの大きな形で受けることになった。この買収は、海外M&Aで狙った「市場占有率獲得」という利点が、買収後に市況が急変すると、逆に、買収企業を苦境に陥れることを示す事例である[5]。

買収交渉中の2001年には、市況急変の予兆がすでに顕在化していたにもかかわらず、なぜ古河電気工業はルーセントの買収に走ったのか。当時の社長は「将来性の大きな、百年に一度のチャンスを手放すわけにはいかない」と述べているが、古河電気工業の当時の市場占有率7%をルーセントの買収により一挙に26%に引き上げることができ、コーニングの30%に次ぐ2位の地位を占めることができるという、市場占拠率獲得戦略のみを最優先にしている。しかし、いかなる海外企業の買収においても、現在および将来の世界市場における需要が拡大基調にあることが大前提である。本件は、この前提条件を読み誤ったことがいかに買収後の経営に甚大な影響を及ぼすかという教訓を教えている。

（8）市場動向を見誤ったことによるのれん代の減損損失の計上

事例 旭化成による米ポリポア社の買収

旭化成は、2015年8月、リチウム電池の主要素材であるセパレータ（絶縁材）を製造する米ポリポア（ノースカロライナ州）を22億ドル（約2,600億円）で買収した。今回の買収は旭化成にとって過去最大の買収案件であった。成長性の高いセパレータ事業を拡大し、経営計画に掲げる環境・エネルギーの領域を強化する狙いであった。ポリポアのセパレータ事業の売上高は約530億円であった。ポリポアは、携帯用電子機器などに使われるリチウムイオン二次電池や鉛蓄電池

向けの「バッテリーセパレータ事業」（年間売上高 4.4 億ドル）と、「医療・工業用膜事業」の2つを柱とし、旭化成はこのうちバッテリーセパレータ事業の株式を 100% 取得した。旭化成が買収するバッテリーセパレータ事業は、タブレット端末のような携帯電子機器やスマートフォン向けの小型電池のほか、ハイブリッド車や電気自動車といった環境対応の車用の蓄電池などを得意とする。今後、ハイブリッド車の増加や新興国を中心とする需要により市場のさらなる拡大が見込まれ、買収の意義は大きいと判断した。生産拠点の面でも、ポリポアは欧米、インド、アジアなど旭化成との重複が少なく、グローバルな展開に弾みがつくと判断した。

　セパレータのタイプは製造手法により薄膜化に向く「湿式」、製造のコストを押さえられる「乾式」の2つに大別される。旭化成はもとはパソコンなど民生用を主体とする湿式のみを手がけ、2013 年度時点ではシェア首位（35%）であった。そうしたなか旭化成は EV の第1世代で使われ、コストの安い乾式が主流になると見据え、乾式を手がけるポリポアを買収し、湿式と乾式の「二刀流」に切り替えた。EV シフトによる追い風は吹いていた。ところが買収で手に入れた乾式のセパレータは EV 向けの販売が伸び悩んだ。航続距離などを左右する電池のエネルギー密度の向上が一層重視されるなか、湿式が主流になっていったためである。セパレータを薄膜化できれば電池容量を高める負極材や正極材を多く搭載できるからである。生産性向上で湿式の生産コストも下がり、乾式のコスト競争力が相対的に低下したことも大きい。

　旭化成によれば、連結最終損益は 1,080 億円の赤字になる見通しである。ポリポア関連の減損で 1,850 億円を計上する。ポリポア買収時に計上したのれん代と無形資産について未償却分約 1,850 億円を減損する。従来の 700 億円の黒字予想から一転、2003 年3月期以来 20 年ぶりの最終赤字となる。減損の要因は市場動向を見誤ったことである。当初の目算が狂い需要を開拓できず、減損を余儀なくされた。中国勢の猛烈な追い上げも重なり、買収を契機に当時3割程度だった世界シェアをさらに伸ばす野心は砕かれた。ポリポア買収の巨額投資は実らなかったが、旭化成は、今後は湿式タイプの増産に舵を切る。

　買収後、当該買収が前提としていた買収時点の市場条件が変化したために、市場動向を見誤る買収案件は少なくない。巨額の資金を投入した買収案件の場合には、巨額ののれん代が発生しているので、当該買収の成果を速やかに上げることができなければ、買収後の経営に甚大な悪影響を引き起こす

ことになる。本件はこのような悪影響が顕在化した典型的な事例である。

(9) その他のリスク
(a) 投資銀行の使い方

　国際買収を進めて行く過程において、買収企業は国際的に著名な投資銀行を起用したが、実際の業務を担当するアドバイザーの力量が不十分で、デューディリジェンスや買収価格に関して適切な助言がなされず、買収企業の期待外れに終わる場合がある。

(b) 高値づかみの買収

　買収対象企業に対して、とくに買収企業と競合する競争企業がある場合や買収企業の海外戦略の観点からグローバル化を急ぎすぎて当該買収対象企業を買収する場合には、買収によるシナジー効果に比して相当に割高の買収価額でも買収が行われることがある。このような高値づかみの買収が金融機関からの借り入れにより可能であっても、巨額ののれん代を抱え込むことになり、のれん代の償却が買収後の経営を圧迫し、長期にわたる業績悪化を招くことになる。

(c) 本業外の分野への進出のための買収

　買収対象企業の事業が、買収企業の従事する本来の事業の分野外である場合、買収企業はノウハウ、経験や知識もないことから、買収後の経営に非常な困難をきたすことになる。このような買収は、そもそも買収の目的を設定する時点で買収戦略を誤っており、失敗に終わるリスクがきわめて高い。

［注］
1)　有森隆『海外大型 M&A 大失敗の内幕』（さくら舎、2015）152、164 頁。
2)　同上 23、26、35-36 頁。
3)　同上 189-193、208 頁。
4)　同上 37、39、42-43、49-50、58-59 頁。
5)　松本茂『海外企業買収失敗の本質　戦略的アプローチ』（東洋経済新報社、2014）28-31
　　頁。

第**7**章
アメリカにおける買収防衛策

　買収防衛策は、買収プロセスを遅らせて、そして既存の防衛策を強化する、またはあたらしい防衛策を導入する、または対象会社を買収する買収者に対して総コストを引き上げる機会を対象会社に与えるために、設計される。防衛策は、買収提案を受け取る前に導入される防衛策および買収提案の受領後に実行される防衛策という、2つのカテゴリーに分けることができる[1]。

1　買収提案前の買収防衛策

　買収提案前の買収防衛策は、突然の、予期されなかった敵対的買付に対して、マネジメントが彼らの意見を適切に評価する時間をもつ前に対象会社の支配権を取得するのを防止するために用いられる。買収提案前の買収防衛策が支配権の変化を遅らせることに成功すれば、対象会社は、懇願されていない提案が受領される後、追加の買収防衛策を設ける時間を有する[2]。

（1）　定款の活用[3]
　対象会社が敵対的買収に対してとる最初の対抗手段は、敵対的買収者が会社の支配権を獲得するのを防止し、または遅延させるための標準的な防衛手段を定款に規定することである。このような項目には以下のようなものがある。
　①　取締役をいくつかのグループに分け、各グループの任期をずらす（たとえば、取締役の任期を3年とした上で、毎年3分の1を改選するなど、

取締役の任期をずらす）。

② 取締役会に取締役の人数を増やす権限を与え、増員の結果欠員が生じた場合には、取締役会が補充する（買収者が独自の取締役を選任しようとしても、取締役会側は定員を増員し、自らが増員する取締役を補充することで、取締役会の支配権を維持しようとする）。

③ 取締役会に、取締役の裁量で決定する条件で優先株を発行する広範な権限を与える。

（2） ポイズンピル[4]

しばしば株主ライツプランと称されるポイズンピル（poison pill）は、会社により株主に発行される新しい有価証券である。ポイズンピルは配当として発行され、取締役会は配当を発行する独占的権利を有しているがゆえに、ポイズンピルは、株主の投票なくして（会社の付属定款がそのような行動を制限しなければ）しばしば採用されることができる。

ポイズンピル有価証券は、投資家が対象会社の議決権のある株式の特定のパーセンテージ（しばしば 10% ほど低い）を取得しなければ、価値を有しない。この基準のパーセンテージが超過され、ピルがいわゆるフリップインポイズン（flip-in poison, 対象会社の株式を購入する権利）であれば、ポイズンピル有価証券は発動され、そして典型的に、既存の対象会社の株主が、現在の市場価格から割引で対象会社の普通株の追加の株式を購入することを可能にする。代わりに、ピルがフリップオーバーポイズン（flip-over poison, 敵対的買主との合併が行われる場合、市場価額より非常に安い価額で敵対的買主の株式を購入する権利）であれば、既存の株主は、買主の追加の株式または残存する企業の普通株（すなわち、統合された会社の株式）を割引で購入することができる。フリップオーバーポイズンの発動は、株式に対する現金（cash-for-share）交換における現金のために購入される必要がある対象会社の株式の数を増加させることによって、買収者の取引コストを増加させる。

（3）　ポイズンデット[5]

　敵対的買収から防衛するために、会社はポイズンデット（poison debt）と呼ばれる、支配権の変更があると利率が急激に上昇する借り入れを行うことがある。ポイズンデットは、買収価額を引き上げたり、会社の価値を激減させたりすることによって、買主による対象会社の買収コストを非常に高くすることを目的とする点で、ポイズンピルに類似する。ポイズンデットがある場合、対象会社を買収して支配権に変更が生じると、借入金利が急激に上昇することで対象会社のキャッシュ・フローが減少し、買主にとって買収コストをより高くする。時として、支配権の変更によりもたらされる利率の高騰が激しく、対象会社を破産させ、買収するに値しないものにすることもある。

（4）　ゴールデン・パラシュート[6]

　対象会社は、敵対的買収の結果解任された経営陣に対して高額の役員退職慰労金（ゴールデン・パラシュート（golden parachute）と呼ばれる）などを支給する旨の契約を当該契約陣と締結する。

2　買収提案後の買収防衛策

（1）　ホワイトナイト

　敵対的買収提案に直面した場合、対象会社は、会社を友好的に買ってくれるホワイトナイト（white knight）を探し出し、早急に会社を売却する。

　特定の買手によって買収されることを避けたい対象会社は、ホワイトナイト（より適切な求婚者とみられる他の会社）により取得されることを試みる。そのような取引を完成するためには、ホワイトナイトは、他の買手の条件よりもより有利な条件で対象会社を取得しようとしなければならない[7]。

（2）　クラウンジュエル[8]

　対象会社は、対象会社にとって一番価値のある資産（クラウンジュエル（crown jewel）と呼ばれる）を第三者に売却したり、スピン・オフしたりする。

（3） 従業員株式所有プラン[9]

ESOP（employees stock ownership plan）は、従業員の退職プログラムのための投資として会社の株式を保有する信託である。ESOP は、会社が ESOP に直接株式を発行する、または ESOP に公開市場で株式を購入させることで、迅速に確立されることができる。ESOP により保有された株式は、敵対的買収の試みの場合には、マネジメントを支持するように投票される。

[注]

1) Donald DePamphilis, *Mergers and Acquisitions Basics*（Academic Press, 2011）, at 73.

2) Id. at 73, 75.

3) 伊藤廸子＝Michael O. Braun 監修『アメリカの M&A 取引の実務』（有斐閣、2009）206 頁。

4) DePamphilis, supra note 1, at 75.

5) 伊藤＝Braun 監修、210 頁。

6) 秋山真也『米国 M&A 法概説』（商事法務、2009）183-184 頁。

7) DePamphilis, supra note 1, at 86.

8) 伊藤＝Braun 監修、211 頁。

9) DePamphilis, supra note 1, at 88.

第**8**章

国際買収契約における紛争解決

1 国際仲裁

（1） 仲裁の選択

　国際取引契約においては、当事者間で紛争が生じた場合訴訟によって解決するよりも仲裁による解決を選択することが多い。一般的に仲裁手続の利点は次のように挙げられている。第1に、契約による仲裁の合意は、紛争の解決がどこでどのようになされるかについての当事者の懸念を取り除くことができる。第2に、仲裁の付託により、当事者は公平な仲裁廷を期待することができる。第3に、当事者は当該紛争に対してなされた仲裁判断の執行が確保されることを期待することができる。第4に、当事者は当該仲裁に適用されるべき手続を定める権限を享受することができる。

　それでは、このような仲裁は、国際取引の紛争を解決する手段として、訴訟手続の利用と比較して、具体的にどのような特性を有しているのであろうか。

① 手続の迅速性

　仲裁手続は、多くの事件を抱えた法廷地における第一審裁判所における訴訟手続よりも一般的に迅速に行われるが、さらにあらかじめ仲裁条項における証拠に関するルール等を定めることにより手続を早めることができる。一方で、たとえば、アメリカの訴訟手続におけるディスカバリーのような完全な証拠開示による証拠収集は期待できないことになる。しかし、国際取引関係は、当事者間の継続的な取引関係である、あるいは多くのプ

ロジェクトなどの複数の取引から構成されていることがしばしばであり、1つの紛争はできるだけ早く解決することが当事者のビジネス上要請されている。

② 手続費用の廉価性

仲裁に要する費用は、仲裁手続の期間に対応して、一般的に訴訟費用よりも安価であるが、同じく仲裁条項においてどのように仲裁手続を簡略化するかを定めるかによって、さらにある程度費用を削減することが可能である。もっとも、それはその簡略化の程度にかかっており、一方で当事者は当然のことながら仲裁人の費用や仲裁機関の経費を負担しなければならず、かならずしもつねに安価になるというわけではない。

③ 専門家の判断

当事者は、仲裁手続においては仲裁人に当該紛争の性質に対応した専門家を要請することができる。たとえば、先端技術や建設土木などの技術分野では、当該紛争を適切に解決しようとする者は専門的な知識を必要とし、その分野に精通していることが必要である。また、仲裁手続を選択することによって、たとえば、アメリカにおける陪審裁判を避けることが可能である。

④ 手続の非公開性

当事者は、当該紛争およびその解決に関して公への開示をコントロールすることができる。当事者の合意によって公開されない限り、誰もが自由にアクセスできるような公の記録は存在しない。国際取引の当事者は、当事者間で紛争が生じていることが公になることを嫌うのが通常であり、とりわけ先端技術分野などの競争の激しい業界においてはその傾向が一段と強くなる。

⑤ 仲裁場所の中立性

当事者は、仲裁の場所としてそれぞれの国から中立的な国を選ぶことができる。一方の当事者にとって、相手方の国の第一審裁判所で紛争の訴訟手続を追行することが明らかに不公平ないし不利益になることが予想される場合には、仲裁は中立的な解決を提供する機会として貴重なものとなる。

⑥　仲裁判断（arbitral award）の拘束性

　　仲裁判断は、明らかに法に違反する、あるいは詐欺であるような場合を除き、ほとんどの国の法制度において最終的かつ拘束力があるものとされている。

（a）仲裁条項

　仲裁条項は、各種の国際取引契約の中で一般条項の 1 つとして埋もれがちであり、ありきたりの標準条項が用いられる例も多く見受けられる。しかし、このような仲裁条項の内容が、紛争解決の問題に敏感なあるいは経験を有する当事者によって異議を申し立てられ、法律問題として交渉の最終段階まで論争の対象になることもしばしばである。当事者は、前述の仲裁の特性を活かすためにどのような内容を契約に織り込むべきか慎重な検討が必要である。

　（i）仲裁の合意

　国際取引契約の当事者間に生じた紛争を仲裁に付する旨の仲裁の合意は、主たる契約の 1 条項である仲裁条項として規定される例が多いが、このような仲裁契約は主たる契約とは独立した存在であることが国際的に認識されている。

　仲裁契約の分離可能性（severability）の問題については、わが国においても最高裁判所は、仲裁契約の効力は、主たる契約から分離して別個独立に判断されるべきものであり、当事者間に別段の合意がない限り、主たる契約の成立に瑕疵があっても、仲裁契約の効力に直ちに影響を及ぼすものではないと判示している（最高裁昭和 50 年 7 月 15 日判決）。

　さらに、わが国における仲裁の申し立てをめぐる判例であるが、知的財産高等裁判所平成 18 年 2 月 28 日判決において、控訴人は、被控訴人に対し、両者間の特許ライセンス契約に基づきランニング・ロイヤルティの支払いを求めたところ、第一審において訴えが却下されたので控訴するに至った。

　当該特許ライセンス契約によれば、「本契約は、本契約に定めるいずれかの義務の不履行の場合、一方当事者が相手方当事者に書面にて通知することにより終了することができるが、当該債務不履行が書面による通知後 40 日以内に是正されなかった場合に限られる。ただし、かかる債務不履行が存在する

か否かの疑義が当該 40 日の期間内に仲裁に付された場合、40 日の期間は、当該仲裁が継続する間、進行を停止する」と規定されていた。控訴人は、当該規定が、債務不履行による本件契約解除の通知がなされた場合には、債務不履行を争う当事者が当該通知の受領後 40 日以内に仲裁の申し立てをしない限り、本件契約が解除により終了することを定めたものであり、被控訴人がかかる仲裁の申し立てをしなかったから、控訴人が請求している本件契約の解除原因である債務不履行についての履行請求はもはや仲裁条項の対象にはなりえない、と主張した。これに対し被控訴人は、控訴人の主張は本件契約が解除されたから妨訴抗弁が成立しないという趣旨と解されるところ、かかる主張は仲裁の分離独立性に関する前述最高裁判所の判例および法令（仲裁法 13 条 6 項など）を無視した独自の見解であり、失当である、と主張した。

　知的財産高等裁判所は、被控訴人が解除通知の受領後 40 日以内に仲裁の申し立てをしなかったことは、単に是正期間が経過したことを意味するにすぎず、仲裁の合意についてまで当然に解除の効果が発生することを意味するものではないし、解除原因である債務不履行の有無やその不履行債務の履行請求に関する紛争がもはや本件合意による仲裁の対象となりえないことを意味するものではないと判断し、控訴を棄却した。

　(ii) 仲裁機関と仲裁規則

　国際仲裁は、常設の国際仲裁機関による仲裁と紛争当事者間のその都度の合意に基づくアドホック（ad hoc）仲裁に分けることができる。

　国際取引においては、機関仲裁として、ICC（国際商業会議所）国際仲裁裁判所、アメリカ仲裁協会（American Arbitration Association, AAA）、ロンドン国際仲裁裁判所（London Court of International Arbitration, LCIA）もしくはシンガポール国際仲裁センター（SIAC）があり、それぞれの仲裁規則、またはアドホック仲裁の場合、UNCITRAL（United Nations Commission on International Trade Law、国際連合国際商取引法委員会）の仲裁規則が採用されるのが一般的である。わが国においては仲裁機関として日本商事仲裁協会があり、その仲裁規則が対象となる。

　当事者は、それぞれの仲裁規則の特徴を十分に理解して当該契約関係の紛争解決に適する仲裁規則を選択しなければならない[1]。

（iii）仲裁人の指名

仲裁人は、1 人であれ 3 人であれ独立した中立の人で構成されることが原則である。当事者は、仲裁人を指名する、あるいは仲裁人の数と選定の方法を定め、その資格を明示することができる。たとえば、仲裁人の数は 3 人とし、仲裁人は、一定の国籍をもつ者、当該紛争の分野において専門的知見を有する者あるいは法律家で構成することを要求することができる。これにより中立的かつ専門的な仲裁廷の構成が可能となる。

（iv）仲裁地と仲裁地法

当事者は、それぞれの便宜および費用という実際的な考慮から自分の国における場所を仲裁地として主張するのが通常であるが[2]、中立的な国における場所が基本的に当事者双方にとって受け入れやすい中立的な仲裁地である。しかし、このような中立的な場所についての合意が得られない場合もしばしばありうるが、最後の方策としてはいわゆる被告地主義により、いずれかの当事者が仲裁を申し立てた場合、相手方である被申立人の所在地を仲裁地とすることが考えられる。

当事者が契約において適用すべき準拠法を特定していない場合には、仲裁地の法が、仲裁手続上の問題、仲裁合意の有効性や解釈の問題などに適用されることが一般的に認められている。

とりわけ次のような問題は仲裁地いかんにより左右されることになり、仲裁の行方に影響することが大きいと考えられる。第 1 に、いかなる紛争が仲裁適格性を有するかについては、各国の裁判所によって差異が存在する。たとえば、アメリカの裁判所は、仲裁を尊重する強い連邦の政策の下に、証券法、反トラスト法などを含む幅広い紛争の仲裁適格性を認めているが、他の国では仲裁適格性についてより狭い見解がとられている。第 2 に、各国の裁判所が命ずる証拠開示の範囲や方法は国により異なっている。たとえば、アメリカおよびイギリスにおいては、実質的な文書のディスカバリーが可能であり、仲裁人はその仲裁法に基づいて当事者に対し文書のディスカバリーを強制することができるが、大陸法においては文書のディスカバリーの命令は抑制的である。第 3 に、各国の裁判所は暫定的救済を認めることがあるが、それは国により異なっている。たとえば、イギリスおよびアメリカにおいて

は、裁判所は、仲裁手続が行われている間は当事者がその管轄区域から資産を散逸させる、または移すことを禁ずる暫定的命令を発することができる。第4に、仲裁判断の最終性はほとんどの国において認められつつあるが、国によっては裁判所への訴えによる仲裁判断の審理の可能性は完全に否定されるには至っていない。裁判所による仲裁判断の審理は、明らかな法違反、不公平や詐欺などのような理由に限定されるが、その介入の程度は国により実際上異なっている。

なお、わが国においては、UNCITRAL1985年国際商事仲裁モデル法を範として、新しい仲裁法が平成16年3月1日から施行されている。本法は、仲裁地が日本にある仲裁手続および仲裁手続に関して裁判所が行う手続に適用される（1条）。

（v）証拠開示

証拠開示の範囲は、仲裁地における仲裁人の経験と方針にかかってくることがしばしばである。いずれの仲裁規則もこの点具体的な明示の規定を設けていない。当事者は、証拠開示および証拠に関するルールならびに仲裁人の権限を定めておく必要がある。この証拠開示をどのようにかつどの程度行うかにより、仲裁に要する時間と費用が大きく変わってくる。

（vi）秘密保持

当事者は、仲裁人、仲裁機関およびいずれの当事者も仲裁手続や仲裁判断など仲裁における秘密保持の義務を負う旨を契約に規定しなければならない。

（vii）懲罰的損害賠償

国際取引における紛争の仲裁による解決は、一方当事者が被った損害を迅速かつ公平に回復して、当事者の関係を早急に正常な状態に戻すことを目指しており、懲罰的損害賠償の概念はかならずしも仲裁の裁定に適切なものということはできない。当事者は、懲罰的損害賠償を救済方法から明示的に排除しておく必要がある。

（viii）救済方法

仲裁判断による救済は、金銭的な救済であるのがほとんどである。しかし、迅速で効果的な救済を必要とする事態に備えて、当事者は、仲裁人が差

止救済または特定履行を命ずる権限を有することを定めておくことが考えられる。

（ix）仲裁判断の執行可能性

当事者は、仲裁を紛争解決方法として選んだ以上、前述したような仲裁判断が最終かつ拘束力ある旨を契約に定めなければならない。

外国仲裁判断の承認と執行に関する 1958 年ニューヨーク協定（1958 New York Convention on the Recognition and Enforcement of Foreign Arbitral Awards）の締約国は、他の締約国において下された仲裁判断を承認・執行することに合意しているが、その適用範囲について一定の制限および仲裁判断の承認と執行を拒否する抗弁が存在する。

締約国は、対象とする仲裁判断を相互主義の原則に基づき締約国でなされた仲裁判断に限定すること、また国内法により商事と認められた法律関係から生ずる紛争のみに適用することを宣言することができる（1 条）。

仲裁判断の執行を受ける当事者が有する抗弁は、①仲裁の合意が準拠法等により有効でないこと、②仲裁手続における適切な通知がなされなかったこと、③仲裁判断が仲裁付託事項の範囲外であること、④仲裁機関の構成などが当事者の合意に従っていないこと、⑤仲裁判断が当事者を拘束するものに至っていないこと、⑥当該紛争が仲裁により解決することが不可能なものであること、あるいは⑦仲裁判断の承認と執行がその国の公の秩序に反することである（5 条）。したがって、当事者はこのような抗弁を吟味し、その放棄などについて契約に定めておく必要が生じる。

（b）仲裁の準拠法

前述したように当事者間の合意である仲裁契約は、主たる契約の中で仲裁条項として規定されるのが通常である。仲裁に関連する準拠法は厳密には、主たる契約の準拠法とは区別して、仲裁契約の準拠法、仲裁手続の準拠法および仲裁判断の準拠法に分けられる。もっとも、主たる契約の準拠法とは別に、仲裁の準拠法が当事者間の合意により明記される場合は多くはないのが通常である。

仲裁契約の準拠法については、当事者の自治、すなわち当事者の合意による指定が認められる。明示の意思による指定がないときには黙示の意思によ

り、それでも明らかでないときには前述したように仲裁地の法によるものと解される。

わが国の判例であるが、最高裁判所は、仲裁契約中で準拠法について明示の合意がされていない場合であっても、仲裁地に関する合意の有無やその内容、主たる契約の内容その他諸般の事情に照らし、当事者による黙示の準拠法の合意があると認められるときには、これによるべきであると判示している（リング・リング・サーカス事件最高裁平成9年9月4日判決）。

なお、平成18年1月1日から施行された法の適用に関する通則法によれば、当事者による準拠法の選択がないときは、最密接関係地法による（8条1項）とされている[3]。わが国の仲裁法によれば、当事者自治が認められるが、当事者による準拠法の選択がないときには仲裁地法（日本法）が準拠法となる（44条1項2号、45条2項2号）。

仲裁手続の準拠法については、UNCITRAL国際商事仲裁モデル法は厳格な属地主義の立場をとっており（1条2項）、わが国の仲裁法においても仲裁地が日本にある場合には、原則としてわが国の仲裁法の諸規定が適用される（3条1項）[4]。

仲裁判断の準拠法についても、当事者の自治、すなわち当事者の合意による指定が認められる。当事者による明示の意思がないときには、UNCITRAL国際商事仲裁モデル法によれば、仲裁廷が適当と認める抵触法により実質法を決定して適用する（28条2項）が、わが国の仲裁法においては、仲裁廷は最密接関係地法を適用しなければならない（36条2項）。

（c）訴訟の選択

当事者は、以上のような仲裁に代えて訴訟を選択することも可能である。当事者によっては、裁判所が提供する法的安定性、ディスカバリーのような完全な証拠開示や国内法による上訴の制度、判決における判断基準の明確性および予測可能性、訴訟により明確な黒白をつけるという紛争解決方式などを好む場合がありうる。

仲裁は、当該契約の当事者間のみにおける紛争を解決でき、当該契約の範囲外にあるが、他の契約関係を結んでいる者との紛争やまったく関係のない第三者が絡んでくる紛争については対象外とせざるをえない。この意味にお

いて当事者は当該紛争を一挙には解決できないような事態が生じうる。当該契約の当事者のみならず他の契約関係にある者も同一の仲裁手続に入るためには（いわゆる多数当事者における仲裁の場合）、その旨の明確な合意が要求される[5]。

　仲裁または訴訟のいずれを選択するかは、当該国際取引における当事者関係、その国際取引の性格、予想される紛争の性質などいかんによってくるが、仲裁を原則としながら、特定の紛争については訴訟で決するという枠組みも選択肢として考えられる。たとえば、特定の種類の紛争については、知的財産権の侵害または無効確認訴訟のように、訴訟で勝敗を明らかにする解決やある程度訴訟の勝ちが予想される場合などである。

（2）ミニトライアルによる代替的紛争解決

　前述したような仲裁は、国際取引の当事者にとって紛争解決策としてかならずしも満足のいくものではない場合がしばしば生じる。国際取引をめぐる経済的・社会的環境は今日ますます激動し、当事者自身の事業経営も厳しい競争に晒されている。国際取引における当事者は、紛争をできるだけ早く処理して次なる展開を図りたいのであり、仲裁よりも迅速で、簡略かつ費用の安い、すなわちより効果的な紛争解決策をつねに求めている。ここではその 1 つとして、アメリカを中心として盛んに利用されているミニトライアル（minitrial）と呼ばれる代替的紛争解決方法（Alternative Dispute Resolution, ADR）を検討する。

（a）ミニトライアルの選択

　ミニトライアルとは、訴訟手続の一部を取り入れたルールの下で、紛争に関連する情報の交換と当事者の主張が、当事者の最高事業責任者の眼前で行われ、それによって当事者間の交渉を促進して紛争を解決するプロセスであり、当事者間における紛争を自力で解決するために考案された ADR の 1 つである。

　ミニトライアルは、ビジネス上の紛争を解決するための当事者間の合意に基づく柔軟な方法であるが、その本質は、当該紛争と当事者それぞれの立場の強さについての関連情報を関係当事者に対して直接的に提供し、それに

よって各当事者が事情を十分に知ったうえで、前向きの解決の交渉をするよう促すものである。そのプロセスは、当該紛争の性質、当事者およびその最高事業責任者、さらにそれぞれの弁護士の特定の要求に対応して柔軟に構築することが可能である。

（b）ミニトライアルのルールと実施

当事者は、ミニトライアルのルールについてあらかじめ合意書の形で規定しておく必要がある。その枠組みとして次のような点が考えられる。第1に、当事者は、いかなる紛争を対象とするのか、その対象を特定しなければならない。第2に、証拠開示は、比較的限定されるのが通常である。第3に、当事者は、最善の主張を行い、証拠提示の後、交渉に応じる義務がある。第4に、出席者の数は最小限にとどめられ、各当事者の最高事業責任者の名前、地位および紛争解決の権限、さらにそれぞれのスタッフ、弁護士、専門家および証人の数が明示されなければならない。第5に、当事者は、ミニトライアルの日時と場所、当事者の主張、反論および質問等のスケジュールを決める必要がある。第6に、ミニトライアル前の準備書面等の交換とそのスケジュールを定めなければならない。第7に、当事者は、中立のアドバイザーを起用するのかどうか、そしてその選定の方法を定めておく必要が生じる場合がある。第8に、当事者は、すべての文書および陳述に対して秘密を保持し、それらを将来の他の手続に用いない義務を負っている。この義務には、ミニトライアルそのものについての情報も含まれる。第9に、アドバイザーその他の費用負担の仕方を定めておく必要がある。

ミニトライアルは、上記のルールに基づいて、通常、以下のように行われる。

当事者は、それぞれの弁護士を起用して、その主張を法的観点から争点に整理し、準備書面の形で相手方に送付する。これに対する応答書等が交わされる。

ミニトライアル当日においては、当事者双方の弁護士が、最高事業責任者の眼前で、法廷における論争のごとく法的主張を行い、これを裏付ける証拠および証人を提出し、相手方がこれらに対して質問・応答を行う。当事者は、合意により中立的なアドバイザーを起用することができるが、その場合

双方が論争を尽くした後、アドバイザーの見解（訴訟になった場合に予測される結果についての意見を含む）が求められる。その後直ちに他の出席者は退席し、双方の最高事業責任者が、ビジネス上の観点から当該紛争を解決すべく妥協できないかの議論を尽くすことになる。

　最高事業責任者は、当該紛争に関連する情報をすべて聞き知り、弁護士間の論争を通じてそれぞれの法的立場の強さと弱さを理解した上で、ビジネス上の観点から交渉することになるので、比較的短時間で打開の道を見いだすことが可能である。

（c）ミニトライアルの活用

　このようなミニトライアルによる紛争解決は、まず当事者がこのような方法によって紛争を解決しようとする意思を表明することから始まるのはいうまでもないが、どのような紛争がこのミニトライアルによる解決方法に適しているであろうか。その典型的なものは次のように考えられる。第 1 に、長期のビジネス関係にある当事者間の紛争は、どのようなものであれ原則としてミニトライアルによって解決するのに適している。この簡略化された私的な紛争解決プロセスは、当事者による和解の雰囲気を促し、敵対的な威嚇を減少させて善意の感情を醸成し、紛争解決後も好ましいビジネス関係を継続することを可能にする。第 2 に、当事者が責任ないし過失の所在には合意してはいるが、損害賠償額などについて意見を異にする場合、ミニトライアルは適切な解決策を提示することができる。必要に応じて中立的なアドバイザーないし専門家の見解を考慮しつつ、最高事業責任者が即断することが可能である。第 3 に、紛争解決の最大の障害がコミュニケーション不足にあることがしばしばであるが、そのような状況において当事者が現実に直面する必要性がある場合、まさにミニトライアルはその威力を発揮することができる。

　一方、ミニトライアルは、たとえば、企業に対する個人による懲罰的損害賠償の主張、政府が絡む紛争、多数当事者間の紛争、純粋の法律問題などについては、その性格上かならずしも適切な解決方法とはならないと考えられる。

　以上述べたところからミニトライアルは、とりわけ従来のビジネス関係

の維持、紛争解決の迅速さないし即決性、コストの大幅な節約および厳格な秘密保持という観点において、当事者間における紛争のきわめて有用な解決策となりうる。その柔軟性は、最高事業責任者がプロセス全体をコントロールして、ビジネス関係の維持を図ろうとする要求に応えるものであり、一方で、専門家などの活用により高度な技術的な問題にも対処しうるものである。しかも、そのプロセスは、当事者間の最終的な合意に向けて双方の努力を集中させることにあり、訴訟手続に特有の敵対性を大きく緩和することが可能である。

　ところで、ミニトライアルが失敗に帰した場合には、当事者に残された道は訴訟または仲裁である。しかし、紛争解決手段としての優れた性格から、ミニトライアルを仲裁の前段階に位置づけることが考えられる。ミニトライアルから仲裁までを紛争解決の一連のプロセスとし、これを2段階に分けて構成するものである。ミニトライアルが不幸にも実らなくても、これを次の仲裁へ連動させることにより、一からの仲裁手続よりもはるかに時間、コストおよびエネルギーを節約することが可能である。

2　国　際　訴　訟

　企業間の国際訴訟は、類型的に、①外国企業が原告として、わが国企業を外国の裁判所に提訴する場合、②外国企業が原告として、わが国企業を日本の裁判所に提訴する場合、③わが国企業が原告として、外国企業を外国の裁判所に提訴する場合、④わが国企業が原告として、外国企業を日本の裁判所に提訴する場合、に分けられる。これらの関係を規律するルールを概観する。

（1）準拠法の選択
　準拠法の選択とは、渉外的法律関係についていかなる地の法により規律するかを決める問題である。

（a）当事者自治の原則

　契約の準拠法をどのように決定すべきかについて、沿革的には、あらかじめ一定の客観的な連結点により準拠法を決定するという客観主義がとられ、契約締結地法、契約履行地法や当事者の属人法などが準拠法とされていた。しかし、契約の内容や種類の多様化とともに客観主義による準拠法の決定が困難になり、契約における意思自治の考え方が浸透するとともに、抵触法レベルにおける渉外的契約の準拠法の決定についても当事者による自治を認めるべきという考え方が普及してきた。また、この考え方は当事者の予見可能性を高め、裁判所などの手間を省けることになる。このようにして当事者自治の原則は国際的に認められるに至った。

　しかしながら、複雑化した競争社会を規制するために国家による私的自治への介入、すなわち契約の自由に対する実質的な制限が認められるようになるにしたがい、抵触法レベルにおいてもこのような当事者自治の原則に対して批判がなされ、当事者自治の制限説が主張された。

　質的制限説によれば、当事者が自由に準拠法を指定できるのは、当事者の任意の選択を許している任意法規の範囲内に限られる。しかし、強行法規と任意法規の区別は、実質法上のものであり、任意法規が何かはいずれかの国の実質法を準拠法とする決定があってはじめて判明するので、抵触法的指定ではなく実質法的指定の問題とされる。よって当事者は、当事者自治により強行法規を含めて自由な準拠法決定を行うことができる、と批判された。

　量的制限説によれば、当事者による準拠法指定の対象となる実質法は無制限ではなく、契約と一定の実質的関係を有する、契約締結地などの法に限られる。しかし、当事者の自由な準拠法指定を認めたのは、契約における意思自治を認めたからであり、量的に制限する根拠に乏しい、と批判された。

　また、附合契約について当事者自治を認めない考え方も主張される。しかし、附合契約に対する規制は準拠実質法による規制で十分であり、著しい不公正が生じる場合には公序による制限を認めるのが通常である。抵触法レベルにおける当事者自治を否定する理由とまではならない、と批判されている。

　最近の立法例においては、当事者自治を原則としながら、消費者契約や労

働契約のような特定の類型の契約については例外とする、あるいは当事者による選択がない場合には客観的に準拠法を決定する補充的方法を定めておくという方法もとられている。また、強行法規の特別連結理論によれば、経済的弱者を保護する必要のある契約については、契約の準拠法とならなかった国の強行法規であっても、当該契約関係と密接な関係を有する一定の国の強行法規が特別連結により適用される。このような理論が、条約や立法例において認められるに至っている。

（b）わが国抵触法による規律

（i）当事者による準拠法の選択

　法の適用に関する通則法（以下「適用通則法」という）は、契約の準拠法の選択について当事者自治の原則を認めている。すなわち、法律行為の成立および効力は、当事者が当該法律行為の当時に選択した地の法による（7条）。

　国際契約においては、当該契約関係を規律する準拠法に関して、当事者間の合意により準拠法条項として規定するのが原則である。しかしながら、交渉によっても利害が一致しない場合がしばしば生じる。そのような場合には、「当事者による準拠法の選択がないとき」として、適用通則法のルールが適用されることになる。

　伝統的な準拠法単一の原則（契約の成立や効力などをすべて1つの準拠法によるべしとする原則）に対して、当事者の意思の尊重や期待の保護の観点から、契約を分割してそれぞれに準拠法を指定する分割指定も認めるのが最近の見解である。

　当事者は、法律行為の成立および効力について適用すべき法を変更することができる。ただし、第三者の権利を害することとなるときは、その変更を第三者に対抗することができない（9条）。もっとも、法律行為の方式については、契約締結時に決定された準拠法に固定されている（10条1項）。

　明示の準拠法選択がないとき、従来、契約をめぐる諸事情からみて当事者間に合意が存在することが認められる場合には、黙示の準拠法選択が認められていたが、この解釈は、適用通則法の下においても基本的に維持されると解されている。

（ii）当事者による準拠法選択がないとき

　当事者による準拠法の選択がないときは、法律行為の成立および効力は、当該法律行為の当時において当該法律行為にもっとも密接な関係がある地の法による（8条1項）。このように適用通則法は準拠法選択における客観的連結の一般原則を採用しているが、これを補充するために特徴的給付の理論を取り入れている。この理論は、現代の契約の多くが金銭的給付を対価として、それ以外の給付が反対給付としてなされることに着目し、金銭的給付は契約の個別的特徴を示さないが、その反対給付が当該契約の特徴を示すものと解し、反対給付の義務を負う者の常居所地法（あるいは事業所所在地法）を原則として当該契約の準拠法と解する[6]。

　もっとも、適用通則法は特徴的給付による指定が類型的な特定であるとして推定にとどめている。すなわち、法律行為において特徴的な給付を当事者の一方のみが行うものであるときは、その給付を行う当事者の常居所地法（その当事者が当該法律行為に関係する事業所を有する場合にあっては当該事業所の所在地の法または主たる事業所の所在地の法）を当該法律行為にもっとも密接な関係がある地の法と推定する（8条2項）。

（iii）消費者契約

　消費者契約について、消費者保護のために当事者自治の原則が制限される。適用通則法11条1項によれば、消費者契約の成立および効力について、消費者の常居所地法以外の法が準拠法として選択された場合であっても、消費者がその常居所地法中の特定の強行規定を適用すべき旨の意思を事業者に対し表示したときは、当該消費者契約の成立および効力に関しその強行規定の定める事項についてはその強行規定をも適用する。この場合、その強行規定の定める事項についてはもっぱらその強行規定が適用されるのではなく、当事者が選択した法に加えて、消費者の常居所地法上の特定の強行規定が累積的に適用されることになる。消費者契約の成立および効力について準拠法が選択されなかった場合には、消費者の常居所地法が当該消費者契約の成立および効力の準拠法となる（11条2項）。ただし、能動的消費者についての適用除外、消費者の常居所地の誤認および消費者性の誤認による適用除外が定められている（11条6項）。

（iv）労働契約

労働契約についても労働者の保護のために当事者自治の原則が制限される。適用通則法12条1項によれば、労働契約において労働契約の最密接関係地法以外の法が選択された場合であっても、労働契約について選択された地の法に加えて、労働者が当該労働契約のもっとも密接な関係がある地の法中の特定の強行規定を適用すべき旨の意思を使用者に対し表示したときは、当該労働契約の成立および効力に関しその強行規定の定める事項についてはその強行規定をも適用する。労働契約の最密接関係地法を認定するに当たっては、当該労働契約において労務を提供すべき地の法が当該労働契約の最密接関係地法と推定され、その労務を提供すべき地を特定することができない場合には当該労働者を雇い入れた事業所の所在地の法が最密接関係地法と推定される（12条2項）。

労働契約において準拠法選択がなされなかったときは、労働契約の成立および効力については、当該労働契約において労務を提供すべき地の法を当該労働契約にもっとも密接な関係がある地の法と推定される（12条3項）。

（2）　国際裁判管轄

国際裁判管轄とは、渉外的民事事件についてどの国が裁判を行うべきかを決める問題である。国際訴訟の類型に関する前述④の場合において、当該訴訟についてわが国裁判所に国際裁判管轄が認められるかが問題となる。

わが国において国際裁判管轄について理論的な見解は次のように分かれている。①逆推知説。国内管轄規定によりわが国のいずれかの裁判所の裁判籍が認められるときには、そこからわが国の国際裁判管轄が逆に推知される。この見解に対しては、わが国の国際裁判管轄が肯定されるのが先決であるという、論理的に逆転しているとの批判や国内土地管轄からは過剰な国際裁判管轄を引き出すことになるという批判がある。②管轄配分説。この問題は、国際的な裁判管轄の場所的な配分の問題として条理によるべきである。この見解については、理念として正しいが、裁判管轄のルールとしてはあいまいすぎるとの批判がある。そこで、わが国内の裁判管轄の場所的配分のルールである国内土地管轄規定を同じ場所的配分のルールである国際裁判管轄に類

推適用すべきと主張される（修正類推説）。しかし、具体的にどのような修正を加えるべきかは明らかではない。③利益衡量説。国際裁判管轄の判断においては、単に管轄規則のあてはめに終始するのではなく、原告の利益、被告の利益や当事者の対等性など事件ごとに個別的な利益衡量が必要である。この見解については、法的安定性を欠いているとの批判がある[7]。

マレーシア航空事件（最高裁昭和 56 年 10 月 16 日判決）において、最高裁判所はわが国の国際裁判管轄について次のように判示した。外国法人である被告がわが国となんらかの法的関連を有する事件については例外的にわが国の裁判権が及ぶ場合もある。この例外的扱いの範囲については、当事者間の公平、裁判の適正・迅速を期するという理念により条理に従って決定するのが相当であり、被告の居所、法人の事務所・営業所、義務履行地、被告の財産所在地、不法行為地など、民訴法の規定する裁判籍のいずれかがわが国内にあるときは、これらに関する訴訟事件につき、被告をわが国の裁判籍に服させるのが右条理に適う。

その後下級審裁判所は、わが国で裁判を行うことが当事者間の公平、裁判の適正・迅速を期するという理念に反する「特段の事情」がある場合を除き、民訴法の規定する裁判籍のいずれかがわが国内にあれば国際裁判管轄を認めるという考え方（修正逆推知説）を発展させてきたが、最高裁判所は、ファミリー事件（最高裁平成 9 年 11 月 11 日判決）においてこの考え方を確認するに至った。

2012 年 4 月 1 日、財産権上の訴えについて国際裁判管轄の規定を新設することを内容とする改正民事訴訟法が施行された。財産関係に関する具体的な国際裁判管轄は以下のとおりである。

①　被告の住所地・主たる営業所所在地

　当事者間の公平の理念から「原告は被告の法廷に従う」の格言により、被告がわが国に住所または主たる事業所・営業所を有する場合には、わが国に国際裁判管轄が認められる（3 条の 2、1 項、3 項）。

②　契約債務履行地

　契約事件について債務履行地がわが国にある場合には、わが国に国際裁判管轄が認められる（3 条の 3、1 号）。

③　不法行為地

　不法行為事件についてわが国に不法行為地がある場合には、わが国に国際裁判管轄が認められる（3条の3、8号）。隔地的不法行為の場合は、加害行為地、結果発生地のいずれについても国際裁判管轄が認められる。

④　不動産所在地

　不動産については、所在地の登記制度との関係などから、被告の不動産がわが国にある場合には、わが国に国際裁判管轄が認められる（3条の3、11号）。

⑤　併合請求管轄

　請求の客観的併合については、併合される複数請求の一の請求についてわが国の国際裁判管轄が認められる場合、当該一の請求と他の請求との間に密接な関連があるときに限り、わが国の裁判所に訴えを提起することができる（3条の6）。請求の主観的併合については、客観的併合の場合と同様に、併合される請求間の密接関連性を要求するほか、訴訟の目的である権利または義務が数人について共通であること、または同一の事実上および法律上の原因に基づくことを要件として、国際裁判管轄が認められる（3条の6、38条前段）。

⑥　応訴管轄

　被告が本案について応訴し、国際裁判管轄欠如の抗弁を提出しなかった場合には、当事者間の公平の見地から当該裁判所に国際裁判管轄が認められる（3条の8）。

⑦　合意管轄

　当事者は、合意により、いずれの国の裁判所に訴えを提起することができるかを定めることができる（3条の7、1項）。国際裁判管轄の合意は、一定の法律関係に基づく訴えに関する書面による合意でなければ、効力を生じない（13条の7、2項）。管轄合意は、専属管轄規定に反するものであってはならない（3条の10）。外国裁判所の専属管轄の合意は、その裁判所が法律上または事実上裁判権を行うことができないときは援用できない（3条の7、4項）。

裁判管轄の合意は一般的には認められるのが原則であるが、その条件な

どは国により異なっており、裁判管轄に関する一般的な条約も成立するには至ってない。

わが国の最高裁判所は、チサダネ号事件（最高裁昭和50年11月28日判決）において合意管轄について次のように判示した。わが国の国際民事訴訟法上の条理解釈として、外国裁判所に専属管轄を認める合意は、日本の専属管轄に属する事件でないこと、および当該外国裁判所がその外国法上当該事件につき管轄権を有すること、という2要件を満たせば原則として有効であるが、合意がはなはだしく不合理で公序法に違反するときなどの場合は格別である。

ハーグ国際私法会議において包括的な裁判管轄に関する条約の締結に向けて努力がなされたが、その成立には至らず、2005年に小規模な条約として「管轄合意に関する条約」が採択された。この条約によれば、専属的管轄合意により指定された裁判所が、当該国の法により合意が無効である場合を除き、国際裁判管轄を有する、そして指定された裁判所が下した判決は、他の締約国において承認・執行が義務付けられている。

（3）　外国判決の承認と執行

国際訴訟の類型に関する前述①の場合において勝訴した原告、③の場合において勝訴した原告は、当該外国判決の承認および執行に関して、後述のようにわが国の民事訴訟法および民事執行法の適用を求めることになる。

国家は外国判決の効力を内国で認める国際法上の義務を負っていないが、当事者の権利を国際的に実現すること、内外判決の矛盾を防止すること、司法エネルギーを節約することなどの理由から、多くの国は一定の条件の下で外国判決を承認している。

外国判決の承認とは、外国判決が判決国で有する既判力や形成力を内国でも認めることであり、判決効の内容や範囲は原則として判決国法により定まる。これに対して執行力は、判決内容の強制的実現を判決国執行機関に命じるものであるから、そのまま承認することはできず、内国において執行判決により承認要件の充足を審査した上で改めて付与されなければならない（民事執行法24条）。

　わが国は、外国判決の効力の承認のためになんらの特別の手続を必要とせ
ず、一定の要件を充足する限り自動的に承認する制度を採用している。民事
訴訟法118条は外国判決承認の要件を以下のように定めている。

①　外国裁判所の確定判決であること

　当該外国判決は、判決国法上、通常の不服申し立て手段に服するもので
あってはならず、外国裁判所が私法上の法律関係について終局的になした
裁判でなければならない。

②　外国裁判所が国際裁判管轄を有すること

　外国裁判所が国際裁判管轄を有すること（間接管轄）が必要であり、そ
の有無は承認国であるわが国の直接管轄（わが国裁判所の国際裁判管轄）
の基準に照らして判断されなければならないとするのが一般的な見解であ
る。一方で、間接管轄は直接管轄とは異なり、外国ですでに終了した手続
に対する事後的評価に関わるものであり、直接管轄よりも緩やかな基準で
判断すべきであると主張されている。

③　敗訴の被告が適正な送達を受けたこと

　敗訴の被告が訴訟の開始に必要な呼出し、もしくは命令の送達（公示送
達その他これに類する送達を除く）を受けたこと、またはこれを受けなかっ
たが応訴したことという要件は、防御の機会なくして敗訴した被告の保護
を図る趣旨である。判決国とわが国との間に送達条約（1965年民事または
商事に関する裁判上および裁判外の文書の外国における送達および告知に
関する条約）などの条約上の取決めがある場合、それを遵守しない送達に
ついては適式性を否定する見解が主張されている。

　一方で、コモンロー系の国において代理人である弁護士が訴状を名宛人
に直接交付する、あるいは直接郵送するという方法については、条約上の
正規の送達方法ではないが、それによって被告が訴訟の開始を了知し、適
時に対応できたかどうかを個別の事情を勘案して認容しようとする見解も
ある。

④　判決の内容および訴訟手続がわが国の公序に反しないこと

　外国判決の内容および訴訟手続がわが国の公序に反するときは、外国判
決は承認されない。公序違反か否かの審査においては、判決主文のみなら

ず、理由中の判断や審理で提出された証拠資料なども審査の対象となりう
る。もっとも、実質的再審査は禁止されており、承認国の公序維持の立場
から承認国内における外国判決の効力を否定する限度にとどまる。

⑤　相互の保証があること

　相互の保証とは、判決国がわが国裁判所の同種の判決を民事訴訟法118
条と重要な点で異ならない要件の下で承認するとき、わが国は当該外国判
決を承認するものであり、外国におけるわが国の判決の効力を確保しよう
とする政策的な要件である。しかし、その実効性や要件充足の判断の困難
性などの観点からその存在意義が疑問視されている。

（4）　訴訟対策

　企業の法務部門は、国際訴訟の類型に関する前述①および③の場合におい
て、外国裁判所に提訴されそうなときあるいは外国裁判所に提訴しようとす
る場合にはこれらに備えて、直ちに訴訟対策に着手しなければならない。な
お、前述②および④の場合においては、国内訴訟に準じて対応することにな
る。

　全社的な訴訟対策チームの迅速な立ち上げ、証拠資料の収集・検証・分
析、関係者のヒアリング・検証・分析、調査の実施などは、国内訴訟の場合
と同様であり、これらの共同作業を踏まえて、訴訟戦略を立案することが必
要である。

　弁護士の起用については、国内訴訟とは異なる観点からの検討が必要であ
る。すなわち、国際訴訟の場合、海外の法廷地において活動している有能な
弁護士を起用しなければならない。また、その起用の仕方も、国内の法律事
務を経由する方法と現地の法律事務所を直接起用する方法がある。国際法務
の経験や知見が少ない企業の場合は前者の方法に頼らざるをえないとも考え
られるが、費用と時間の両面で大きな負担がかかることになるので、現地の
法律事務所を直接起用することが望ましい。グローバルに事業を展開する企
業の法務部門は、いつ何時に生じるかもしれない国際訴訟に備えて、日頃か
ら海外の法律事務所とのネットワークをつくっておく必要がある。

　また、どのような海外法律事務所を起用するかは、当該紛争の規模や性質

などの観点を勘案することになるが、その専門分野に着目して、たとえば、環境法、知的財産法や競争法など、当該紛争に関わる特定の分野に強い法律事務所を起用する必要がある。

[注]

1)　ICC1998年仲裁規則、AAA2000年仲裁規則、LCIA1998年仲裁規則、UNCITRAL1976年仲裁規則、JCAA1997年仲裁規則。

　中村達也『国際商事仲裁入門』（中央経済社、2001）216頁以下（主要仲裁規則の主な比較）参照。

2)　当事者はそれぞれ、往復の時間、経費、コミュニケーションの設備、仲裁機関のサービスや証拠開示の仕方などの諸要素を考慮する。

3)　法の適用に関する通則法7条1項（当事者による準拠法の選択）の下での黙示の意思の解釈あるいは8条1項（最密接関係地法）の解釈により、結果として仲裁地法が適用される可能性は高いと考えられる。

4)　仲裁地が日本にある仲裁において、当事者が外国の仲裁法に基づいて仲裁を行うことを合意した場合にも当該外国の仲裁法の指定は、いわゆる準拠法選択としての効力は認められず、無効とされる。近藤昌昭ほか『仲裁法コンメンタール』（商事法務、2003）10-11頁。

5)　大隈一武『国際商事仲裁の理論と実務』（中央経済社、1995）125-128頁。

6)　櫻田嘉章『国際私法第5版』（有斐閣、2006）213頁。

7)　本間靖規・中野俊一郎・酒井一『国際民事手続法第2版』（有斐閣、2012）40-42頁。

第2部
競争法による規制

第 1 章
アメリカ反トラスト法による規制

1　合　併　規　制

　クレイトン法 7 条は、取引の効果が実質的に競争を減少させ、または独占を形成するおそれをもたらす合併、株式取得または資産買収を禁止する[1]。その対象者は、会社のみならずパートナーシップや個人事業主にまで拡大されている。司法省および連邦取引委員会による救済は、単に当該合併・取得を禁止することを超えて、すでに完了した取引を遡及して是正する措置、たとえば、取得した株式・資産の強制的剥奪、企業分割、技術の強制的配分、暫定的生産制限などにまで及ぶことが可能である。

　クレイトン法は、競争に直ちに脅威を与える買収から競争に対する脅威が遠い買収までの幅広いビジネスの取引の範囲にわたって適用されてきた。その範囲は、大きく 3 つのタイプ、すなわち水平的合併（horizontal merger）、垂直的合併（vertical merger）およびコングロマリット的合併（conglomerate merger）に分けられる[2]。

　ハート・スコット・ロディノ法（Hart-Scott-Rodino Antitrust Improvements Act of 1976）は、買主および売主の両当事者が連邦取引委員会および司法省に合併等の事前届出を行うことを要求する[3]。当該取引は 30 日間（公開現金買付においては 15 日間）停止される。

事例 セブン&アイ・ホールディングスによる米スピードウェイの買収

　セブン&アイ・ホールディングスは、2021 年 5 月、米の石油精製会社マラソ
ン・ペトロリアムが運営するコンビニを併設したガソリンスタンド部門「スピー
ドウェイ」を約 2 兆 3,000 億円で買収したと発表した。しかし、米で買収事案を
審査する FTC（連邦取引委員会）の一部の委員が「当該買収はアメリカ反トラ
スト法に違反する」などと異議を唱えたため、当該買収の承認が遅れていた。

　これについて、FTC は、6 月 25 日、声明を発表し、米セブンイレブンが米国
内のセブンイレブンとスピードウェイの合計で 293 店舗を他のコンビニ運営会社
などに売却することで合意したと明らかにした。今後 5 年間は店舗を買い戻すに
は FTC の承認が必要となる。また、10 年間は FTC が指定した商圏で資産を売
買する際は FTC への事前通知が必要となる。セブン&アイ・ホールディングス
にとっては、米の連結子会社 7-Eleven, Inc. を通じて、米では 9,000 店舗余りの
セブンイレブンを展開しているが、日本の小売市場の大きな成長が見込めない
中、現在 4,000 店舗近くを展開する業界 3 位のスピードウェイの買収によって約
5,900 店舗を展開する業界 2 位のコンビニを大きく引き離し、米での店舗網を拡
大してグループ全体の成長につなげる事業戦略である。

2　水平的合併に対する裁判所によるクレイトン法の適用

　1960 年代、1970 年代における連邦最高裁判所は、関連市場を定義した後、
推定される違法性のルールをつくるために次のような 3 つの要素を考慮し
た。第 1 は、当該取引の各当事者のマーケットシェア。第 2 は、市場におけ
る集中度、つまり一般的に上位 4 社の支配するマーケットシェア。第 3 は、
集中度の傾向。これらの要素は一応の証拠のある違反（prima facie viola-
tion）を確立するが、これに対して被告は、当該合併が競争を減少させると評
価されるべきではないとする他の非統計的な証拠により反論することが可能
である。

　連邦最高裁判所は、統計的要素に基づく立証責任を転換するという推定違
法（presumptive illegality）の原則を発展させてきた。しかし、その後の判
例は、このような分析的アプローチは、統計的かつ立証責任の転換という分
析方法ではあるが、他の市場の要素が考慮されるべきより幅広い分析方法の

一部にすぎないと判断している。

3　2010 年水平的合併ガイドライン

　2010 年 8 月に司法省および連邦取引委員会は、水平的合併ガイドライン（Horizontal Merger Guidelines）（以下「ガイドライン」という）を公表している。本ガイドラインは、連邦反トラスト法に基づく実際のまたは潜在的な競争者に関わる合併および買収（以下「水平的合併」または「合併」という）に関する主要な分析テクニック、実践および司法省および連邦取引委員会（以下「当局」という）の執行政策を概説する。本ガイドラインは、主要な分析テクニックおよび水平的合併が相当に競争を減らすかどうかを予報するために当局が通常依拠する証拠の主なタイプを記述する。

（1）　反競争的効果の証拠

　当局は、合併が相当に競争を減らすかどうかという主たる質問に応えるために合理的に入手可能で信頼できる証拠を考慮する。

　当局が、経験において、合併のありそうな競争効果を予報するのにもっとも情報を与えると気付いた証拠のカテゴリーと源が議論される。証拠の各カテゴリーのために、当局は、合併が競争を減らすことを提示する証拠と同様に、合併が競争を増すことを提示する証拠を考慮する。

（a）証拠のタイプ

①　完成した合併において観察される実際の効果

　完成した合併を評価するとき、最終の課題は、反競争的効果がすでに合併から生じているかどうかのみならず、そのような効果が将来生じそうであるかどうかである。

　合併後に観察された価格上昇または顧客に不利なその他の変化の証拠は、大きなウエートが与えられる。当局は、そのような変化が合併から生じる反競争的効果であるかどうかを評価する。

②　経験に基づく直接の比較

当局は、合併の競争的効果に関して情報を与える、歴史的出来事を探す。当局は、また、類似の市場間の変化に基づいた信頼できる証拠を探す。

③　関連市場におけるマーケットシェアおよび集中

当局は、関連市場における合併当事者のマーケットシェア、集中のレベルおよび合併により引き起こされた集中の変化にウエートをおく。

集中において大きな上昇を引き起こし、高度の集中市場を招く合併は、市場支配力を増すと推定されるが、この推定は、合併が市場支配力を増しそうにないことを示す説得力のある証拠により反駁されることができる。

④　正面からの相当な競争

合併企業は、合併がなければ、正面からの相当な競争者になったか、またはなりそうであるかどうかを当局は考慮する。そのような証拠は、その競争の喪失から直接生じる反一方的効果を評価するために特に関連しうる。

⑤　合併当事者の破壊的役割

当局は、一匹狼の企業、すなわち顧客の利益のために市場において破壊的な役割を演じる企業を排除することにより、合併が競争を減らすかどうかを考慮する。

（b）証拠の源

当局は、合併の分析において証拠の多くの源を考慮する。

①　合併当事者

当局は、合併当事者から相当な情報を入手する。この情報は、書面、証言またはデータの形態をとり、および競争的に関連する条件の叙述から構成されることができる、または実際のビジネスの行動および意思決定を反映することができる。

合併当事者が価格を引き上げ、産出もしくは能力を減少させ、製品の品質もしくは多様性を減少させ、製品を撤回しもしくはそれらの導入を遅らせ、もしくは合併後研究開発努力を縮小するという、明白なもしくは暗黙の証拠、またはそのような行為に従事する能力が合併に動機を与えたという、明白なもしくは暗黙の証拠は、合併のありそうな効果を評価するに際しおおいに情報を与えうる。同様に、当局は、合併が効率性を生み出しそうであると

いう信用できる証拠を探す。

②　顧客

顧客は、彼ら自身の購買行為および選好に関する情報から合併自体の効果についての彼らの見解にまで及ぶ、さまざまな情報を当局に提供しうる。合併自体のありそうな影響についての、情報に通じたかつ洗練された顧客の結論は、競争的に利益のある合併および競争的に害のある合併の両者の結果を顧客が感じる場合には、当局が競争的効果を調査するのを助けることもできる。

ある顧客が合併の競争的効果について懸念を表明し、一方で他の顧客が合併を利益がある、または中立的なものとみなすとき、当局は、顧客により提供された情報を使用するに際しこの相違を考慮に入れ、そのような見解の相違に対するありそうな理由を考慮する。

③　他の業界参加者および観察者

供給者、間接的顧客、ディストリビューターおよび業界アナリストも、合併調査に役立つ情報を提供しうる。合併当事者に対するライバルである企業からの情報は、どのように市場が働くかを解明するのに役立てることができる。

ライバル企業の利益は、合併した企業体がその価格を引き上げるならば、顧客は通常損失を被るが、ライバル企業は利益を得るがゆえに、顧客の利益にしばしば反する（ガイドライン2）。

（2）　対象顧客および価格差別

合併からの可能な反競争的効果を吟味するとき、当局は、同じまたは類似の製品を購入する異なる顧客に対して、これらの効果が相当に異なるかどうかを考慮する。そのような差別的な影響は、売手が、たとえば、特定の対象顧客に対し利益を得るように価格を引き上げるが、他の顧客には引き上げないことにより差別しうるときは可能である。価格差別が可能であるとき、たとえそのような効果が他の顧客に対して生じないとしても、対象顧客に対して反競争的効果が生じうる。

価格差別が可能であるためには、差別的価格設定および制限された鞘取り

という、2つの条件が満たされなければならない。第1に、価格差別に従事する売手は、他の顧客に対してよりも対象顧客に対して異なる値段をつけることができなければならない。第2に、対象顧客は、鞘取り、すなわち他の顧客から間接的にまたは他の顧客を通じて購入することにより、価格引き上げをくつがえすことができない必要がある。鞘取りは保証を無効にする、またはサービスを顧客に対してより困難にし、もしくは費用がかかるようにするならば、困難である（ガイドライン3）。

（3） 市場の画定

　当局が潜在的競争懸念を水平的合併と同一視するとき、市場の定義は2つの役割を演じる。第1に、市場の定義は、競争的懸念が生じる商業のラインおよび地域の部分を特定するのに役立つ。合併の執行訴訟において、当局は、合併が競争を大きく減ずる1以上の市場を通常見分ける。第2に、市場の定義は、当局が市場参加者を見分け、ならびに市場シェアおよび市場集中を測定することを可能にする。市場シェアおよび市場集中の測定は、それ自体で終わりでないが、合併のありそうな競争的効果を解明するという点で役に立つ。

　競争的効果の証拠は、市場の定義が競争的効果に関して情報を提供しうるように、市場の定義を教える。

　市場の定義は、需要代替要素、すなわち価格上昇または製品品質もしくはサービスにおける低下のような非価格変化に対応して1つの製品から他の製品に代える、顧客の能力および意向にもっぱら焦点を合わせる。

（a） 製品市場の画定

　1つの合併企業により販売される製品（製品A）が他の合併企業により販売される1以上の製品に対して競争するとき、当局は、その競争の重要性を評価するために製品A周辺の関連市場の境界を定める。そのような関連市場は、製品Aを含む代替製品のグループから構成される。

① 仮定の独占者テスト（The Hypothetical Monopolist Test）

　当局は、候補市場における製品のグループが関連反トラスト市場を構成するほど十分に広いかどうかを評価するために、仮定の独占者テストを用い

る。また当局は、合併企業の1つにより販売される製品と合理的に交換できる製品のセットの境界を定めるために仮定の独占者テストを使用する。

　仮定の独占者テストは、製品市場が十分な代替製品を含んでいることを要求する。とくに、このテストは、これらの製品の唯一の現在および将来の売手（仮定の独占者）であった、仮定の利益最大化企業が、合併企業の1つにより販売されるすくなくとも1つの製品を含む、市場におけるすくなくとも1つの製品に対して、すくなくとも小幅であるが有意でかつ一時的ではない（small but significant and non-transitory increase in price, SSNIP）価格引き上げを課すであろうことを要求する。この問題を分析する目的のために、候補市場外での製品の販売条件は、一定に保たれる。SSNIPは、仮定の独占者テストを実施する系統的なツールとしてのみ用いられる。

　製品のグループは、顧客が選択する代替品のすべての範囲を含むことなく、仮定の独占者テストを満たしうる。このテストは、顧客が価格引き上げに対応してそのグループ外の製品に相当に代替するとしても、製品のグループを関連市場として境界を定める。

②　基準価格およびSSNIPサイズ

　当局は、合併がなければ設定されているであろう価格からスタートしてSSNIPを適用する。合併がなければ、価格が変化しそうにないならば、これらの基準価格は、合併前に広がっている価格であると合理的に採用されることができる。合併なくして、価格が、たとえばイノベーションまたは参入が理由で、変化しそうであるならば、当局は、テストの基準として予想される将来の価格を使用する。価格が、合併前の協調の決裂により下落するならば、当局は、テストのための基準としてこれらのより低い価格を使用する。

　SSNIPは、顧客により使用される製品またはサービスに貢献する価値のために、候補市場において企業により課される価格の小幅であるが有意の価格引き上げを代表することが意図されている。SSNIPは、合併により引き起こされた競争の相当な減少が生じる効果と釣り合って、価格変化の効果に適切に注意を向ける。顧客に対する小幅であるが有意の反価格効果の量を計り、かつそれらのありうる反応を分析することが可能であるがゆえに、この方法論が用いられるのであり、価格効果が非価格効果よりも重要であるからではな

い。

　当局は、合併企業が価値を貢献する製品またはサービスのために顧客により支払われる価格の5%のSSNIPをしばしば使用する。しかしながら、合併により引き起こされた競争の相当な喪失に釣り合って、小幅であるが有意の価格引き上げが何を構成するかは、業界の性格および業界における合併企業のポジションに依拠しており、当局は、したがって、5%よりも大きいまたは小さい価格引き上げを使用する。

　③　仮定の独占者テストの実施

　価格を引き上げる仮定の独占者のインセンティブは、顧客が、そのような価格引き上げに対応して候補市場における製品から代替しそうである程度と、それらの製品で獲得した利ざやの程度の両者に依拠している。増加するユニット上の利ざやは、価格とそれらのユニット上の増加コスト間の差である。当局は、たとえば、合併企業がビジネスの意思決定をするために使用する合併当事者の書類およびデータを使って、しばしば増加コストを評価する。

　より高い価格に対する顧客の予想される反応を顧慮する際に、当局は、以下を含むがそれらに限定されない、合理的に入手可能でかつ信頼できる証拠を考慮に入れる。

　（イ）価格または他の条件における関連する変化に対応して、顧客がどのように過去における購入を移したか。（ロ）買手が価格変化にどのように対応するかに関する調査を含む、買手からの情報。（ハ）顧客が価格における関連する変化にどのように対応して製品間で代替するかに関する、売手の詳しい情報に基づいた信念を示す売手のビジネスの意思決定またはビジネスの書類、ならびにいくつかのまたはすべてのライバルによる価格変化を探知して対応する業界参加者の行動。（ニ）製品の特徴およびコストならびに切り替える製品、とくに候補市場における製品から候補市場外の製品への切換えの遅れについての客観的な情報。（ホ）その価格のみが上がるとき、候補市場における1つの製品により失われ、候補市場における他の製品により取り戻される、販売のパーセンテージ。（ヘ）補完的製品の売手のような他の業界参加者からの証拠。（ト）法的または規制的要求。（チ）産出市場における顧客が直面す

る下流の競争の影響。

④　目標顧客を有する製品市場の定義

　仮定の独占者が、価格引き上げのために顧客の部分を利益がでるように目標に定めることができるならば、当局は、仮定の独占者がすくなくともSSNIP を利益がでるようにかつ個々に課す目標顧客の周辺に境界を定めた関連市場を確認する。目標顧客に仕える市場は、価格差別市場としても知られている。実際に、当局は、目標顧客のグループに反競争的効果の現実的な見通しがあると信じる場合にのみ価格差別市場を確認する。

　当局は、価格が、個別に交渉され、かつ供給者が、関連製品に対しより高い価格を支払いそうな顧客を仮定の独占者が確認することを可能にする顧客について情報をもつとき、目標顧客の市場をしばしば考慮する。価格が顧客と個別に交渉されるならば、仮定の独占者テストは、個別の顧客と同様に狭いことを示唆する。それでも、当局は、個別の顧客によるよりも、顧客のタイプによって、目標顧客のグループのための市場の境界をしばしば定める。そうすることによって、当局は、合併の競争的効果を予報するのにより役立つことができる累積する市場シェアを信頼することができる。

（b）地理的市場の画定

　合併により影響を受ける競争の場は、いくつかの製品に代替するいくつかの顧客の意向および能力、またはいくつかの顧客に仕えるいくつかの供給者の意向または能力を制限するならば、地理的に境を接している。供給者および顧客両者の所在地は、これに影響を与えることができる。

　地理的市場の範囲は、輸送コストにしばしば依拠している。言語、規則、関税および非関税貿易障壁、習慣、評判およびサービスの種類の要素は、長距離または国際的輸送を阻害する。外国企業の競争的重要性は、とくに為替レートが最近の過去において変動するならば、さまざまな為替レートで評価される。

①　供給者の所在地に基づいた地理的市場

　供給者の所在地に基づいた地理的市場は、販売がなされる地域を包含する。このタイプの地理的市場は、顧客が供給者の所在地で商品またはサービスを受け取るときにしばしば適用される。市場における競争者は、その地域

において関連する生産、販売またはサービスの施設を有する企業である。これらの企業から購入するいくつかの顧客は、地理的市場の境界の外に位置する。

仮定の独占者テストは、地域に位置する関連製品の唯一の現在または将来の生産者であった利益最大化企業が、合併企業の1つのすくなくとも1つの所在地を含む、すくなくとも1つの所在地にすくなくとも SSNIP を課すことを要求する。このテストにおいて、どこかで生産されたすべての製品のための販売条件は、一定に保持される。唯一の企業は、多くの異なる地理的市場において、唯一の製品のためにでさえも、活動する。

地理的市場が供給者所在地に基づいて境界を定められるとき、地理的市場において位置する供給者によりなされた販売が、購入をする顧客の所在地に関係なく、計算される。

候補地理的市場において課された関連製品のための価格引き上げに対する顧客のありそうな反応を考慮する際に、当局は、以下を含む、合理的に入手可能で信頼できる証拠を考慮する。（イ）価格または他の条件における関連する変化に対応して、どのように顧客が異なる地理的所在地間で過去に購入を移したか。（ロ）その価格に関して、製品を輸送するコストおよび困難（または売手の所在地へ旅行する顧客のコストまたは困難）。（ハ）供給者は、サービスまたはサポートを提供するために顧客近くにいる必要があるかどうか。（ニ）価格または他の競争的変数における関連する変化に対応して、売手が、地理的所在地間で切り換える顧客の予想にビジネスの意思決定の基礎を置いている証拠。（ホ）候補地理的市場における供給者から候補地理的市場外における供給者へ切り換えるコストおよび遅れ。（ヘ）産出市場において顧客が直面する下流の競争の影響。

② 顧客の所在地に基づいた地理的市場

仮定の独占者が、顧客の所在地に基づいて差別するとき、当局は、目標顧客の所在地に基づいて地理的市場の境界を定める。このタイプの地理的市場は、供給者が、顧客の所在地へ彼らの製品またはサービスを引き渡すときにしばしば適用される。このタイプの地理的市場は、販売がなされる地域を包含する。市場における競争者は、特定の地域において顧客に販売する企業である。関連市場に販売するいくつかの供給者は、地理的市場の境界の外に位

置する。

　仮定の独占者テストは、地域に位置する関連製品の唯一の現在または将来の生産者であった利益最大化企業が、その地域におけるいくつかの顧客にすくなくとも SSNIP を課すことを要求する。地域は、この価格引き上げが関連製品からの代替または鞘取り、たとえば、関連製品を購入するために地域外に旅行する、地域における顧客、によりくつがえされないならば、関連地理的市場を構成する。このテストにおいて、どこかで生産されたすべての製品のための販売条件は、一定に保持される。

　地理的市場が顧客所在地に基づいて境界が定められるとき、これらの販売をする供給者の所在地に関係なく、それらの顧客になされた販売が計算される（ガイドライン4)。

（4）　市場参加者、マーケットシェアおよび市場集中

　当局は、競争的効果の評価の部分としてマーケットシェアおよび集中の大きさを通常考慮する。当局は、合併が競争を相当に減じるかどうかを決定する最終の目的のために、他の合理的に入手可能でかつ信頼できる証拠と関連してマーケットシェアおよび集中を評価する。

　マーケットシェアは、企業の競争的インセンティブに直接的に影響を与える。たとえば、新しい顧客を獲得するための価格引下げが、企業の現在の顧客にも適用されるならば、大きなマーケットシェアを有する企業は、小さいマーケットシェアを有する企業よりも価格引下げを実施するのをよりいやがる。同様に、大きなマーケットシェアを有する企業は、より小さな企業が感じるとしても、価格を引き下げる圧力を感じない。マーケットシェアは、企業の能力も反映することができる。たとえば、大きなマーケットシェアを有する企業は、小さな企業ができるよりもより大きな数量により、産出を急速に拡大することができる。同様に、大きなマーケットシェアは、低コスト、魅力的製品または両者を示す傾向がある。

（a）市場参加者

　関連市場において現在収入を獲得しているすべての企業は、市場参加者と考えられる。垂直的に統合された企業も、競争的重要性を正確に反映する範

囲で包含される。関連市場で現在は収入を獲得していないが、近い将来市場に参入することを約束した企業も市場参加者と考えられる。

　関連市場において現在の生産者でないが、大きな埋没コストを負担することなく、SSNIP の場合に直接の競争の影響をもつ迅速な供給対応をまさに提供しそうである企業も市場参加者である。これらの企業は、「迅速な参入者」と称される。埋没コストは、関連市場外で回復されることはできない参入または退出コストである。

　関連製品を生産するが、関連地理的市場においてそれを販売しない企業は、迅速な参入者である。そのような企業は、彼らが地理的市場に近ければ、もっとも迅速な参入者でありそうである。

　より一般的に、関連市場が、目標顧客の周辺で境界が定められるならば、関連製品を生産するが、それらの顧客に販売しない企業は、それらの企業が容易にかつ迅速に目標顧客に販売を開始することができるならば、迅速な参入者である。

　関連市場に迅速に供給するために必要な資産を明白に所有する企業も迅速な参入者である。供給者の競争力が、関連市場における経験または評判のような他の要素にではなく、そのコストおよび能力に圧倒的に依拠する場合、比較的同質的な商品の市場において、効率的な未使用の能力、または関連市場に仕えるために容易にかつ利益を獲得できるように移し替えられることができる隣接市場において、現在使用されている容易に使用可能な能力を有する供給者も迅速な参入者である。

(b) マーケットシェア

　当局は、データの入手可能性に従って、関連市場において現在製品を生産するすべての企業のためにマーケットシェアを通常算定する。当局はまた、その算定が彼らの競争的重要性を確かに反映するためになされることができるならば、他の市場参加者のためにマーケットシェアを算定する。

　市場集中およびマーケットシェアデータは、通常、歴史的な証拠に基づいている。しかしながら、市場条件における最近のまたは進行中の変化は、特定の企業の現在のマーケットシェアが、企業の将来の競争的重要性を控えめに述べること、または誇張して述べることのいずれかを提示する。当局は、

マーケットシェアデータを算定しかつ解釈するとき、市場条件における最近のまたは進行中の変化の合理的に予想可能な効果を考慮する。

　当局は、関連市場における企業の将来の競争的重要性の最善の入手可能な表示器に基づいてマーケットシェアを計る。これは、考慮される競争的効果のタイプおよびデータの入手可能性に依拠する。典型的には、年次のデータが用いられるが、個別の取引が大きくかつ頻繁でなく、年次のデータが代表していない場合は、当局は、より長い期間にわたってマーケットシェアを計る。

　当局は、関連市場における実際のまたは予想される収入に基づいて各企業のマーケットシェアを計る。関連市場における収入は、顧客にとって魅力的な条件で製品をオファーするに必要なすべての障害を乗り越える企業の現実世界の能力を反映するがゆえに、その収入は、顧客にとっての魅力の最善の測定器具である傾向がある。

　同質的な製品の市場において、企業の競争的重要性は、その関連市場における他者による価格引き上げまたは産出削減に対応して、関連市場における生産を迅速に拡大する能力およびインセンティブから主として由来する。結果として、企業の競争的重要性は、その能力がそのような拡大を利益の多いものにするに十分なほど効率的であるならば、関連市場に仕えるために容易に使用可能な能力のレベルに依拠する。そのような市場において、能力または蓄えは、供給者の将来の競争的重要性を収入よりもよりよく反映する。そして当局はそのような測定器具を使用してマーケットシェアを算定する。現在の生産者でない市場参加者は、現在の生産者の測定器具に適切に匹敵する彼らの競争的重要性の測定器具が入手可能であるときにのみ、肯定的マーケットシェアを割り当てられる。

　当局が目標顧客に仕える市場の境界を定めるとき、顧客に適用するものと同じ原則がマーケットシェアを計るために使用される。各企業のマーケットシェアは、目標顧客からの実際のまたは予想される収入に基づく。しかしながら、当局は、そうすることが、関連市場における異なる供給者の競争的重要性をより正確に反映するならば、代わりに、顧客のより広いグループからの収入に基づいてマーケットシェアを計る。顧客のより広いグループから

獲得した収入は、また、より良いデータが入手可能であるときに使用されうる。

(c) 市場集中

　市場集中は、しばしば、合併のありそうな競争的効果の1つの有用な表示器具である。市場集中を評価する際、当局は、市場集中の合併後のレベルおよび合併から生じる集中における変化の両者を考慮する。マーケットシェアは、市場における企業の競争的重要性または合併の影響を十分には反映しない。マーケットシェアは、競争的効果の他の証拠と関連して使用される。競争的効果を評価するために、集中における変化を使用する範囲で、現在の参入者および最近のまたは潜在的な参入者間の合併を分析する際、当局は、予想されるマーケットシェアを使用して分析する。現在の参入者および潜在的参入者間の合併は、大きな競争的懸念を引き起こすことができる。そのような合併から生じる競争の減少は、より大きいものであると推測され、現在の参入者のマーケットシェアが大きいほど、潜在的参入者の競争的重要性がより大きく、かつこの潜在的参入者により課される競争的脅威はより大きい。

　当局は、とくに関連する価格またはコストにおける歴史的な変化にもかかわらず、マーケットシェアがずっと安定していたとき、市場集中によりウエートを与える。企業が、企業の価格がライバルの価格に関連して上昇した後でさえも、そのマーケットシェアを維持したならば、あるいは合併によりその企業の重要なライバルの1つが排除されるならば、失われる競争を残存するライバルが代替することをより少なくして、その企業は制限された競争的圧迫にすでに直面している。対照的に、競争的提供における変化に対応して、マーケットシェアが短期間に大きく変動するならば、高度に集中した市場でさえも非常に競争的でありうる。しかしながら、おそらくその企業が一匹狼として行動したがゆえに、合併企業の1つによる競争がこれらの変動に相当に貢献していたならば、当局は、合併が、その企業を重要なライバルと結びつけることにより市場支配力を高めるかどうかを考慮する。

　当局は、市場における重要な競争者の数を使用して市場集中を計る。この測定は、重要な競争者と小さなライバルの間に市場シェアにおけるギャップがあるとき、または関連市場において収入を計ることが困難であるときに

もっとも有用である。当局は、また、市場における他者が、合併により失われている合併企業間の競争を容易に取り替えることができない範囲の表示器具として、合併企業の統合されたマーケットシェアを考慮する。

当局は、市場集中のハーフィンダール・ハーシュマン指数（HHI）をしばしば算定する。HHI は、個別企業のマーケットシェアの 2 乗を合計することにより算定され、そしてより大きなマーケットシェアに比例的により大きなウエートを与える。HHI を使用するとき、当局は、HHI の合併後のレベルおよび合併から生じる HHI の増加の両者を考慮する。HHI における増加は、合併企業のマーケットシェアの積の 2 倍に等しい。

経験に基づいて、当局は市場を一般的に 3 つのタイプに分類する。

①　集中が進んでいない市場　　HHI 1500 以下

②　集中がやや進んでいる市場　　HHI 1500 から 2500 までの間

③　高度に集中が進んでいる市場　　HHI 2500 以上

当局は、境界を定めた関連市場のために以下の一般的基準を用いる。

①　集中における小さな変化

　　100 ポイント以下の HHI 増加に関係する合併は、反競争的効果をもちそうになく、通常さらなる分析を要求しない。

②　集中が進んでない市場

　　集中が進んでいない市場に結果する合併は、反競争的効果をもちそうになく、通常さらなる分析を要求しない。

③　集中がやや進んでいる市場

　　100 ポイント以上の HHI 増加に関係する集中がやや進んでいる市場に結果する合併は、潜在的に大きな懸念を引き起こし、しばしば吟味を是認する。

④　高度に集中が進んでいる市場

　　100 ポイントから 200 ポイントの間の HHI 増加に関係する高度に集中が進んでいる市場に結果する合併は、潜在的に大きな反競争的懸念を引き起こし、しばしば吟味を是認する。200 ポイント以上の HHI 増加に関係する高度に集中が進んでいる市場に結果する合併は、市場支配力を高めそうであると推定される。推定は、合併が市場支配力を高めそうにな

いということを示す説得力のある証拠により反駁される。

これらの境界線の目的は、集中の高いレベルは懸念を引き起こすが、反競争的合併から競争的に良性の合併を分離するための厳格な網を提供することではない。むしろ、それらは、競争的懸念を引き起こしそうにないいくつかの合併および、増加した集中の潜在的に有害な効果を確認し、強化しまたは中和するかどうかを吟味するために特に重要であるいくつかの他の合併を確認する1つの道を提供する。合併後のHHIおよびHHIの増加が高ければ高いほど、当局の潜在的な競争的懸念は大きくなり、当局がその分析を行うために追加の情報を要請する可能性が大きくなる（ガイドライン5）。

（5） 一方的効果

合併から生じる、2つの企業間の競争の除去は、それだけで競争の大きな減少を構成する。そのような一方的効果（Unilateral Effects）は、関連市場において独占するために、合併においてもっとも明白であるが、決してそのケースに限られるわけではない。

（a） 差別された製品の価格設定

差別された製品の産業において、他の製品はより遠い代替物であり、より激しくなく競争するが、いくつかの製品は、非常に近い代替物であることができ、そしてお互いに激しく競争する。

差別された製品を販売する企業間の合併は、1つまたは両方の製品の価格を合併前のレベル以上に一方的に引き上げることにより、合併した企業が利益を得ることを可能にすることによって競争を縮小させる。価格引き上げにより失われたいくつかの販売は、合併パートナーの製品に転換するだけであり、そして関連するマージンに依拠して、合併によるそのような販売の喪失を捕らえることは、合併前ほど利益を上げることができなかったとしても、価格引き上げで利益を上げうるものにする。

合併当事者により販売された製品間の直接競争の程度は、一方的効果の評価にとって中心である。一方的な価格効果が大きければ大きいほど、合併企業の1つにより販売される製品の買手は、他の合併企業により販売される製品を次の選択であるとより考えることになる。当局は、合併企業により販売

される製品間の直接競争の程度を評価するために合理的に入手可能で信頼できる情報を考慮する。これらの情報は、証拠書類および証明書、勝ち負けのレポートおよびディスカウント承認プロセスからの証拠、顧客を切り換えるパターンならびに顧客調査を含む。

　合併企業の１つにより以前に販売された製品に対する合併後の大きな一方的価格上昇は、その製品を購入する大きな部分が、他の合併企業により以前に販売された製品を彼らの次善の選択としてみていることを要求する。しかしながら、価格と増加するコスト間の合併前マージンが低くなければ、その大きな部分は、大多数に近づく必要はない。この目的のために、増加するコストは、考慮される価格変化により引き起こされる産出における変化にわたって測定される。合併は、合併パートナーにより以前に販売された製品に対するよりもより多くの製品が非合併企業により販売される製品に転換されるとしても、一定の製品に対して一方的効果を生み出す。

　いくつかのケースにおいて、当局は、１つの合併企業により販売される製品と他の企業により販売される２番目の製品間の直接競争の程度を、最初の製品から２番目の製品への転換比率を算定することによって計ることを望む。転換比率は、２番目の製品に転換される価格上昇のために最初の製品による失われた販売の部分である。１つの合併企業により販売される製品と他の合併企業により販売される製品間の転換比率は、一方的価格効果のより大きな可能性を示すより高い転換比率とともに、そのような効果を評価するためにおおいに情報を与えることができる。

　反対の一方的価格効果は、合併が、１つの合併企業により以前に販売された製品の価格を引き上げるインセンティブを与え、そしてそうすることによって他の合併企業により以前に販売された製品に販売を転換し、後者の製品に対し利益を押し上げるとき、生じることができる。転換された販売の価値に基づいた一方的価格効果の診断は、市場の画定またはマーケットシェアおよび集中に依拠する必要はない。当局は、差別される製品の市場における一方的価格効果を診断するために、HHIのレベルよりも転換された販売の価値により多く依拠している。転換された販売の価値が比例的に小さいならば、大きな一方的価格効果は生じそうにない。

合併は、非合併当事者が合併企業によりオファーされた製品に大変近い代替品をオファーするならば、大きな一方的価格上昇を生じそうにない。いくつかのケースにおいて、非合併企業は、合併企業によりオファーされた製品に近い代替物をオファーするために、彼らの製品の販売戦略を変えることができる。販売戦略の変更は、時宜にかなっていること、可能性および十分さを考慮して、参入と同様に評価される供給側の反応である。当局は、販売政策の変更が、差別される製品の合併から大きな反競争的な一方的効果であるものを阻止し、または中和するのに十分であるかどうかを考慮する。

(b) 取引および競売

2つの競争する売手間の合併は、買手が、取引においてこれらの売手をお互いに張り合わせることを妨げる。これのみで、合併企業が合併がなければ別々にオファーしたであろうものよりも、合併企業体にとってより有利な結果であり、買手にとってより有利でない結果であるが、合併企業体が獲得する能力およびインセンティブをおおいに高めることができる。

これらの背景における反競争的な一方的効果は、合併前に他の者がビジネスに勝利したとき、合併する売手の1つが次点者であったという頻度または蓋然性に比例しそうである。次点者の合併企業が、顧客のニーズの充足において他の売手に対してより大きな強みをもてばもつほど、これらの効果はまた、より大きくなりそうである。

これらの反競争的な一方的効果のメカニズムおよびそれらの可能性の兆候は、用いられる取引慣行、競売方式ならびにお互いのコストおよび買手の好みに関する情報に従っていささか異なる。

(c) 同質的な製品のための能力および産出

比較的差別されていない製品に関係する市場において、当局は、合併企業が、産出を一方的に抑圧し、市場価格を上げることが利益を得ることであると気づくかどうかを評価する。企業は、能力を使用されていないままにし、合併がなければ獲得されたであろう能力を建設または獲得することを差し控え、または前から存在する生産能力を排除する。企業はまた、前の市場において価格を引き上げるために、能力の使用を1つの関連市場からもう1つの関連市場へ転換する。産出抑制のこれらの形態の競争的分析は異なる。

　一方的産出抑制戦略は、①合併企業のマーケットシェアが比較的高い、②産出抑制により影響されない価格で販売のためにすでに約束された合併企業の産出のシェアが比較的低い、③抑圧された産出に対するマージンが比較的低い、④ライバルの供給反応が比較的小さい、および⑤需要の市場順応性が比較的低いとき、より利益になりそうである。

　合併は、結果として生じる価格上昇から利益を得るより大きな販売のベースを合併企業に提供する、またはさもなければ、価格上昇に対応して能力を拡大できたであろう競争者を排除する。

　いくつかのケースにおいて、市場において大きな販売シェアを有する企業とその市場に仕えるために大きな過剰能力を有する企業間の合併は、産出抑制戦略を利益を上げるものにすることができる。これは、過剰能力を有する企業が販売の比較的小さなシェアを有するにすぎないとしても、拡大し、そして価格が上昇するのを維持するその企業の能力が、大きなマーケットシェアを有する企業にとって産出抑制戦略を利益の上がらないものにしてきたならば、これは生じる。

（d）イノベーションおよび製品の多様性

　当局は、合併が、合併がなければ広く行われているレベル以下に革新努力を縮小することを合併企業に奨励することにより、イノベーション競争を減少させそうであるかどうかを考慮する。イノベーションの縮小は、現在の製品開発努力で継続するための減少されたインセンティブ、または新製品の開発を始めるための減少されたインセンティブの形態をとることができるであろう。

　これらの効果の最初は、合併企業のすくなくとも1つが、他の合併企業から大きな収入を得る新製品を導入するための努力に従事しているならば、もっとも生じうる。第2の長期にわたる効果は、すくなくとも合併企業の1つが、他の合併企業から大きな収入を得られる新製品を将来開発するために他の合併企業をリードしそうである能力を有しているならば、もっとも生じそうである。したがって、当局はまた、合併が、特定の方向に成功裏に革新するもっとも強い能力を有する非常に少数の企業の2つを統合することによりイノベーション競争を縮小するかどうかを考慮する。

　当局は、1つの合併企業による成功するイノベーションが他の合併企業から販売を獲得できそうな範囲および将来のイノベーションのための合併後のインセンティブが、合併がなければ広く行われていたインセンティブよりも低い範囲を評価する。当局はまた、合併が、さもなければ生じなかったイノベーションを、さもなければ統合されえない補完的能力をまとめることによって、またはある他の合併固有の理由のために、可能にしそうかどうかを考慮する。

　当局はまた、合併が、合併当事者により販売される関連製品の1つをオファーすることを止めるインセンティブを合併された企業に与えそうであるかどうかを考慮する。合併に続く多様性の減少は、反競争的である、または反競争的でない。合併は、多様性が顧客に少ししか価値を与えないとき、製品の効率的な統合に至ることができる。他のケースにおいて、合併は、合併された企業が、お互いからより差別されるようにその製品の販売政策を変更することを奨励することによって、多様性を増加させる。

　合併された企業が、非常に多くの顧客が、利用できている製品よりも強く好む製品を撤回するならば、これは、一定の製品の価格または品質に対する効果を超えて顧客に対する害を構成しうる。そのような効果の証拠があるならば、当局は、多様性における減少が、合併に帰することができる競争的インセンティブの喪失におおいによるかどうかを問う（ガイドライン6）。

（6）　協調効果

　合併は、顧客を害する関連市場において企業間の合併後の相互作用を可能にし、または奨励することによって競争を減らす。協調相互作用は、他者の適応する反応の結果としてのみそれぞれの企業にとって利益のある、多数の企業による行為を伴う。これらの反応は、そのような動きがライバルからビジネスを勝ち取る範囲を切り落とすことによって、顧客により良い取引を提供する企業のインセンティブを鈍くすることができる。それらの反応はまた、そのような動きが、顧客を失うというおそれをライバルに対し緩和することによって、価格を引き上げる企業のインセンティブを高めることができる。

　協調相互作用は、どのように企業が競争するか、または競争することを控えるかの共通の理解の明白な交渉を伴うことができる。そのような行為は、典型的にそれ自身で反トラスト法に違反する。協調相互作用はまた、明白には交渉されないが、協調相互作用を削り去る逸脱の探知および処罰により強制される類似の共通理解を伴うことができる。協調相互作用は、代わりに、以前の理解に従わず、平行した適応する行為を伴うことができる。平行した適応する行為は、他者によりなされた競争的動きに対する各ライバルの反応がそれぞれ合理的であり、そして報復または制止により動機づけされておらず、もしくは合意した市場効果を維持することも意図されていないが、それでもなお、価格上昇を具体化し、および価格を引き下げる、または顧客により良い条件をオファーする競争的インセンティブを弱くする状況を含む。協調相互作用は、その他の点で反トラスト法により非難されない行為を含む。

　協調行為に従事するライバル企業の能力は、価格変化または他の競争的イニシアチブに対するライバルの反応の強さおよび予想可能性に依拠している。いくつかの環境の下で、合併は、そのような反応を強める、またはそれによって、合併された企業ではなく、市場における多くの企業の競争的インセンティブに影響を与えて、市場における多くの企業がそれらの反応をより密かに予想できるようにするに十分な市場集中に帰着することができる。

（a）協調相互作用に対する合併の影響

　当局は、市場参加者がより協調した相互作用をおおいに引き起こしつつ、互いに影響し合う仕方を変えようとするかどうかを吟味する。当局は、協調行為の強さ、程度または可能性における増加を通じて、どのように合併がおおいに競争的インセンティブを弱めるかを確認したい。しかしながら、多くの協調形態があり、反協調効果を引き起こすリスクは、定量化しえず、または詳細に証明しえない。したがって、当局は、市場が協調行為に弱いかどうかの評価に関連して、市場集中の計量法を使用して協調効果のリスクを評価する。

　クレイトン法の最初の基準に従って、当局は、どのように協調が生じそうであるかを正確に示す特定の証拠がなくても、当局の判断において、協調的効果を通じて害の実際の危険を生じる合併に挑戦する。当局は、次の３つ

の条件がすべて満たされるならば、合併に挑戦する可能性がある。①合併
は、集中をおおいに増加し、やや集中が進んでいる、または高度に集中が進
んでいる市場に至る。②その市場は、協調行為に弱いことのサインを示して
いる。③合併がそのような弱さを高めると結論を下す確かな根拠をもってい
る。

（b）市場が協調行為に弱い証拠

　関連市場において大きなシェアを代表する企業が、関連市場に影響する明
示の共謀に以前に従事していたようにみえるならば、市場における競争条件
が、以来、おおいに変化したことがない限り、市場条件は、協調相互作用の
助けになっていると、当局は推定する。

　各々の競争的に重要な企業の大きな競争的イニシアチブが、その企業のラ
イバルにより迅速にかつ密かに観察されることができるならば、市場は典型
的に協調行為により弱い。

　ライバルから顧客を引きつけることからの企業の予期される競争的報酬
が、ライバルのありそうな反応によりおおいに縮小されるならば、市場は、
典型的に協調行為により弱い。

　価格引き上げを始める企業が、ライバルが引き上げに反応した後、比較
的少数の顧客を失うならば、市場は協調行為により弱くなりがちである。同
様に、顧客に最初により低い価格または改善された製品をオファーする企業
が、ライバルが反応する後、ライバルからこのようにして引きつけた比較的
少数の顧客を維持するならば、市場は協調行為により弱くなりがちである。

　当局は、参加者が、成功する協調から利益を得そうであればあるほど、
協調相互作用がよりありうるとみなす。需要の市場弾力性が弱ければ弱いほ
ど、協調は一般的により利益がある。

　関連市場におけるすべての企業が協調に従事しないとしても、協調行為
は顧客を害することができるが、大きな害は、通常、市場の大きな部分がそ
のような行為に従う場合にのみ、ありそうである。害の予想は、関連市場に
おける、競争するインセンティブが協調行為によりおおいに弱められる企業
の集合的市場支配力に依拠している。この集合的市場支配力は、需要の市場
弾力性が低ければ低いほど、より大きい。この集合的市場支配力は、小さい

マーケットシェアを有し、かつこれらの企業が関連市場において販売を迅速に拡大できるならば、協調行為から生じる結果に利害関係をほとんどもたない他の市場参加者の存在によって縮小される（ガイドライン7）。

（7）　強力な買手

　当局は、強力な買手が、価格を引き上げる合併企業の能力を抑制する可能性を考慮する。たとえば、強力な買手が上流を垂直的に統合する、もしくは参入を後援する能力およびインセンティブを有するならば、または大きな買手の行為もしくは存在が協調効果を削り取るならば、これは生じる。しかしながら、当局は、強力な買手の存在のみが、合併から生じる反競争的効果の機先を制するとは推定しない。より有利な条件を交渉できる買手さえも市場支配力における増加により害される。当局は、強力な買手にとって利用可能な選択およびこれらの選択が合併のためにどのように変化するかを吟味する。通常、その存在が買手の交渉する「てこ（leverage）」におおいに貢献した供給者を排除する合併は、その買手を害する。

　さらに、いくつかの強力な買手が彼ら自身を保護することができたとしても、当局は、市場支配力が他の買手に対して行使されることができるかどうかを考慮する（ガイドライン8）。

（8）　参　入

　競争的効果の完全な評価の部分として、当局は、関連市場への参入（Entry）を考慮する。関連市場への参入の予想は、合併が顧客をおおいに害しないように、そのような参入が懸念の競争的効果を妨げまたは中和する場合にのみ、反競争的効果についての懸念を緩和する。

　当局は、関連市場への参入の実際の歴史を考慮し、そしてこの証拠に大きなウエートを与える。関連市場における製品で稼いだマージンの増加に直面して、成功したかつ効果的な参入の欠如は、成功した参入が遅く、または困難であることを示唆しがちである。

　有形資産の取替えコストを大きく超過する既存の企業の市場価値は、これらの企業が、参入者が取り替えるには困難である、または時間がかかる価値

ある無形資産を有していることを示す。合併は、市場への参入が容易で、合併企業および市場に残存するライバルが、一方的にまたは集合的に、合併がなければ広く行われていたレベルと比較して利益が上がるように価格を引き上げることができず、またはさもなければ競争を縮小することができなければ、合併は、市場支配力を高めそうにない。参入は、その参入が時宜に適しており、可能性があり、かつその大きさ、性格および範囲において懸念の競争的効果を妨げ、または中和するために十分であるならば容易である。

当局は、参入者が実際に用いる参入努力の時宜に適していること、可能性および十分さを吟味する。参入努力は、企業が市場において生産し、販売することを引き受けなければならない行動によって定義される。そして、参入努力のさまざまな要素が考慮される。これらの要素は、計画、デザインおよびマネジメント、許可、ライセンスまたは他の認可、建設、修理および生産施設の運転、促進（必要な紹介ディスカウントを含む）、マーケティング、流通ならびに顧客のテストおよび資格要求の満足を含む。参入の最近の例は、成功したものであれ不成功のものであれ、実際の参入努力の要素を確認するための出発点を一般的に提供する。これらはまた、参入者が成功するために必要な規模、参入障壁の存在または不存在、参入のタイミングに影響する要素、参入に関係するコストおよびリスクならびに参入者にとって実際に利用可能な販売機会に関して情報を与えることができる。

参入が時宜に適しており、可能性があり、かつ十分であるかどうかを評価する際に、当局は、正確かつ詳細な情報は、獲得するのが困難または不可能でありうることを認識している。当局は、参入が、時宜に適していること、可能性および十分さの条件を満足するかどうかに関係する合理的に入手可能でかつ信頼できる証拠を考慮する。

（a）時宜に適していること（Timeliness）

懸念の競争的効果を妨げるために、参入は、効果を引き起こして、かつ参入に至る行動を、これらの行動は参入が効果を生じるまで利益が上がるものであるとしても、利益のないものにするに十分なほど迅速でなければならない。

たとえ参入の予想が、懸念の競争的効果を妨げないとしても、合併後の参

入はそれらの効果を中和する。これは、関連市場における参入の影響が、参入前に生じる反競争的害にかかわらず、顧客が合併によりおおいに害されないほど十分に迅速であることを要求する。

（b）可能性（Likelihood）

　参入は、参入者が後に退出するならば回復されるコストを参入者が負担する必要性を含めて、資産、能力および必要な資本ならびに関係するリスクの責任をとって、参入が利益の上がるものであろうならば、可能性がある。利益は、①参入者に直面する障害の責任をとって、参入者が獲得するであろう産出レベル、②価格に対するその参入自身の影響の責任をとって、合併後の市場において参入者が獲得するであろう価格、および③新規参入者が運営する規模に依拠する、参入者が負担する単位当たりコストに依拠する。

（c）十分さ（Sufficiency）

　時宜に適しており、かつ可能性がある場合でも、参入は、懸念の競争的効果を妨げ、または中和するに十分でないことがありうる。たとえば、差別される製品の産業において、参入は、参入者によりオファーされた製品が、合併企業による価格上昇を利益のないものにするに十分な、合併企業によりオファーされた製品に近い代替物でないがゆえに、不十分である。参入はまた、参入するためにもっともよく配置された能力または新規参入者による迅速な拡大への評判的障害に対する制限のような、参入者の競争的有効性を制限する強制のために不十分である。合併企業の1つの規模および強さをすくなくとも複製する唯一の企業による参入は、十分である。より小さな規模で運営する1以上の企業による参入は、そのような企業が大きな競争的不利にならないならば、十分である（ガイドライン9）。

（9）効率性

　競争は、通常、企業が内部的に効率性（Efficiencies）を達成するよう激励する。それでも、合併の経済にとっての主たる利益は、大きな効率性を生じ、かつこうして合併企業の競争する能力およびインセンティブを高める潜在力である。このような潜在力は、より低い価格、改善された品質、向上されたサービスまたは新製品に帰着する。たとえば、合併が生じる効率性は、

2つの非効果的な競争者がより効果的な競争者を形成することを可能にすることにより競争を高める。効率性はまた、効率性が直ちに、かつ直接に価格に影響しなくても、新しいまたは改善された製品に至る。合併を通じて生じた効率性が、競争する企業の能力を高めるときでさえ、合併は、競争を縮小し、合併を反競争的にする他の効果をもつ。

　当局は、提案された合併で完成されそうな効率性および提案された合併も、または比較可能な反競争的効果をもつ他の合併もないので、完成されそうにない効率性のみを信じる。これらは、合併に固有の効率性と称される。合併企業により直面されたビジネスの状態において実際的である選択のみが、この決定をする際に考慮される。当局は、単に理論的にすぎない、より制限的でない選択を主張しない。

　効率性は、ある程度、効率性に関する情報の多くが比類なく合併企業に所有されているがゆえに、証明し、定量化することが困難である。さらに、合併企業により合理的にかつ誠実に予想された効率性は、実現されないかもしれない。したがって、効率性の主張を実証することは、合併企業に義務としてかかっている。その結果、当局は、合理的な手段によって、各々の主張された効率性の可能性および大きさ、その各々がどのように、かついつ達成されるか（およびそうすることのコスト）、各々がどのように合併企業の競争する能力およびインセンティブを高めるか、ならびに各々がなぜ合併固有であるかを証明することができる。

　効率性の主張は、それらが曖昧であり、投機的であり、またはさもなければ、合理的手段により証明されることができなければ、考慮されない。効率性の予想は、とくに、通常のビジネス計画のプロセス外で生じたときは、懐疑をもってみられる。対照的に、類似の過去の経験により実証された効率性の主張は、もっとも信頼されそうな効率性である。

　認識しうる効率性は、証明された、かつ産出またはサービスにおいて反競争的減少から生じない、合併固有の効率性である。

　当局は、認識しうる効率性が、合併が関連市場において反競争的でなさそうであるような性格および規模であるならば、合併に挑戦しない。必要な決定をするために、当局は認識しうる効率性が、たとえば、市場における価格

上昇を妨げることによって、関連市場において顧客を害する合併企業の潜在力を覆すのに十分でありそうであるかどうかを考慮する。この分析を行うに際し、当局は、認識しうる効率性の規模を、効率性がなければ競争に対してありそうな害の規模と単に比較しない。合併が関連市場において反競争的効果をもっていないことを当局が結論するために、合併の潜在的な反競争的効果が大きければ大きいほど、認識しうる効率性は大きくならなければならない、かつそれらは顧客に素通りされなければならない。合併の潜在的な反競争的効果が特に大きくなりそうであるとき、非常に大きな認識しうる効率性が、合併が反競争的であることを妨げるために必要である。

　当局の経験においては、効率性は、効率性がなければ生じるであろう反競争的効果が大きくないとき、合併分析においてもっとも相違を生じうる。反競争的効果が、価格設定および新製品開発のような行為の多くの面に沿って生じることができるように、効率性もまた、多くの面に沿って影響を及ぼすことができる。

　当局は、効率性のあるタイプは、他のものよりも認識しうるもの、かつ大きいものでありそうであることに気づいた。たとえば、合併企業が生産の増分コストを削減することを可能とする、以前に別に所有されていた施設の間で生産を移すことから生じる効率性は、より証明の影響を受けやすそうであり、かつ産出における反競争的削減からより少なく生じそうである。研究開発に関係する効率性のような他の効率性は、潜在的に大きいが、一般的により少なく証明の影響を受けやすく、かつ反競争的産出削減の結果でありうる。購買、経営、または資本コストに関係する効率性のような他の効率性は、より少なく合併固有のものもしくは大きいものでありそうであり、または他の理由で認識しうるものではないかもしれない。

　イノベーションに対する合併の効果を評価するとき、当局は、合併企業が研究または開発をより効果的に行う能力を考慮する。そのような効率性は、イノベーションを激励するが、短期の価格設定には影響しない。当局はまた、合併企業が、そのイノベーションから生じる便益の大きな部分を着服する能力を考慮する。ライセンシングおよび知的財産状況は、それらがイノベーションの便益を着服する企業の能力に影響するので、この調査にとって

重要である。研究開発コストの節約は、それらを証明するのが困難であり、またはイノベーション活動の反競争的削減から生じるがゆえに、大きいかもしれないが、認識しうる効率性ではない（ガイドライン10）。

（10）破綻および退出する資産

　前述の分析にかかわらず、合併は、合併企業の1つの差し迫った破綻がその企業の資産を関連市場から退出させるならば、市場支配力を高めそうにない。これは、合併企業の1つの競争的重要性が衰えている、すなわち退出する企業の予想されるマーケットシェアおよび重要性がゼロであるより一般的な環境の極端な例である。

　当局は、以下のすべての環境が満たされないならば、破綻企業の資産が関連市場から退出するという主張を通常信用しない。①申し立てられた破綻企業が近い将来、その財務的義務を満足させることができないであろう。②申し立てられた破綻企業は、破産法11章に基づいて成功裏に再編成することはできないであろう。③申し立てられた破綻企業は、有形および無形の資産を関連市場において維持し、かつ提案された合併が晒すよりもより少ない厳しい危険に競争を晒したであろう合理的な代わりのオファーを引き出す、不成功に終わったが誠実な努力をした。

　同様に、合併は、競争に対するリスクが破綻部門の買収から生じるならば、競争的害を引き起こしそうにない。当局は、以下の条件の2つが満足されなければ、部門の資産が近い将来に関連市場から退出するという主張を通常信用しない。①真実の経済的コストを反映するコスト配分ルールを適用して、部門は、活動ベースで永続的にマイナスのキャッシュフローをもっており、かつそのようなマイナスのキャッシュフローは、補完的市場における付加された販売または高められた顧客信用のような便益により企業のために経済上正当化されない。②破綻部門の所有者は、有形および無形の資産を関連市場において維持し、かつ提案された合併が晒すよりもより少ない厳しい危険に競争を晒したであろう合理的な代わりのオファーを引き出す、不成功に終わったが誠実な努力をした（ガイドライン11）。

（11）　競争する買手の合併

　競争する買手の合併は、競争する売手の合併が市場の販売側における市場支配力を高めることができるように、市場の購買側における市場支配力を高めることができる。

　合併が市場の購買側における市場支配力を高めそうであるかどうかを評価するために、当局は、合併が市場の販売側における市場支配力を高めそうであるかどうかを評価するために前述したフレームワークを本質的に用いる。関連市場の境界を定めるに際し、当局は、仮定の独占者により支払われる価格の下落に直面する売手にとって使用可能な選択肢に焦点を合わせる。

　市場の購買側における市場支配力は、供給者が、商品またはサービスの多くの魅力的な販路をもっているならば、重要な懸念ではない。しかしながら、そのようなケースでないとき、当局は、競争する買手の合併が売手を害する仕方で競争を減らす可能性があると結論する。

　当局は、競争の減少から生じる売手に対する効果と他のところで生じる効果の間を区別する。市場の購買側における市場支配力を高めない合併は、それでもなお、たとえば、取引コストを削減することまたは合併企業が数量に基づくディスカウントを利用することを可能にすることによって、合併企業により支払われる価格の削減に至る。市場支配力の増大から生じない合併企業により支払われる価格における削減は、合併からの効率性の評価において重要である（ガイドライン 12）。

（12）　部分的買収

　ほとんどの水平的合併において、2つの競争者は、完全にかつ永久的に、彼らの間の競争を排除しつつ、共通の所有および支配下にくる。この競争の排除は、合併分析の基礎的な要素である。したがって、当局はまた、たとえそのような少数者ポジションが、かならずしもまたは完全に、取引の当事者間の競争を排除しなくても、競争する企業に関係する少数者ポジションの買収を吟味する。

　部分的買収が目標企業の効果的支配に帰する、または目標企業の関連資産のほとんどすべてに関係すると当局が決定するとき、当局は、合併を分析す

るように取引を分析する。効果的支配に帰さない部分的買収は、それでもなお、大きな競争的懸念を提供し、かつ完全な合併または効果的支配に関係する買収に適用されるものからやや別個の分析を要求する。当事者間の買収後の関係の詳細、およびこれらの詳細がどのように競争に影響しそうであるかは、重要である。

　当局が、部分的買収が競争に影響するかもしれない方向を考慮する間、当局は、一般的に、3つの主たる効果に焦点を合わせる。

　第1に、部分的買収は、買収企業に目標企業の競争的行為に影響する能力を与えることによって競争を低下させることができる。取締役会にメンバーを指名する権利のような、目標企業における投票利益または特定のガバナンスは、そのような影響を可能にすることができる。そのような影響は、買収企業が、目標企業がより積極的でなく競争するよう誘導する、またはその行為を買収企業の行為と協調するためにその影響を利用することができるがゆえに、競争を低下させることができる。

　第2に、部分的買収は、買収企業の競争するインセンティブを削減することによって競争を低下させることができる。ライバルにおける少数者ポジション獲得は、それが、ライバルにそれにより負わせた損失を分かつがゆえに、積極的に競争する買収企業のインセンティブを大きく鈍らせるかもしれない。買収企業の競争するインセンティブにおけるこの低下は、目標企業の行為に影響を与えることができなくても生じる。完全な合併の一方的な競争効果と比較して、この効果は、所有が部分的にすぎないという事実によって弱められそうである。

　第3に、部分的買収は、目標企業からの公でない、競争的に微妙な情報へのアクセスを買収企業に与えることによって競争を低下させることができる。目標企業の行為に影響を与える能力がなくても、競争的に微妙な情報へのアクセスは、逆の一方的または協調的効果に至ることができる。協調効果のリスクは、取引もまた、買収企業から目標企業へ競争的に微妙な情報の流れを容易にするならば、より大きくなる。

　合併のように、部分的買収は、反競争的効果の潜在力においておおいに変わる。したがって、各ケースの特定の事実は、競争に対する害の可能性を評

価するために吟味されなければならない。部分的買収が、通常、合併に関連する多くのタイプの効率性を可能にしない間、当局は、部分的買収が認識しうる効率性をつくりそうかどうかを考慮する（ガイドライン 13）。

4　垂直的・コングロマリット的合併に対する裁判所によるクレイトン法の適用

　垂直的・コングロマリット的合併による競争に対する脅威は、水平的合併による脅威よりも小さい。垂直的合併は、競争者が必要な供給源や販売先から締め出されるというリスクをもたらし、そしてコングロマリット的合併は、すでに支配的な企業をさらに強固にするというリスクをもたらすが、これらの合併は競争促進的効果を生むことが可能である。

　裁判所は、水平的合併のケースに適用されると同様な「推定される違法性」のテストを採用することを差し控え、これらの合併の潜在的影響を分析する際に検討すべき競争的要素を強調してきた。その結果、裁判所の判断は、一般的な「合理の原則」との強い類似性をしばしば示している。

5　2020 年垂直的合併ガイドライン

　2020 年 6 月に司法省および連邦取引委員会（以下「当局」という）は、垂直的合併ガイドライン（Vertical Merger Guidelines）（以下「ガイドライン」という）を公表している。

（1）　反競争的効果の証拠

　当局は、垂直的合併が相当に競争を減らすかどうかという主たる質問に答えるために合理的に入手可能で信頼できる証拠を考慮する。水平的合併ガイドライン 2 において記述した証拠のタイプも、完成された合併において観察される実際の効果、経験に基づく直接の比較および合併当事者の破壊的役割に関する証拠を含む、垂直的合併の効果について有益でありうる。当局はまた、たとえば垂直的合併は、合併企業が破壊的ライバルを懲戒することを可

能にするという理論を評価する際に、合併しない企業の破壊的役割についての証拠を考慮する。

当局が依拠する証拠の源は、水平的合併ガイドライン2において記述するものと同じであり、合併当事者、彼らの顧客ならびに他の産業の参加者およびオブザーバーの書類および声明を含む（ガイドライン2）。

（2） 市場画定、関係製品、マーケットシェアおよび集中

垂直合併に関わる合併実行行為において、当局は、通常、合併が相当に競争を低下させる1以上の関連市場を画定する。水平的合併ガイドライン4において記述した市場画定の一般的目的および制限の多くは、当局が垂直的合併のために市場を画定するときにも関連する。そして当局は、垂直的合併のために関連市場を画定するために、水平的合併ガイドライン4において記述した方法論を用いる。

当局が関連市場において潜在的な競争懸念を見分けるとき、当局はまた、1以上の関係製品を特定する。関係製品は、合併企業により供給または支配される製品またはサービスであり、関連市場における製品およびサービスに垂直的なまたは補足的な位置に置かれる。

当局は、競争的効果の評価において、関連市場のマーケットシェアおよび市場集中の大きさを考慮する。当局は、合併が競争を相当に低下させるかどうかを決定する究極の目的のために、他の合理的に入手可能で信頼できる証拠とともにマーケットシェアおよび集中を評価する。

当局は、関連市場におけるマーケットシェアおよび集中を測るために、水平的合併ガイドライン5において記述した方法論を用いるが、害の垂直的理論からの競争的効果のためのスクリーンまたは表示器として水平的合併ガイドライン5における入り口に依拠しない。それでもなお、集中の現在のレベルは関連する。たとえば、関連市場における高度集中は、その関連市場における反競争的効果の可能性、持続性または範囲に関する証拠を提供する。

（3）　一方的効果

　垂直的合併は、1つの合併企業と他の合併企業と取引する、または取引できたであろうライバルとの間の競争を減少させる。

（a）　締出しおよび上昇するライバルのコスト

　垂直的合併は、関連市場における1以上の実際のまたは潜在的なライバルから競争的圧迫を弱めまたは取り除くために、合併企業が関係製品の支配を利益になるように用いることを可能にすることにより競争を減少させる。たとえば、合併は価格を引き上げ、または関係製品の品質を低下させることによってライバルのコストを引き上げる垂直的に合併する企業のインセンティブまたは能力を増加する。合併企業はまた、ライバルに関係製品を供給することをまったく拒否することができるだろう（締出し）。

　垂直的合併が一方的な締出し、またはライバルのコストの引き上げにより競争が減少するかどうかを見分ける際、当局は、以下の条件が満たされるかどうかを考慮する。

　(i)　能力

　合併企業が、1以上のライバルに関係製品を提供する条件を変更することによって、合併企業は、ライバルが関連市場において相当な販売を失うこと、またはそうでなければ顧客のビジネスのためにより消極的に競争することを引き起こすことができそうであろう。

　そして次に、合併は、ライバルが購入を関係製品の代替物に、関連市場における製品またはサービスの価格、品質または入手可能性に対する意味のある効果なくして、容易に切り換えることができるならば、締出しまたはライバルのコスト引き上げに至る可能性があるために、めったに詳細な吟味を保証しないであろう。

　関係製品の代替物に切り換える合併企業のライバルの能力についての当局の吟味は、水平的合併ガイドライン4にリストされた、仮定的独占者テストを実施する際に、顧客切換えを評価するために当局が用いる証拠のタイプを含むが、それらに限定されない。

（ii）インセンティブ

　合併の結果として、合併企業は、締出しまたは劣る条件に反応してライバルが販売を失い、または彼らの行動を変えるとき、合併企業が関連市場において相当に利益を得るので、ライバルを締め出し、または関係製品に対し劣る条件を提供することが利益になると気づくであろう。

　そして次に、合併企業が関連市場における関係製品のユーザーとの実際のまたは潜在的な競争の減少から利益を得ないならば、合併は、締出しを引き起こし、またはライバルのコストを引き上げる可能性のために、めったに詳細な吟味を保証しないであろう。

　ライバルを締め出し、または関係製品の条件を変えることによって彼らのコストを引き上げるインセンティブに対する垂直的合併の効果の当局の評価は、事実に基づいている。たとえば、締出しのケースにおいて、当局は、関連市場における合併企業の利益が、関係製品の減少した販売からの損失を上回りそうかどうかを一般的に考慮する。

　これらの条件が満たされる合併は、潜在的に大きな競争的懸念を引き起こし、しばしば吟味を保証する。

　吟味を保証する合併のために、当局は、関連市場の事実および環境の評価に基づいて、合併が競争を相当に減らすかどうかを決定する。この評価は、合併企業の一方的インセンティブに対するすべての変化の、関連市場における競争に対するありそうな純効果の評価を一般的に含む。合併企業は、ライバルを閉め出す、または関係製品のためにオファーされる条件を変えることによって彼らのコストを引き上げる。

　十分な関連データが入手できる場合、当局は、競争に対する純効果の量を計るためにデザインされた経済モデルを構築する。当局は、この量的評価を援助するために合併シミュレーションモデルを用いる。これらのモデルは、非合併企業による独立した価格反応をしばしば含み、そしてインセンティブに対する異なる効果からのフィードバックを組み入れる。当局は、合併シミュレーションの証拠をそれ自身決定的なものとして取り扱わない。そして1つのシミュレーションの正確な予報よりも、合理的なモデルを用いる合併シミュレーションが相当な価格上昇を予報するかどうかによりウエートを置

く。当局はまた、すべての潜在的効果の量的証拠の評価に基づいて、合併が競争を相当に減らすかどうかを決定する。

（b）競争的に微妙な情報へのアクセス

垂直的合併において、取引は、結合した企業に、合併前に入手できなかった上流または下流のライバルについての微妙なビジネス情報へのアクセスおよび支配を与える。たとえば、合併企業にとって下流のライバルは、上流企業の合併前の顧客であったかもしれない。合併後、合併企業の下流部分は、今やライバルの競争的に微妙なビジネス情報にアクセスをもつことができるであろう。いくつかの環境において、合併企業は、ライバルの競争的行為に対する競争的反応をやわらげるために、ライバルの競争的に微妙な情報へのアクセスを用いることができる（ガイドライン3）。

（4）協調効果

いくつかのケースにおいて、垂直的合併は、顧客を害する、関連市場における企業間の合併後の協調相互作用を可能にする、または奨励することによって、競争を減らす。水平的合併ガイドライン7は、当局が協調効果をどのように評価するかを記述する。

垂直的合併は、関連市場における反競争的協調を防止または制限することにおいて重要な役割を演じる、または演じるであろう一匹狼の企業を排除する、または妨げることによって、協調に対する市場の脆弱性を高める。

協調効果はまた、市場構造における変化または秘密情報に対する合併企業のアクセスが、①市場参加者間の黙示の合意に至る、②そのような合意をごまかすことを発見する、または③ごまかす企業を処罰することを容易にするときを含む、他の方法で生じる。

（5）競争促進的効果

垂直的合併は、補足的な経済的機能を結合し、契約をする摩擦を排除し、そしてしたがって、競争および消費者に便益を与える潜在的に認識しうる効率性の範囲をつくり出す能力を有する。垂直的合併は、最終製品をつくるために、供給チェーンにおける異なるレベルで使用されるものを含む、補足的

な資産を結合する。これらの資産がどのように使用されるかを調整できる1つの企業は、生産、在庫管理または流通を合理化できる。その企業はまた、独立当事者間契約によっては達成しそうにないであろう方法で、革新的な製品をつくり出すことができる。

　当局は、水平的合併ガイドライン10において記述されるアプローチを用いる当事者による効率性の主張を評価する。認識しうる効率性は、証明された合併特有の効率性であり、産出またはサービスにおける反競争的減少から生じない。当局は、認識しうる効率性が、合併が関連市場において反競争的でありそうにないような性格および程度のものであるならば、合併に挑戦しない。

[注]

1)　15　U.S.C. sect. 18.

2)　水平的合併とは、同じ地理的地域において競合する製品・サービスを販売する企業に関わる合併である。垂直的合併とは、相互に顧客と供給者の関係にある企業にかかわる合併である。コングロマリット的合併とは、水平的合併または垂直的合併のいずれでもなく、製品市場を拡大する合併、地理的市場を拡大する合併および純粋のコングロマリット合併である。

3)　Hart-Scott-Rodino Antitrust Improvements Act of 1976, 15 U.S.A. sect. 18a.

第**2**章
EU 競争法による規制

1 合 併 規 則

2004 年 5 月新しい合併規則が施行された。欧州委員会（以下「委員会」という）は、この合併規則を補足する形で水平的合併ガイドライン（Guidelines on the assessment of horizontal mergers under the Council Regulation on the control of concentrations between undertakings, [2004] O.J. C31/5、以下「ガイドライン」という）を公表した。

このような合併規則および水平的合併ガイドラインによる規制の目的は、合併の結果による支配的地位（dominant position）の形成または強化を阻止することのみならず、さらに寡占市場における協調による支配的地位の形成または強化も阻止することである。アメリカ反トラスト法における経済的な分析手法や効率性の考え方が導入されている。

合併規則による評価と手続については、委員会と加盟国競争当局の管轄配分について次のように定めている。①合併参加企業のそれぞれが共同市場の総売上高の 3 分の 2 以上が加盟国 1 国内に集中している場合は、当該加盟国の競争当局が合併を規制する（合併規則 1 条）。②加盟国 3 か国以上に届出をしなければならない合併企業は、委員会による審査を申請することができる（合併規則 4 条 5 項）。③委員会は、届出された共同体規模の合併案件であっても、特定の加盟国に関係する場合には当該加盟国競争当局にそれを移管することができる（合併規則 9 条 1 項）。④加盟国は、自国管轄の合併案件であっても、加盟国間の取引に関係する場合には委員会にそれを移管すること

ができる（合併規則 22 条 1 項）。

2　水平的合併ガイドライン

　本ガイドラインの目的は、当該事業者が同じ関係市場において実際のまたは潜在的な競争者であるとき、委員会が集中（concentrations）をどのように評価するかに関するガイダンスを提供することである。このガイダンスは、1990 年に施行された旧合併規則（Regulation No. 4064/89）における水平的合併の評価に関する委員会の知見および欧州裁判所の判例に基づいている。

（1）　マーケットシェアおよび集中レベル

　マーケットシェアおよび集中レベルは、市場構造および合併当事者と彼らの競争者の両者の競争的重要性の有用な最初の兆候を提供する。

　通常、委員会は、その競争的分析において、現在のマーケットシェアを使用する。しかしながら、現在のシェアは、たとえば、退出、参入または拡大に照らして、一定の将来の変化を合理的に反映するために調整される。合併後のマーケットシェアは、合併当事者の合併後に統合されたシェアが、彼らの合併前のマーケットシェアの合計であるという推定に基づいて算定される。歴史的データは、たとえば、市場が、大きい、かたまりだらけの注文によって特徴づけられるとき、マーケットシェアが不安定であったならば、使用される。歴史的なマーケットシェアにおける変化は、たとえば、企業が、マーケットシェアを獲得または喪失してきたかどうかを示すことによって、競争的プロセスおよびさまざまな競争者のありそうな将来の重要性についての有用な情報を提供する。いかなる場合も、委員会は、ありそうな状況に照らして、たとえば、市場が、性格において非常にダイナミクであり、かつ市場構造が、イノベーションまたは成長のために不安定であるならば、マーケットシェアを解釈する。

　市場における全部の集中レベルは、競争状況についての有用な情報も提供する。集中レベルを測定するために、委員会はしばしばハーフィンダール・ハーシュマン指数（HHI）を適用する。HHI は、市場におけるすべての企業

の個別のマーケットシェアの 2 乗を合計することによって算定される。HHI は、より大きな企業のマーケットシェアに比例的により大きなウエートを与える。算定においてすべての企業を含むことが最善であるが、非常に小さな企業についての情報の欠如は、そのような企業が HHI に大きくは影響を与えないがゆえに、重要ではない。HHI の絶対的なレベルが合併後の市場において、競争的圧力の最初の兆候を与える間、HHI の変化（増分として知られる）は、合併により直接的にもたらされた集中における変化ための有用な代理人である。

（a）マーケットシェアレベル

よく確立された判例法に従い、非常に高いマーケットシェア（50％以上）は、それ自身で、支配的な市場ポジションの存在の証拠である。しかしながら、より小さい競争者は、もし、たとえば、彼らが彼らの供給を増やす能力およびインセンティブをもつならば、十分な抑止勢力として行動する。

合併後そのマーケットシェアが 50％未満にとどまる企業に関係する合併はまた、競争者の強さおよび数、抑止能力の存在または合併当事者の製品が近い代替物である範囲のような他の要素を考慮して競争的懸念を引き起こす。

委員会は、支配的ポジションの形成および強化に至るようになるまで、いくつかのケースにおいて、このように 40％と 50％の間のマーケットシェア、そしていくつかのケースにおいて 40％未満のマーケットシェアを有する企業に帰する合併を考慮してきた。

（b）HHI レベル

委員会は、1,000 未満の合併後 HHI を有する市場においては水平的競争懸念を確認しそうにない。そのような市場は、通常、広範な分析を要求しない。委員会はまた、たとえば、以下の要素の 1 以上が存在するような特別の環境を除き、1,000 と 2,000 の間の合併後 HHI および 250 未満の増分、または 2,000 以上の合併後 HHI および 150 未満の増分である合併においては水平的競争懸念を確認しそうにない。①合併が、小さなマーケットシェアを有する潜在的新規参入者または最近の参入者に関係する、②1 以上の合併当事者が、マーケットシェアに反映されない仕方における重要な革新者である、③市場参加者の間で大きな株式持合いがある、④合併企業の 1 つが、協調的行

為を崩壊させる高い可能性を有する一匹狼（maverick）の企業である、⑤過去もしくは現在の協調または容易にする慣行の兆候が存在する、⑥合併当事者の1つが、50% 以上の合併前マーケットシェアをもっている。

これらの HHI の各々は、関連する増分と結合して、競争的懸念の欠如の最初の表示器として使用される。しかしながら、それらは、そのような懸念の存在または欠如の推定を引き起こさない。

(c) 水平的合併の可能な反競争的効果

水平の合併が、とくに支配的地位を形成または強化することによって、効果的競争を大きく阻害する2つの主たる方法がある。①協調行動に頼ることなく（非協調効果）、結果として、市場支配力を増加したであろう、1つ以上の企業に対する重要な競争的抑止力を排除することによるもの。②以前は行動を協調していなかった企業が、協調して価格を引き上げる、またはさもなければ、効果的競争をいまより大きく阻害しそうである方法で競争の性質を変えることによるもの。合併はまた、合併前に協調していた企業のために協調をより容易に、より安定してまたはより効果的にする（協調効果）。

委員会は、合併によりもたらされた変化が、これらの効果に帰したかどうかを評価する。

(i) 非協調的効果

合併は、結果として市場支配力を増した1以上の売手に対し重要な競争的抑止を取り除くことによって市場における効果的競争をおおいに妨げる。合併のもっとも直接的な効果は、合併企業間の競争の喪失である。たとえば、合併の前に、合併企業の1つがその価格を引き上げたならば、他の合併企業への販売を失ったであろう。合併は、この特定の抑止を取り除く。同じ市場における非合併企業はまた、合併企業の価格引き上げがいくつかの需要を、今度は、彼らの価格を引き上げることが利益になると気づくライバル企業へ切り換えるので、合併から生じる競争的圧力の低下から便益を得ることができる。これらの競争的抑止の低下は、関連市場における大きな価格引き上げに至ることができるであろう。

一般的に、そのような非協調的効果を引き起こす合併は、典型的に、合併後の次の競争者よりも明らかに大きなマーケットシェアをもっているであろ

う唯一の企業の支配的地位を形成または強化することによって効果的競争を
おおいに妨げるであろう。さらに、合併当事者が、残りの競争者に対する競
争的圧力の削減とともに、以前にお互いに及ぼした重要な競争的抑止の排除
に関係する寡占的市場における合併は、寡占のメンバー間に協調の可能性が
ほとんどない場合でさえも、競争に対する大きな障害に帰する。

　別個にとられると、かならずしも決定的でない多くの要素は、大きな非
協調的効果が合併から生じそうであるかどうかに影響を与える。これらの要
素のすべては、そのような効果のために存在しそうである必要はない。これ
は、徹底的なリストであると考えられるべきではない。

　①　合併企業は大きなマーケットシェアを有する。

　　マーケットシェアが大きければ大きいほど、企業は、市場支配力をより
　有しそうである。そして、マーケットシェアの追加が大きければ大きいほ
　ど、合併は、市場支配力における大きな増加により至りそうである。価格
　上昇後より高いマージンを享受するために販売ベースが大きければ大きい
　ほど、合併企業は、産出における同時に起こる削減にかかわらず、そのよ
　うな価格上昇は利益になるとより気づきそうである。マーケットシェアお
　よびマーケットシェアの追加は、マーケットシェアおよび市場支配力の増
　加の最初の兆候を提供するにすぎないが、それらは、通常、評価において
　重要である。

　②　合併企業は近い競争者である。

　　製品は、いくつかの製品が他のものと比較してより近い代替物である
　ように、関連市場内で差別的でありうる。合併企業の製品間の代替性の程
　度が高ければ高いほど、合併企業は、大きく価格をより引き上げそうであ
　る。たとえば、顧客の大きな数が彼らの最善および次善の選択とみなして
　いる製品をオファーする、2つの製品間の合併は、大きな価格上昇を生じ
　ることができるであろう。このように、当事者間の敵対が、市場における
　競争の重要な源であったという事実は、分析の中心的要素である。より高
　い合併前マージンはまた、大きな価格上昇をよりもたらしそうである。合
　併企業の価格を引き上げるインセンティブは、ライバル企業が、彼らがよ
　り近くない代替品をオファーするときよりも合併企業の製品に近い代替品

を生産するとき、より抑制されそうである。したがって、合併が、合併企業の製品とライバル生産者により供給された製品との間に高い程度の代替性があるとき、特に支配的地位の形成または強化を通じて効果的競争を大きく妨げることは、よりなさそうである。

③ 顧客は、供給者を切り換える限られた可能性を有する。

　合併企業の顧客は、代わりの供給者がほとんどいない、または大きな切換えコストに直面するがゆえに、他の供給者に切り換える困難をもつ。そのような顧客は、とくに価格上昇に弱い。合併は、価格上昇に対して彼ら自身を守る顧客の能力に影響を与える。これは、とくに、競争的価格を獲得する手段として、2つの合併企業から二重に仕入れた顧客にとっての状況である。過去の顧客の切換えパターンおよび価格変化に対する反応の証拠は、この面において重要な情報を与える。

④ 競争者は、価格が上昇すれば、供給を増加しそうにない。

　市場状況が、価格が上昇するならば、合併当事者の競争者は、彼らの供給を大きく増加しそうにはないようなものであるとき、合併企業は、統合した合併前のレベル以下に産出を削減するインセンティブを、それによって市場価格を引き上げつつ、有する。合併は、産出削減により誘発された価格上昇から生じるより高いマージンを享受するために、より大きな販売ベースを合併企業に与えることによって、産出を削減するインセンティブを増加する。

　逆に、市場状況が、ライバル企業が十分な能力をもち、産出を大きく拡大することが利益になると気づくようなものであるとき、委員会は、合併が、支配的地位を形成もしくは強化し、またはさもなければ、効果的競争を妨げると気づくことはなさそうである。

⑤ 競争者による拡大を妨げることができる合併企業体。

　いくつかの提案された合併は、進むことが許されたならば、より小さい企業および潜在的競争者の拡大をより困難にする、またはさもなければ、ライバル企業が競争する能力を制限する能力およびインセンティブをもつであろう立場に合併企業を置いていくことによって、効果的な競争をおおいに妨げるであろう。そのようなケースにおいて、競争者は、個別にまた

は全体としてのいずれであれ、合併企業体が価格を上げない、または競争者にとって有害な他の行動をとらないであろう程度に合併企業体を抑制する立場ではありえない。たとえば、合併企業体は、投入の供給またはライバル企業による拡大または参入がよりコスト高でありうる流通可能性に対してそのような程度の支配または影響力をもつ。同様に、特許または他のタイプの知的財産（たとえば、ブランド）に対する合併企業体の支配は、ライバルによる拡大または参入をより困難にする。異なるインフラストラクチャーまたはプラットフォーム間の相互影響が重要である場合、合併は、コストを引き上げる、サービスの質を落とす能力およびインセンティブを合併企業体に与える。この評価において、委員会は、とりわけ、そのライバルに関連する合併企業体の財務的強さを考慮する。

⑥　合併は重要な競争勢力を排除する。

　いくつかの企業は、彼らのシェアまたは同様の測定法が示唆するより多くの影響力を競争プロセスに対して有する。そのような企業に関係する合併は、市場がすでに集中化しているとき、とくに、大きな反競争的な仕方で、競争的力学を変える。たとえば、企業は、市場において他の企業に対し、将来大きな競争的圧力をかけることが期待される最近の参入者である。

(ii)　協調的効果

集中化した市場における合併は、企業がその行動を協調して価格を引き上げる可能性を増加させるがゆえに、共同支配的地位（collective dominant position）の形成または強化を通じて効果的競争をおおいに阻害する。合併はまた、協調をより強くする、または企業がより高い価格でさえも協調することを可能にすることによって、合併以前にすでに協調していた企業にとって協調をさらに容易に、安定的または効果的にする。

　協調は、協調の条件について共通の理解に達することが比較的容易である市場においてより現れやすそうである。さらに、3つの条件がこのような協調が持続しうるために必要である。①協調する企業は、協調の条件が堅持されているかどうかを十分に監視できなければならない、②規律は、逸脱が発見されるならば作動されることができる、信用できる抑止メカニズムのなんらかの形態があることを要求する。③顧客と同様に、協調に参加していない

現在のまたは将来の競争者のようなアウトサイダーの反応は、当該協調から
期待される結果を危うくすることができるべきでない。

委員会は、協調の条件に達することができるかどうか、および協調が持
続できそうであるかどうかを吟味する。この点において、委員会は、合併が
もたらす変化を考慮する。市場における企業数の減少は、それ自身で、協調
を容易にする要素である。しかしながら、合併はまた、他の仕方で協調効果
の可能性または重要性を増加する。たとえば、合併は、その競争者による価
格引き上げに追随しないことによって、協調を妨害または崩壊する歴史をも
つ、または協調する競争者が好むよりも、異なる戦略的選択肢に賛成するイ
ンセンティブを与える特徴をもつ、一匹狼企業に関係する。合併企業が、他
の競争者の戦略と同様の戦略を採用したならば、残る企業は、協調すること
がよりたやすいと気づき、そして合併は、協調の可能性、安定さまたは効果
を増加させるであろう。

協調による効果の可能性の評価において、委員会は、構造的特徴および企
業の過去の行動を含む、当該市場の特徴に関するすべての利用できる関連情
報を考慮する。過去の協調の証拠は、関連する市場の特徴が、明らかに変化
してきておらず、または近い将来変化しそうにないならば、重要である。同
様に、類似の市場における協調の証拠は有用な情報である。

① 協調の到達条件

競争者が、協調はどのように働くべきかについて共通の認識に達するこ
とができるならば、協調はより現れそうである。協調する企業は、提携さ
れた行為に従っていると考えられるであろう行動およびそのように考えら
れない行動に関して類似の見解をもつべきである。

一般的に、経済的環境がより複雑でなく、かつより安定すればするほ
ど、企業が協調の条件に関して共通の理解に達することはより容易であ
る。たとえば、多くのプレイヤー間よりも少数のプレイヤー間で協調する
ことはより容易である。また、多くの差別化された製品を有する市場にお
ける数百の価格についてよりも、唯一の同質的な製品のための価格につい
て協調することはより容易である。同様に、需給状況が継続して変化して
いるときよりも、それらが安定しているとき、価格について協調すること

はより容易である。この状況において、変わりやすい需要、市場における
いくつかの企業による大きな内部的成長、または新しい企業による頻繁な
参入は、最近の状態が、協調をありそうにするのに十分に安定していない
ことを示す。イノベーションが重要である市場において、とくに大きなイ
ノベーションは、1 つの企業がそのライバルに対して重大な優位を獲得す
ることを可能にするがゆえに、協調はより困難である。

　市場分割による協調は、協調する企業が、顧客を容易に分割することを
可能にする単純な特徴を顧客が有するならば、より容易である。そのよう
な特徴は、地理に、顧客のタイプに、または 1 つの特定の企業から典型的
に購入する顧客の存在に単に基づいている。市場分割による協調は、各顧
客の供給者を確認することが容易であり、かつ協調装置が存在する顧客の
現在の供給者への割当てであるならば、比較的簡単である。

　しかしながら、協調する企業は、市場分割には足りない複雑な経済環境
から生じる問題を克服する他の方法に気づく。たとえば、彼らは、大きな
数の価格における協調の複雑さを減らす単純な価格設定ルールを確立する。

② 　逸脱の監視

　協調する企業は、協調の条件から逸脱することによって、たとえば、価
格を低下する、秘密のディスカウントを提供する、製品の品質もしくは能
力を高める、または新しい顧客を勝ち取るために拘束することによって、
彼らのマーケットシェアをしばしば増加させてみたくなる。

　市場における活動的な参加者の数が低ければ低いほど、市場における透
明性はしばしば高くなる。さらに、透明性の程度は、市場取引がどのよう
に特定の市場において生じるかということにしばしば依拠している。市場
の透明性のレベルを評価するとき、基本的要素は、企業が、入手可能な情
報から他の企業の行動について何を推測することができるかを確認するこ
とである。協調する企業は、予期しない行為が協調の条件からの逸脱の結
果であるかどうかを、ある確かさで解釈することができるべきである。

　一般的な条件が、逸脱の監視を困難にするようにみえるいくつかの市場
において、それでもなお、企業は、これらの実践がそのような目的のため
にかならずしも始められないときでも、監視業務を容易にする効果をもつ

実践に従事する。最善顧客条項、情報の自主的公表、声明、または取引協会を通じた情報の交換のようなこれらの実践は、透明性を増加させ、または競争者が、なされた選択を解釈するのを助ける。

③ 抑止メカニズム

協調は、逸脱の結果が、協調の条件を堅持することが最善の利益であることを協調する企業に確信させるのに十分に厳しくないならば、持続しえない。こうして、協調を持続しうるように維持することは、将来の報復の脅威である。しかしながら、その脅威は、企業の1つによる逸脱が発見される場合に、ある抑止メカニズムが作動されるならば、信頼できる。

大きな時間のずれの後に現れる、または作動されることが確かでない報復は、逸脱からの便益を相殺するのにより十分でなさそうである。たとえば、市場が、頻繁でない、大きな数量のオーダーにより特徴づけられているならば、処罰されることからの損失は、小さく、不確かでかついくらかの時間後に実現するにすぎないのに、適切な時に逸脱することからの利益が大きく、確かでかつ即時であるゆえに、十分に厳しい抑止メカニズムを確立することは困難である。抑止メカニズムが実施されることができるスピードは、透明の問題に関係している。企業が、大きな遅れの後に彼らの競争者の行動を観察することができるにすぎないならば、報復は、同様に遅らされ、そしてこれは、逸脱を抑止するのに十分かどうかに影響する。

抑止メカニズムの信用性は、他の協調する企業が、報復するインセンティブをもつかどうかに依拠している。一時的に価格戦争に従事する、または産出を大きく増加させることによって逸脱者を処罰することのような、いくつかの抑止メカニズムは、報復を実行する企業にとって短期の経済的損失を必然的に伴う。これは、短期の損失は、協調体制への復帰から生じる報復の長期の便益よりも、より小さいがゆえに、報復するインセンティブをかならずしも取り除かない。

④ アウトサイダーの反応

協調が成功するためには、顧客と同様に、協調しない企業および潜在的競争者の行動は、協調から期待される結果を危うくすることができるべきでない。たとえば、協調が市場における総体的な能力を減らすことを目

指すならば、これは、能力における正味の減少を妨げるためにまたは協調
された能力減少をすくなくとも利益のないものにするために、彼ら自身の
能力を大きく増加することによって、協調しない企業が、この減少に対応
することができない、または対応するインセンティブをもっていないなら
ば、消費者を傷つけるにすぎない。

(d) 潜在的競争者との合併

　関連市場においてすでに活発な企業が、この市場における潜在的競争者と
合併する場合、集中は、同じ関連市場においてすでに活発な2つの企業間の
合併に同様の反競争的効果をもつことができる。そして、とくに支配的地位
の形成または強化を通じて効果的競争をおおいに妨げることができる。

　潜在的競争者との合併は、協調的であれ、非協調的であれ、潜在的競争者
が、市場において活発な企業の行動をおおいに抑制するならば、水平的な反
競争的効果を生じることができる。

　これは、潜在的競争者が、大きな埋没コストを負うことなく市場に参入
するために容易に使用されることができるであろう資産を有するならば、そ
のケースにあたる。反競争的効果は、また、合併する当事者が、この当事者
が市場において最近活発である企業の行為を抑制するであろう後、比較的短
い期間で市場に参入するために、必要な埋没コストをおおいに負いそうであ
る場合に生じる。潜在的競争者との合併が大きな反競争的効果をもつために
は、2つの基本的条件が満たされなければならない。第1に、潜在的競争者
は、大きな抑制する影響をすでに及ぼさなければならない。または潜在的競
争者は効果的な競争的勢力に育つであろうという大きな可能性がなければな
らない。潜在的競争者が重要な仕方で市場に参入する計画をもっているとい
う証拠は、委員会がそのような結論に達することを助けることができたであ
ろう。第2に、合併後に十分な競争的圧力を維持することができるであろう
十分な数の他の潜在的競争者があってはならない。

(e) 上流市場において買手の支配力をつくる、または強化する合併

　委員会は、合併企業体が、どの程度上流市場において買手の力を増加させ
るかを分析する。一方で、買手の市場支配力を形成または強化する合併は、
とくに、支配的地位を形成または強化することによって、効果的競争をおお

いに妨げる。これはまた、つぎつぎに、最後の製品市場における産出のレベルを低下させることに至る。そのような効果は、上流の売手が比較的ばらばらになっているときにとくに生じる。

（2）相殺する買手力

供給者に対する競争的圧力は、競争者により行使されるのみならず、その顧客からもくることができる。非常に高いマーケットシェアを有する企業でさえも、合併後に、特に彼らの顧客と目に見えるほどに独立して行動することによって、顧客が、相殺する買手力をもっているならば、効果的競争をおおいに妨げることはできない。この点における相殺する買手力は、買手が、そのサイズ、その売手に対する商業的重要性および代替する供給者に切り換えるその能力のため、商業的取引において売手に対して有する取引力として理解されるべきである。

委員会は、関係があるとき、どの程度顧客は、合併がつくり出しそうである市場支配力における増加に対抗することができるかどうかを考慮する。

いくつかのケースにおいて、買手力を利用する買手のインセンティブに特別な注意を払うことが重要である。たとえば、下流の企業は、より低い投入コストの点から参入の便益がその競争者によって獲得されることができるだろうならば、参入を後援することに投資をすることを望まない。

特別の取引力を有する顧客の特別の部分が、おおいに高い価格または合併後悪化した状況から保護されていることを相殺する買手力が確実にするにすぎないならば、相殺する買手力は、合併の潜在的な逆の効果を十分に相殺すると見つけ出されることはできない。さらに、買手力が、合併前に存在することでは十分でなく、合併後も存在しかつ効果的であり続けなければならない。これは、信用できる代替物を取り除くならば、2つの供給者の合併が買手力を低下させうるであろうからである。

（3）参　入

市場への参入（Entry）が十分に容易であるとき、合併は大きな反競争的リスクを持ち出しそうにない。したがって、参入分析は、総体的な競争的評

価の重要な要素を構成する。新規参入が合併当事者に対して十分な競争的抑止と考えられるためには、合併の潜在的な反競争的効果を妨げ、または破るのに可能で、時宜に適切で、かつ十分であることが示されなければならない。

　(i)　参入の可能性

　委員会は、参入がありそうであるかどうか、または合併後の現在の参加者の行為を抑止しそうであるのかどうか、もしくは潜在的な参入が合併後の現在の参加者の行為を抑止しそうであるかどうかを吟味する。新規参入がありそうであるためには、追加の産出を市場に投入することの価格効果および現在の参加者の潜在的反応を考慮に入れて、参入が十分に利益にならなければならない。新規参入は、大きなスケールで経済的に存続できるのみであり、そうすることによっておおいに下落した価格レベルに帰するならば、よりありそうにない。参入は、現在の参加者が、長期の契約を提供し、参入者が獲得しようとする顧客に目標とする先買いの価格低下を与えることによって、彼らのマーケットシェアを保護することができるならば、より困難そうである。さらに、失敗した参入者の高いリスクおよびコストは、参入をより妨げる。失敗した参入者のコストが高ければ高いほど、参入に関連する埋没コストのレベルは高くなる。

　潜在的参入者は、参入のリスクおよびコストを決定し、ならびにこうして参入の利益に対する影響をもつ参入に対する障壁に遭遇する。参入に対する障壁は、現在の参加者である企業に潜在的競争者を超えて利益を与える、市場の特定の特徴である。参入の障壁が低いとき、合併当事者は新規参入によりより抑止されそうである。逆に、参入の障壁が高いとき、合併当事者による価格上昇は、参入者によって大きくは抑止されないであろう。産業における参入および退出の歴史的な例は、参入の障壁のサイズについて有用な情報を提供する。

　参入に対する障壁は、さまざまな形態をとることができる。

①　法的な有利は、法的な規制的障壁が市場参加者の数を、たとえば、ライセンスの数を制限することによって、制限する状況を含む。これらはまた、関税および非関税障壁を含む。

② 　現在の参加者はまた、いかなる企業も成功裡に競争することを困難にする、不可欠施設に対する優先的なアクセス、自然資源、イノベーションおよび R&D、または知的財産権のような技術的有利を享受する。規模および範囲の経済、流通および販売のネットワーク、重要な技術へのアクセスのような他の要素はまた、参入への障壁を構成する。

③ 　さらに、参入に対する障壁はまた、市場における現在の参加者である企業の確立した立場のために存在する。とくに、特定の産業に参入することは、いずれも参入者として獲得することが難しい経験または評判が効果的に競争するために必要であるがゆえに、困難である。特定のブランドに対する消費者の忠実、供給者と顧客間の関係の近さ、販売促進および広告の重要性、または評判に関する他の有利のような他の要素は、この点において考慮に入れられる。参入に対する障壁はまた、現在の参加者がすでに大きな余剰能力を建設することを約束した状況、または新しい供給者への切換えにおいて顧客が直面したコストが新規参入を妨げる状況を含む。

市場の期待される発展は、参入が利益になるものであるか否かを評価する際、考慮に入れられるべきである。参入は、成熟したまたは低下することが予期される市場においてよりも、将来高い成長を経験することが期待される市場においてより利益になりそうである。規模の経済またはネットワーク効果は、参入者が十分に大きなマーケットシェアを獲得できなければ、参入を利益にならないものにする。

(ii) 時宜に適していること

委員会は、参入が、市場支配力を妨げまたは打ち破るために十分に迅速でかつ持続しているかどうかを吟味する。何が適切な期間を構成するかは、潜在的参入者の能力と同様に、市場の特徴および活動力に依拠している。しかしながら、参入は、それが2年以内に生じるならば、通常、時宜に適していると考えられる。

(iii) 十分さ

参入は、合併の反競争的効果を妨げまたは打ち破るに十分な範囲および大きさでなければならない。たとえば、ある市場の隙間への小さな規模の参入

は、十分とは考えられない。

（4）　効率性

　合併の形態における組織再編成は、ダイナミックな競争の要求に一致しており、そして成長の条件を改善し、かつ EU における生活水準を向上させつつ、産業の競争を増加することができる。合併によりもたらされた効率性（Efficiencies）は、競争に対する効果、とくに、消費者に対する潜在的な害を妨害することが可能である。合併が、とくに、合併規則の2条2項および3項の意味における支配的地位の形成または強化を通じて、効果的な競争をおおいに妨げるかどうかを評価するために、委員会は、合併の総体的な競争的評価を行う。この評価をする際、委員会は、消費者の利益になり、かつ競争に対する障害を形成しないという条件で、技術的および経済的進行の発展を含む、合併規則2条1項において記述された要素を考慮する。

　委員会は、合併の総体的な評価において、いかなる具体化された効率性の主張も考慮する。

　委員会は、合併がもたらす効率性の結果として、合併規則の2条3項に従って共同市場と両立しないと宣言する根拠はないことを決定する。これは、合併によりもたらされた効率性が、合併が、さもなければもつであろう競争に対する逆の効果を中和しつつ、消費者の便益のために競争促進的に行動する、合併企業体の能力およびインセンティブを高めそうであることを、十分な証拠に基づいて、委員会が決定することができるとき、そのケースにあたる。

　委員会が、合併の評価における効率性の主張を考慮に入れ、そして効率性の結果として、合併が共同市場と両立しないと宣言する根拠がないという結論に到達することができるためには、効率性は、消費者に便益を提供し、合併固有であり、かつ証明できなければならない。これらの条件は累積する。

（i）　消費者への便益

　効率性の主張を評価することにおける関連する基準は、消費者が、合併の結果として、いっそう暮らし向きが悪くならないことである。その目的のために、効率性は、大きくかつ時宜に適していなければならない。そして、さ

もなければ、競争の懸念が生じそうである関連市場において、原則として、消費者に便益を与えるべきである。

合併は、より低い価格または他の消費者の便益に至ることができる効率性の利益のさまざまなタイプをもたらす。たとえば、生産または流通におけるコスト削減は、合併企業体に合併後より低い価格を課す能力およびインセンティブを与える。産出における反競争的削減から単に生じるコスト削減は、消費者に利益を与える効率性として考えられることはできない。

消費者はまた、たとえば、R&D の分野における効率性の利益から生じる、新しいもしくは改善された製品またはサービスから利益を得る。新しい製品を開発するために設立された合弁会社は、委員会が考慮に入れることができる効率性のタイプをもたらす。

協調効果の状況において、協調は、生産を増加し、価格を引き下げる合併企業体のインセンティブを増加させ、そしてそうすることによって、その市場行為を市場における他の企業と協調するインセンティブを減少する。したがって、効率性は、関連市場における協調効果のより低いリスクに至る。

一般的に、将来具体化することが期待される効率性がより遅ければ遅いほど、委員会が効率性に割り当てるウエートはより少なくなる。これは、中和する要素として考えられるためには、効率性は時宜に適していなければならないことを暗示する。

効率性の便益を消費者に渡す、合併企業体側におけるインセンティブは、市場において残る企業および潜在的参入からの競争圧力の存在にしばしば関係している。競争における可能な否定的効果が大きければ大きいほど、委員会は、主張される効率性が大きく、実現されそうであり、そして十分な程度に、消費者に渡されるそうであることを、より強く確信していなければならない。独占の市場ポジションに近づく市場ポジションに至る。または市場支配力の同様のレベルに至る合併は、効率性の便益が潜在的な反競争的効果を中和するに十分であろうという根拠で、共同市場と両立しうると宣言されうることは、おおいにありそうにない。

(ii) 合併固有性

効率性が、知らされた合併の直接の結果であり、かつより少ない反競争的

選択肢により類似の程度まで達成されることができないとき、効率性は競争的評価に関係する。これらの環境において、効率性は、合併によって引き起こされたとみなされ、そして合併固有のものである。そのうち時が来れば、主張された効率性を維持する、知らされた合併よりも、非競争的性質（たとえば、ライセンス契約または協調的ジョイントベンチャー）または集中的性質（たとえば、集中的ジョイントベンチャーまたは異なるように組み立てられた合併）がより少ない反競争的、実際的かつ達成できる選択肢がないことを論証するために必要である、すべての関連情報を、合併当事者は提供すべきである。委員会は、当該産業において確立されたビジネス慣行を考慮しつつ、合併企業が直面したビジネス状況において合理的に実際的である選択肢のみを考慮する。

　(iii) 証明可能性

　委員会が、効率性が具体化しそうであり、消費者に対する合併の潜在的な害を妨害するに十分なほど大きいことを合理的に確信することができるように、効率性は証明可能でなければならない。効率性の主張がより正確でかつ説得力があればあるほど、委員会はよりよく主張を評価することができる。合理的に可能な場合、効率性および消費者への結果として生じる便益は、したがって、定量化されるべきである。必要なデータが、正確な定量的分析を考慮するために手に入らないとき、あまり重要でない肯定的影響ではなく、消費者に対する明白に確認しうる肯定的影響を予見することが可能でなければならない。

　合併は、効率性が合併を明快にすることを可能にするであろう、効率性の種類をもたらすであろうかどうかを委員会が評価することを可能にする、情報のほとんどは、もっぱら合併企業に所有されている。したがって、主張される効率性が合併固有であり、かつ具体化されそうであることを論証するに必要なすべての関連情報をそのうち時が来れば提供することは、通知する当事者の責任である。同様に、通知する当事者は、合併から生じ、したがって、消費者に便益を与えるだろう効率性がどの程度競争に対する逆の効果を妨害しそうであるかを示すべきである。

　効率性の主張の評価に関する証拠は、とくに、合併を決定するためにマネ

ジメントにより使用された内部の書類、期待される効率性について所有者および金融市場へのマネジメントからの声明、効率性および消費者の便益の歴史的な例ならびに効率性の利益のタイプおよび大きさならびに消費者が便益を得そうである程度に関する外部専門家の検討を含む。

（5）　破綻企業

　委員会は、合併当事者の1つが破綻企業（Failing Firm）であるならば、問題となる合併が、それでもなお、共同市場と両立できるかを決定する。基本的要求は、合併に続く競争的構造の悪化が合併によって引き起こされたといわれることができないことである。これは、市場の競争的構造が、合併がないときにすくなくとも同じ程度に悪化する場合に生じる。

　委員会は、次の3つの基準が、破綻会社抗弁の適用に特に関係していると考慮する。①申立てられた破綻企業は、他の企業により買収されなければ、財務的な困難のために近い将来市場から追い出されるであろう。②知らされた合併以外に、より反競争的でない代替買収はない。③合併がないならば、破綻企業の資産は不可避的に市場から退出するであろう。

　通知する当事者は、合併に続く競争的構造の悪化が合併によって引き起こされていないことを論証するに必要なすべての関連情報をそのうち時が来れば提供するべきである。

第**3**章
わが国独占禁止法による規制

　独占禁止法（私的独占の禁止および公正取引の確保に関する法律（以下「法」という）4章は、株式の保有、役員の兼任、合併、分割および事業の譲受け等の行為（以下これらを「企業結合」という）によって一定の取引分野における競争を実質的に制限することとなる場合および不公正な取引方法による企業結合が行われる場合に、これを禁止している。禁止される企業結合については、独占禁止法17条の2の規定に基づき、排除措置が講じられることになる。

　公正取引委員会は、企業結合審査に関する独占禁止法の運用指針（令和元年12月17日改定、以下「本運用指針」という）を定めている。買収に関して、本運用指針が審査の対象としている形態は、株式保有、合併、分割、共同株式移転および事業譲受け等である。

　公正取引委員会は、これまでの企業結合審査の経験を踏まえ、企業結合審査に関する独占禁止法運用の透明性を一層確保し、事業者の予測可能性を高めるため、本運用指針を策定することとした。

1　企業結合審査の対象

　法4章は、一定の取引分野における競争を実質的に制限することとなる場合には、企業結合を禁止している。これは、複数の企業が株式保有、合併等により一定程度または完全に一体化して事業活動を行う関係（以下「結合関係」という）が形成・維持・強化されることにより、市場構造が非競争的に

変化し、一定の取引分野における競争になんらかの影響を及ばすことに着目して規制しようとするものである。

なお、企業結合を行う会社を「当事会社」という。

（1）株式保有

（a）会社の株式保有

ア　会社が他の会社の株式を保有することにより、株式を所有する会社（以下「株式所有会社」という。以下同じ）と株式を所有される会社（以下「株式発行会社」という。以下同じ）との間に結合関係が形成・維持・強化され、企業結合審査の対象となるのは、次のような場合である。

①　株式発行会社の総株主の議決権に占める株式所有会社の属する企業結合集団（法10条2項に規定する企業集団をいう。以下同じ）に属する会社等が保有する株式に係る議決権を合計した議決権の割合が50%を超える場合。ただし、株式発行会社の総株主の議決権のすべてをその設立と同時に取得する場合は、企業結合審査の対象とはならない（後述（4）ア参照）。

②　株式発行会社の総株主の議決権に占める株式所有会社の属する企業結合集団に属する会社等が保有する株式に係る議決権を合計した議決権の割合が20%を超え、かつ、当該割合の順位が単独で第1位となる場合。

イ　ア以外の場合については、通常、企業結合審査の対象とはならない場合が多いと考えられるが、次に掲げる事項を考慮して結合関係が形成・維持・強化されるか否かを判断する。

　　ただし、議決権保有比率（株式発行会社の総株主の議決権に占める株式所有会社の保有する株式に係る議決権の割合をいう。以下同じ）が10%または議決権保有比率の順位が第4位以下のときは、結合関係が形成・維持・強化されず、企業結合審査の対象とならない。

①　議決権保有比率の程度

②　議決権保有比率の順位、株主間の議決権保有比率の格差、株主の分散の状況その他株主相互間の関係

③　株式発行会社が株式所有会社の議決権を有しているかなどの当事会社
　相互間の関係

④　一方当事会社の役員または従業員が、他方当事会社の役員となってい
　るか否かの関係

⑤　当事会社間の取引関係（融資関係を含む）

⑥　当事会社間の行目提携、技術援助その他の契約、協定等の関係

⑦　当事会社と既に結合関係が形成されている会社を含めた①〜⑥の事項

（b）会社以外の者の株式所有

「会社以外の者」とは、会社法等で規定される株式会社、相互会社、合名
会社、合資会社、合同会社または外国会社以外の者をいい、事業者であるか
否かを問わない。具体的には、財団法人、社団法人、特殊法人、地方公共団
体、金庫、組合、個人等株式を保有しうるすべての者が含まれる

　会社以外の者の株式保有の場合についても、（a）に準じて判断する。

（c）結合関係の範囲

　株式保有により当事会社（者）間に結合関係が形成・維持・強化される場
合には、各当事会社（者）とすでに結合関係が形成・維持・強化されている
会社（者）を含めて結合関係が形成・維持・強化されることとなる。

（d）企業結合審査の対象とならない株式保有

　次のアの場合は、原則として、結合関係が形成・維持・強化されるもので
はないので、通常、企業結合審査の対象とはならない。また、次のイの場合
についても、原則として、結合関係が形成・維持・強化されるものではない
ので、通常、企業結合審査の対象とはならない場合が多いと考えられるが、
当事会社の属する企業結合集団に属する会社等以外の他の株主と当該企業結
合集団に属する会社等との間に結合関係が形成・維持・強化される場合に
は、その結合関係が企業結合審査の対象となる。

ア　株式発行会社の総株主の議決権のすべてをその設立と同時に取得する
　場合（前述（1）ア①参照）

イ　株式所有会社と株式保有会社が同一の企業結合集団に属する場合

（2）合 併

（a）合併

　合併の場合は、複数の会社が1つの法人として一体となるので、当事会社間でもっとも強固な結合関係が形成されることとなる。したがって、株式保有や役員兼任を通じて一定の結合関係がありながら、競争への影響をみる上では、結合関係がそれほど強くないことから問題ないとされた場合でも、合併により結合関係が強まり、問題とされる場合もありうる。

（b）結合関係の範囲

　合併後の会社は、各当事会社とすでに結合関係が形成されている会社とも結合関係が形成・維持・強化されることとなる。

（c）結合審査の対象とならない合併

　次のアの場合は、原則として、結合関係が形成・強化されるものではないので、通常、企業結合審査の対象とはならない。また、次のイの場合についても、原則として、結合関係が形成・強化されるものではないので、通常、企業結合審査の対象とはならない場合が多いと考えられるが、当事会社の属する企業集団に属する会社等以外の他の株主と結合関係が形成・強化される場合には、その結合関係が企業結合関係審査の対象となる。

　　ア　もっぱら株式会社を合名会社、合資会社、合同会社もしくは相互会社に組織変更し、合名会社を株式会社、合資会社もしくは合同会社に組織変更し、合資会社を株式会社、合名会社もしくは合同会社に組織変更し、合同会社を株式会社、合名会社もしくは合資会社に組織変更し、または相互会社を株式会社に組織変更する目的で行う合併

　　イ　すべての合併しようとする会社が同一の企業結合集団に属する場合

（3）分 割

（a）共同新設分割・吸収分割

　共同新設分割または吸収分割の場合には、事業を承継させようとする会社の分割対象部分（事業の全部または重要部分）が、事業を承継しようとする会社に包括的に承継されるので、競争に与える影響は合併に類似するものである。

（b）結合関係の範囲

　共同新設分割または吸収分割により、事業を承継しようとする会社と当該会社の株式を割り当てられる会社との間に結合関係が形成・維持・強化される場合には、これらの会社とすでに結合関係が形成されている会社を含めて結合関係が形成・維持・強化されることとなる。

（c）事業の重要部分

　共同新設分割または吸収分割によって事業の重要部分を分割する場合における「重要部分」とは、事業を承継しようとする会社ではなく、事業を承継させようとする会社にとっての重要部分を意味し、当該承継部分が1つの経営単位として機能しうるような形態を備え、事業を承継させようとする会社の事業の実態からみて客観的な価値を有していると認められる場合に限られる。

　このため、「重要部分」に該当するか否かについては、承継される事業の市場における個々の実態に応じて判断されることになるが、事業を継承させようとする会社の年間売上高（またはこれに相当する取引高等。以下同じ）に占める承継対象部分に係る年間売上高の割合が5％以下であり、かつ、承継対象部分に係る年間売上高が1億円以下の場合には、通常、「重要部分」に該当しないと考えられる。

（d）企業結合審査の対象とならない分割

　すべての共同新設分割または吸収分割をしようとする会社が同一の企業結合集団に属する場合は、原則として、結合関係が形成・強化されるものではないので、通常、企業結合審査の対象とはならない場合が多いものと考えられるが、当事会社の属する企業結合集団に属する会社等以外の他の株主と結合関係が形成・強化される場合には、その結合関係が企業結合審査の対象となる。

（4）　共同株式移転

（a）共同株式移転

　共同株式移転は、あらたに設立される会社が複数の会社の株式の全部を取得するので、合併と同様に、当事会社間で強固な結合関係が形成されること

となる。

　したがって、株式保有や役員兼任を通じて一定の結合関係がありながら、競争への影響をみる上では、結合関係がそれほど強くないことから問題ないとされた場合でも、共同株式移転により結合関係が強まり、問題とされる場合もありうる。

（b）結合関係の範囲

　共同株式移転後の複数の当事会社は、株式移転により新設する会社を通じて、各当事会社とすでに結合関係が形成されている会社とも結合関係が形成・維持・強化されることとなる。

（c）企業結合審査の対象とならない共同株式移転

　すべての共同株式移転をしようとする会社が同一の企業結合集団に属する場合は、原則として、結合関係が形成・強化されるものではないので、通常、企業結合審査の対象とはならない場合が多いものと考えられるが、当事会社の属する企業結合集団に属する会社等以外の他の株主と結合関係が形成・強化される場合には、その結合関係が企業結合審査の対象となる。

（5）事業譲受け等

（a）事業等の譲受け

　事業の全部譲受けは、譲渡会社の事業活動が譲受会社と一体化するという意味では、競争に与える影響は合併に類似するものであるが、譲受け後は譲渡会社と譲受会社との間につながりはないので、譲渡対象部分が譲受会社にあらたに加わる点に着目すれば足りる。事業の重要部分の譲受けおよび事業上の固定資産についても、同様である。

（b）結合関係の範囲

　譲受対象部分に関しては、譲受会社とすでに結合関係が形成されている会社を含めて結合関係が形成・維持・強化されることとなる。

（c）事業または事業上の固定資産の重要部分

　事業の重要部分および事業上の固定資産の重要部分の譲受けにおける「重要部分」の考え方は、前述分割（c）と同様である。

（d）企業結合審査の対象とならない事業等の譲受け

　次のアの場合は、原則として、結合関係が形成・強化されるものではないので、通常、企業結合審査の対象とはならない。また、次のイの場合についても、原則として、結合関係が形成・強化されるものではないので、通常、企業結合審査の対象とはならない場合が多いと考えられるが、当事会社の属する企業集団に属する会社等以外の他の株主と結合関係が形成・強化される場合には、その結合関係が企業結合審査の対象となる。

　　ア　100%出資による分社化のために行われる事業または事業上の固定資産の譲受け（以下「事業等の譲受け」という）

　　イ　事業等の譲受けをしようとする会社と事業等の譲渡をしようとする会社が同一の企業結合集団に属する場合

（e）事業の賃借等

　事業の賃借（賃借人が賃借した事業を自己の名および自己の計算において経営し、賃貸人に賃借料を支払う賃貸借契約の履行として行われる行為をいう）、事業についての経営の受任（会社が他の会社にその経営を委託する契約の履行として行われる行為をいう）、および事業上の損益全部を共通にする契約の締結（2社以上の会社間において一定の期間内の事業上の損益全部を共通にすることを約定する契約の締結をいう）についても、事業等の譲受けに準じて取り扱うこととする。なお、これらの契約の内容いかんによっては、前述（i）で述べることと異なり、両当事会社とすでに結合関係にある会社すべての間に結合関係が形成・維持・強化される場合がありうる。

2　一定の取引分野

　企業結合審査の対象となる企業結合については、当該企業結合により結合関係が形成・維持・強化されることとなるすべての会社（以下「当事会社グループ」という。また、単に「当事会社」という場合、企業結合を行う一方の会社に、当該会社とその時点で結合関係が形成されているすべての会社を加えた会社群を指す）の事業活動について、後述3～6の考え方に従い、当該企業結合が一定の取引分野における競争に与える影響を判断する。

この場合における一定の取引分野については、以下の判断基準によって画定される。

（1）　一定の取引分野の画定の基本的考え方

一定の取引分野は、企業結合により競争が制限されることとなるか否かを判断するための範囲を示すものであり、一定の取引の対象となる商品の範囲（役務を含む。以下同じ）、取引の地域の範囲（以下「地理的範囲」という）等に関して、基本的には、需要者にとっての代替性という観点から判断される。また、必要に応じて供給者にとっての代替性という観点も考慮される。

また、必要に応じて供給者にとってのという観点から判断される。

需要者にとっての代替性をみるに当たっては、ある地域において、ある事業者が、ある商品を独占して供給しているという仮定の下で、当該独占事業者が、利潤最大化を図る目的で、小幅ではあるが、実質的かつ一時的ではない価格引き上げ[1][2]をした場合に、当該商品および地域について、需要者が当該商品の購入を他の商品または地域に振り替える程度を考慮する。他の商品または地域への振替の程度が小さいために、当該独占事業者が価格引き上げにより利潤を拡大できるような場合には、その範囲をもって、当該企業結合によって競争上なんらかの影響が及びうる範囲ということとなる。

供給者にとっての代替性については、当該商品および地域について、小幅ではあるが、実質的かつ一時的でない価格引き上げがあった場合に、他の供給者が、多大な追加的費用やリスクを負うことなく、短期間（1年以内を目途）のうちに、別の商品または地域から当該商品の製造・販売に転換する可能性の程度を考慮する。そのような転換の可能性が小さいために、当該独占事業者が価格引き上げにより利潤を拡大できるような場合には、その範囲をもって、当該企業結合によって競争上なんらかの影響が及びうる範囲ということとなる。

また、第三者にサービスの「場」を提供し、そこに異なる複数の需要者層が存在する多面的市場を形成するプラットフォームの場合、基本的に、それぞれの需要者層ごとに一定の取引分野を画定し、後述4（2）（a）キのとおり多面市場の特性を踏まえて企業結合が競争に与える影響について判断する。

　なお、一定の取引分野は、取引実態に応じ、ある商品の範囲（または地理的範囲等）について成立すると同時に、それより広い（または狭い）商品の範囲（または地理的範囲等）についても成立するというように、重層的に成立することがある。たとえば、プラットフォームが異なる需要者層の取引を仲介し、間接ネットワーク効果（後記4（2）（a）キ参照）が強く働くような場合は、それぞれの需要者層を包含した1つの一定の取引分野を重層的に画定する場合がある。また、当事会社グループが多岐にわたる事業を行っている場合には、それらの事業のすべてについて、取引の対象となる商品の範囲および地理的範囲をそれぞれ画定していくこととなる。

（2）　商品の範囲

　商品の範囲については、前記述（1）で述べたように、まず、需要者からみた商品の代替性という観点から画定される。商品の代替性の程度は、当該商品の効用等の同種性の程度と一致することが多く、この基準で判断できることが多い。

　たとえば、甲商品と乙商品が存在する場合、需要者にとって両商品の効用等の同種性の程度が大きければ大きいほど、甲商品の価格引き上げによって需要者が甲商品に代えて乙商品を購入する程度が大きくなり、当該価格引き上げが甲商品の供給者の利潤の拡大につながらないことが予測されることから、乙商品が甲商品の価格引き上げを妨げることになると考えられる。このような場合、甲商品および乙商品は同一の商品の範囲に属することとなる。

　このような場合において、当該商品の需要者とは、当事会社グループの事業活動の対象となる取引先であって、たとえば、当事会社グループが、生産財のメーカーであれば当該商品を加工して次の商品の製造等を行う者、消費財のメーカーであれば一般消費者、流通業者であれば次の流通段階にある者がこれに当たる。

　また、たとえば、ある目的に用いられる甲商品と効用等が同種である乙商品群のうち、その目的の一部である特定の目的については、その効用等において甲商品との同種性の程度がとくに高い丙商品が区別されうる場合には、甲商品および乙商品群をもって商品の範囲が画定されると同時に、甲商品お

および丙商品をもって商品の範囲が画定される場合がある。

さらに、商品の範囲を画定するに当たり、需要者からみた代替性のほかに、必要に応じて、供給者が多大な追加的費用やリスクを負うことなく、短期間のうちに、ある商品から他の商品に製造・販売を転換しうるか否かについても考慮される。たとえば、供給に要する設備等の相違や切換えに要する費用の大きさを検討した結果、甲商品と乙商品について、甲商品の価格が上昇した場合に、乙商品の広範な範囲の供給者が乙商品の生産設備や販売網等を、多大な追加的費用やリスクを負うことなく、短期間のうちに、甲商品へ切り換えることが可能と認められるときには、甲商品および乙商品をもって商品の範囲が画定される場合がある。

商品の効用等の同種性の程度について評価を行う場合には、次のような事項を考慮に入れる。

(a) 内容・品質等

商品の内容・品質等が考慮される場合がある。たとえば、財の場合、大きさ・形状等の外形的な特徴や、強度・可塑性・耐熱性・絶縁等の物性上の特性、純度等の品質、規格・方式等の技術的な特徴などを考慮して判断される（ただし、これらの特徴がある程度異なっていても、効用等が同種であると認められる場合がある（後記 (c) 参照））。

また、店舗等を拠点とする小売業・サービス業等の場合、取扱商品のカテゴリー、品質、品揃え・営業時間・店舗面積等の利便性などを考慮して判断される。

さらに、通信回線等を経由してサービスを提供する通信サービスやインターネット付随サービス等の場合、利用可能なサービスの種類・機能等の内容面の特徴、音質・画質・通信速度・セキュリティレベル等の品質、使用可能言語・使用可能端末等の利便性などを考慮して判断される。

なお、商品が複数の目的に用いられている場合には、それぞれの目的ごとに、同一の目的に用いられているか、または用いることができるか否かが考慮される。たとえば、ある目的については甲商品と乙商品の効用等が同種であると認められ、別の目的については甲商品と丙商品の効用等が同種であると認められる場合がある。

（b）価格・数量の動き等

　価格水準の違い、価格・数量の動き等が考慮される場合がある。たとえば、甲商品と乙商品は同一の目的に用いることは可能ではあるが、価格水準が大きく異なり、甲商品の代わりとして乙商品が用いられることが少ないために、甲商品と乙商品は効用等が同種であると認められない場合がある。

　また、甲商品と乙商品は同一の用途に用いることは可能ではあり、かつ、価格水準にも差はないが、甲商品の使用から乙商品の使用に切り替えるために設備の変更、従業員の訓練等の費用を要することから、事実上、甲商品の替わりとして乙商品が用いられることが少ないために、甲商品と乙商品は効用等が同種であると認められない場合がある。

　他方、甲商品と乙商品が同種であれば、甲商品の価格が引き上げられた場合、需要者は甲商品に代えて乙商品を購入するようになり、その結果として、乙商品の価格が上昇する傾向があると考えられるので、甲商品の価格が上昇した場合に乙商品の販売数量が増加し、または乙商品の価格が上昇するときには、乙商品は甲商品と効用等が同種であると認められる場合がある。

（c）需要者の認識・行動

　需要者の認識等が考慮される場合がある。たとえば、甲商品と乙商品の内容等に違いがあっても、需要者が、いずれでも同品質の商品丙を製造するための原料として使用することができるとして甲商品と乙商品を併用しているため、甲商品と乙商品は効用等が同種であると認められる場合がある。

　また、過去に甲商品の価格が引き上げられた場合に、需要者が甲商品に替えて乙商品を用いたことがあるか否かが考慮される場合もある。

（3）　地理的範囲

（a）基本的考え方

　地理的範囲についても、商品の範囲と同様に、まず、需要者からみた各地域で供給される商品の代替性の観点から判断される。各地域で供給される商品の代替性は、需要者および供給者の行動や当該商品の輸送に係る問題の有無等から判断できることが多い。すなわち、甲地域における供給者が、ある商品について価格を引き上げた場合に、甲地域の需要者が、乙地域の供給者

から当該商品を購入することが予測されるために、甲地域における価格引き上げが妨げられることとなるときは、甲地域と乙地域は同一の地理的範囲に属することとなる。

　また、商品の範囲を確定する場合と同様に、たとえば、ある商品について、甲地域の一部である乙地域の需要者が特に乙地域の供給者から購入する傾向がみられる場合には、甲地域について一定の取引分野の地理的範囲が画定されると同時に、乙地域について一定の地理的範囲が画定されることがある。

　さらに、需要者からみた代替性のほかに、供給者にとっての代替性についても、前述（2）の商品の範囲の考え方に準じて判断される。

　需要者が通常どの範囲の地域の供給者から当該商品を購入することができるかという観点について評価を行う場合には、次のような事項を考慮に入れる。

　ア　供給者の事業地域、需要者の買い回る範囲等

　　需要者が通常どの範囲の地域から当該商品を購入することができるかという点については、たとえば、事業者間で取引される財の場合、需要者の買い回る範囲や、供給者の販売網等の事業地域および供給能力などを考慮して判断される。その際、鮮度の維持の難易の程度、破損のしやすさや重量物であるか否かのなどの特性、輸送に要する費用が価格に占める割合や輸送しようとする地域間における価格等より大きいか否かなども考慮される。

　　また、店舗等を拠点とする小売業・サービス業等の場合、主に需要者の買い回る範囲などを考慮して判断される。

　　さらに、通信回線等を経由してサービスを提供する通信サービスやインターネット付随サービス等の場合、需要者が同一の条件・内容・品質等で供給者からサービスを受けることが可能な範囲や供給者からのサービスが普及している範囲などを考慮して判断される。

　イ　価格・数量の動き等

　　前述（2）の商品の範囲と同様、価格水準の違い、価格・数量の動き等が考慮される場合がある。

　ウ　需要者の認識・行動

　　前述（2）の商品の範囲と同様、需要者の認識等が考慮される場合がある。

（b）国境を越えて地理的範囲が画定される場合についての考え方

　前述（a）の基本的な考え方は、国境を越える場合にも当てはまる。すなわち、ある商品について、内外の需要者が内外の供給者を差別することなく取引しているような場合には、日本において価格が引き上げられたとしても、日本の需要者が海外の供給者にも当該製品の購入を代替しうるために、日本における価格引き上げが妨げられることがありうるので、このような場合には、国境を越えて地理的範囲が画定されることとなる。

　たとえば、内外の主要な供給者が世界（または東アジア）中の販売地域において実質的に同等の価格で販売しており、需要者が世界（または東アジア）各地の供給者から主たる購入先を選定しているような場合は、世界（または東アジア）市場が画定されうる。

（4）その他

　取引段階、特定の取引の相手方等その他の要素についても、当事会社グループとその取引の相手方との取引の実態に応じて、前述（2）および（3）と同様の考え方に基づいて、一定の取引分野が画定される。

　たとえば、当事会社グループと甲商品を直接取引している需要者に大口需要者と小口需要者が存在し、それぞれに特有の取引が行われている場合がある。このような場合において、物流面の制約等のために、小口需要者向けの甲商品の価格が引き上げられたとしても、小口需要者が大口需要者向けの甲商品を購入することができず、大口需要者向けの甲商品が小口需要者向けの甲商品の価格引き上げを妨げる要因とならないときは、甲商品の大口需要者向け取引分野と小口需要者向け取引分野が、それぞれ画定されることとなる。

3　競争を実質的に制限することとなる場合

（1）「競争を実質的に制限することとなる」の解釈
（a）「競争を実質的に制限する」の考え方

判例（東宝株式会社ほか1名に対する件（昭和28年12月7日東京高等裁判所判決））では、「競争を実質的に制限する」について、次のような考え方が示されている。

　ア　株式会社新東宝（以下「新東宝」という）は、自社の制作する映画の配給について自ら行うこともできたが、東宝株式会社（以下「東宝」という）との協定により、当該配給をすべて東宝に委託することとし、自らは、映画の制作のみを行っていた。新東宝は、当該協定失効後も引き続き当該協定の内容を実行していたが、昭和24年11月に、右協定の失効を理由として、新東宝の制作した映画は自らこれを配給することを言明したことから、東宝との間に紛争が生じた。この紛争の中で、右の協定が法違反であるとして、公正取引委員会による審判が開始され、公正取引委員会は、昭和26年6月5日の審決において、東宝と新東宝の協定は、法3条（不当な取引制限）および4条1項3号[3]の規定に違反すると認定した。

　イ　被審人東宝の審決取消しの訴えに対して、東京高等裁判所は、競争の実質的制限に関し、「競争を実質的に制限するとは、競争自体が減少して、特定の事業者または事業者集団がその意思で、ある程度自由に、価格、品質、数量、その他各般の条件を左右することによって、市場を支配することができる状態をもたらすことをいう」と判示した。

（b）「こととなる」の考え方

法4章の各規定では、法3条または法8条の規定とは異なり、一定の取引分野における競争を実質的に制限する「こととなる」場合の企業結合を禁止している。この「こととなる」とは、企業結合により、競争の実質的制限が必然ではないが容易に現出しうる状況がもたらされることで足りるとする蓋然性を意味するものである。したがって、法4章では、企業結合により市場

構造が非競争的に変化して、当事会社が単独でまたは他の会社と協調的行動をとることによって、ある程度自由に価格、品質、数量、その他各般の条件を左右することができる状態が容易に現出しうるとみられる場合には、一定の取引分野における競争を実質的にすることとなり、禁止される。

（2）　企業結合の形態と競争の実質的制限

企業結合にはさまざまな形態があるが、

（ア）水平型企業結合（同一の一定の取引分野において競争関係にある会社間の企業結合をいう。以下同じ）

（イ）垂直型企業結合（たとえば、メーカーとその商品の販売業者との間の合併など取引段階を異にする会社間の企業結合をいう。以下同じ）

（ウ）混合型企業結合（たとえば、異業種に属する会社間の合併、一定の取引分野の地理的範囲を異にする会社間の株式保有など水平型企業結合または垂直型企業結合のいずれにも該当しない企業結合をいう。以下同じ）

に分類することができる。

水平型企業結合は、一定の取引分野における競争単位の数を減少させるので、競争に与える影響が直接的であり、一定の取引分野における競争を実質的に制限することとなる可能性は、垂直型企業結合や混合型企業結合に比べ高い。これに対し、垂直型企業結合および混合型企業結合は、一定の取引分野における競争単位の数を減少させないので、水平型企業結合に比べて競争に与える影響は大きくなく、一定の場合を除き、通常、一定の取引分野における競争を実質的に制限することとなるとは考えられない。

企業結合審査の対象となる企業結合が、水平型企業結合、垂直型企業結合、混合型企業結合のいずれに該当するかによって、当該企業結合が一定の取引分野の競争を実質的に制限することとなるか否かを判断する際の検討の枠組みや判断要素が異なる。

以下では、水平型企業結合、垂直型企業結合、混合型企業結合に分けて、当該企業結合が一定の取引分野における競争を実質的に制限することとなるか否かを判断する際の検討の枠組みや判断要素を明らかにする。

　なお、たとえば、水平型企業結合に該当する側面と垂直型企業結合に該当する側面を併せもつ企業結合については、それぞれの側面に応じて、以下に示す検討の枠組みや判断要素に即して検討を行うこととなる。

4　水平型企業結合による競争の実質的制限

（1）　基本的考え方等

　水平型企業結合は、一定の取引分野における競争単位の数を減少させるので、競争に与える影響がもっとも直接的であり、一定の取引分野における競争を実質的に制限することとなる企業結合は、水平型企業結合に多い。

　水平型企業結合が一定の取引分野における競争を実質的に制限することとなるのは、当事会社グループの単独行動による場合と、当事会社グループとその一または複数の競争者（以下「競争者」という）が協調的行動をとることによる場合があり、個々の事案においては、2つの観点から問題となるか否かが検討される。したがって、たとえば、企業結合について、単独行動による競争の実質的制限の観点からは問題とならなくても、協調的行動による競争の実質的制限の観点からは問題となる場合がある。

（a）単独行動による競争の実質的制限

　水平型企業結合が単独行動により一定の取引分野における競争を実質的に制限することとなるのは、商品が同質的か差別化されているかに応じて、典型的には、次のような場合である。

　ア　商品が同質的なものである場合

　　商品が同質的なものである場合、たとえば、当事会社グループが当該商品の価格を引き上げたとき、他の事業者が当該商品の価格を引き上げなければ、需要者は購入先をそれらの他の事業者に振り替えるので、通常、当事会社グループの売上げは減少し、他の事業者の売上げが拡大することになる。したがって、当事会社グループが当該商品の価格等をある程度自由に左右することは困難である場合が多い。

　　しかし、当事会社グループの生産・販売能力が大きいのに対し、他の事業者の生産・販売能力が小さい等の事情から、当事会社グループが当該商

品の価格を引き上げた場合に、他の事業者が当該商品の価格を引き上げないで売上げを拡大することや、需要者が購入先をそのような他の事業者に振り替えることができないときがある。

このような場合には、当事会社グループが当該商品の価格等をある程度自由に左右する状態が容易に現出しうるので、水平型企業結合が、一定の取引分野における競争を実質的に制限することとなる。

イ　商品が差別化されている場合

たとえば、商品がブランドで差別化されている場合において、あるブランドの商品の価格が引き上げられた場合、需要者はそれに代わるものとして他のブランドの商品を一様に購入の対象とするわけではなく、価格が引き上げられたブランドの商品の次に需要者にとって好ましい（代替性の高い）ブランドの商品が購入されることになると考えられる。

このような場合、当事会社グループがあるブランドの商品の価格を引き上げたとしても、当事会社グループが当該商品と代替性の高いブランドの商品を販売しているときには、価格を引き上げた商品の売上げが減少しても当該商品と代替性の高いブランドの商品の売上げの増加で償うことができるので、当事会社グループ全体としては売上げを大きく減少させることなく、商品の価格を引き上げることができると考えられる。

したがって、商品がブランド等により差別化されている場合、代替性の高い商品を販売する会社間で企業結合が行われ、他の事業者が当該商品と代替性の高い商品を販売していないときには、当事会社グループが当該商品の価格等をある程度自由に左右することができる状態が容易に現出しうるので、水平型企業結合が、一定の取引分野における競争を実質的に制限することとなる。

（b）協調的行動による競争の実質的制限

水平型企業結合が協調的行動により一定の取引分野における競争を実質的に制限することとなるのは、典型的には、次のような場合である。

たとえば、事業者甲が商品の価格を引き上げた場合、他の事業者乙、丙等は当該商品の価格を引き上げないで、売上げを拡大しようとし、それに対し、事業者甲は、価格を元の価格まで引き下げ、あるいはそれ以上に引き下

げて、事業者乙、丙等が拡大した売上げを取り戻そうとすることが多いと考えられる。

　しかし、水平型企業結合によって競争単位の数が減少することに加え、当該一定の取引分野の集中度等の市場構造、商品の特性、取引慣行等から、各事業者が互いの行動を高い確度で予測することができるようになり、協調的な行動をとることが利益となる場合がある。このような場合、事業者甲の価格引き上げに追随して他の事業者が商品の価格を引き上げたときに、たとえば、事業者乙が当該商品の価格を引き上げないで売上げを拡大しようとしても、他の事業者が容易にそれを知り、それに対抗して、当該商品の価格を元の価格まで引き下げ、あるいはそれ以上に引き下げて、奪われた売上げを取り戻そうとする可能性が高い。したがって、事業者乙が当該商品の価格を引き上げないことにより獲得できると見込まれる一時的な利益は、事業者甲に追随して価格を引き上げたときに見込まれるものより小さなものとなりやすい。

　このような状況が生み出される場合には、各事業者にとって、価格を引き上げないで売上げを拡大するのではなく、互いに当該商品の価格を引き上げることが利益となり、当事会社とその競争者が協調的行動をとることにより当該商品の価格等をある程度自由に左右することができる状態が容易に現出しうるので、水平型企業結合が一定の取引分野における競争を実質的に制限することとなる。

(c) 競争を実質的に制限することとならない場合

　水平型企業結合が一定の取引分野における競争を実質的に制限することとなるか否かについては、個々の事案ごとに後述（b）および（c）の各判断要素を総合的に勘案して判断するが、企業結合後の当事会社グループが次の①〜③のいずれかに該当する場合には、水平型企業結合が一定の取引分野における競争を実質的に制限することとなるとは通常考えられない[4]。

　①　企業結合後のハーフィンダール・ハーシュマン指数（以下「HHI」という）が1,500以下である場合[5]

　②　企業結合後のHHIが1,500超2,500以下であって、かつ、HHIの増分が250以下である場合[6]

③　企業結合後の HHI が 1,500 を超え、かつ HHI の増分が 150 以下である
場合

　なお、これらの基準に該当しない場合であっても、直ちに競争を実質的
に制限することとなるものではなく個々の事案ごとに判断されることとなる
が、過去の事例に照らせば、企業結合後の HHI が 2,500 以下であり、かつ、
企業結合後の当事会社グループの市場シェアが 35% 以下の場合には、競争を
実質的に制限することとなるおそれは小さいと通常考えられる。

（2）　単独行動による競争の実質的制限

　次の判断要素を総合的に勘案して、水平型企業結合が単独行動により一定
の取引分野における競争を実質的に制限することとなるか否か判断する。

（a）当事会社グループおよび競争者の地位ならびに市場における競争者の
状況等

ア　市場シェアおよびその順位

　企業結合後の当事会社グループの市場シェアが大きい場合には、それが
小さい場合に比べ、当事会社グループが商品の価格を引き上げようとした
ときに、他の事業者が当該商品の価格を引き上げないで、当事会社グルー
プに代わって当該商品を十分に供給することは容易ではないので、当事会
社グループの当該商品の価格引き上げに対する他の事業者の牽制力は弱く
なると考えられる。

　したがって、企業結合後の当事会社グループの市場シェアが大きい場合
および企業結合による市場シェアの増分が大きい場合には、それだけ当該
企業結合の競争に及ぼす影響が大きい。

　同様に、企業結合後の当事会社グループの市場シェアの順位が高い場合
および企業結合により順位が大きく上昇する場合には、それだけ当該企業
結合の競争に及ぼす影響が大きい。

　たとえば、市場シェアの順位が上位である会社間の企業結合は、その順
位が下位である会社間の企業結合に比べ、競争に及ぼす影響は大きい。

　企業結合による市場シェアの変化の算定に当たっては、入手可能な最
新の当事会社グループの市場シェアを基に計算することを原則とするが、

より長期的な販売数量や売上高の変化、需要者の選好の変化、技術革新の速さや程度、商品の陳腐化の状況、市場シェアの変動の状況等によって、当該企業結合後の市場シェアに大きな変動が見込まれる場合や競争者が投資の減退傾向を背景にすでに競争圧力を形成していない状況にある場合には、その点も加味して競争に与える影響を判断する。

イ 当事会社間の従来の競争の状況等

従来、当事会社間で競争が活発に行われてきたことや当事会社の行動が市場における競争を活発にしてきたことが、市場全体の価格引下げや品質・品揃えの向上などにつながってきたと認められる場合には、企業結合後の当事会社グループの市場シェアやその順位が高くなかったとしても、当該企業結合によりこうした状況が期待できなくなるときには競争に及ぼす影響が大きい。

たとえば、当事会社間で競争が活発に行われており、一方の市場シェアの拡大が他方の市場シェアの減少につながっていたような場合、企業結合後は、一方当事者の売上げの減少を他方当事者の売上げの増加で償うことができ、当事会社グループ全体としては売上げを大きく減少させることなく、商品の価格を引き上げることができると考えられるので、当該企業結合の競争に及ぼす影響が大きい。

また、商品がブランド等により差別化されている場合であって各当事会社の販売する商品間の代替性が高い場合には、企業結合後は、一方の商品の売上げの減少を当該商品と代替性の高い商品の売上げの増加で償うことができ、当事会社グループ全体としては売上げを大きく減少させることなく、商品の価格を引き上げることができると考えられるので、当該企業結合の競争に及ぼす影響が大きい。

ウ 競争者の市場シェアとの格差

企業結合後の当事会社グループの市場シェアと競争者の市場シェアとの格差が大きい場合には、それが小さい場合に比べ、当事会社グループが商品の価格を引き上げようとしたときに、競争者が当該商品の価格を引き上げないで、当事会社グループに代わって当該商品を十分供給することが容易ではないので、当事会社グループの当該商品の価格引き上げに対する牽

制力は弱くなると考えられる。

　したがって、企業結合後の当事者グループの市場シェアと競争者の市場シェアとの格差が大きい場合には、それだけ当該企業結合の競争に及ぼす影響が大きい。

　他方、企業結合後の当事会社グループと同等以上の市場シェアを有する競争者が存在する場合には、当事会社グループがある程度自由に価格等を左右することを妨げる要因となりうる。

　なお、競争者の市場シェアとの格差を考慮するに当たっては、競争者の供給余力や競争者の販売する商品と当事会社グループの販売する商品との代替性の程度を考慮する（後述オ参照）。

エ　競争者の供給余力および差別化の程度

　競争者の供給余力が十分でない場合には、当事会社グループが当該商品の価格を引き上げたとき、当該商品の価格を引き上げないで売上げを拡大することができず、当事会社グループが当該商品の価格を引き上げることに対して牽制力が働かないことがある。このように、競争者の供給余力が十分でない場合には、企業結合後の当事会社の市場シェアと競争者の市場シェアとの格差がさほど大きくないときであっても、当該企業結合後の競争に及ぼす影響が小さいとはいえないことがある。

　逆に、当該商品の需要が継続的構造的に減少しており、競争者の供給余力が十分である場合には、当事会社グループの価格引き上げに対する牽制力となりうる。

　また、商品がブランド等により差別化されている場合であって当事会社の販売する商品の代替性が高い場合には、競争者の販売する商品と当事会社グループが販売する商品との代替性の程度を考慮する。代替性が低い場合には、企業結合後の当事会社の市場シェアと競争者の市場シェアとの格差がさほど大きくないときであっても、当該企業結合の競争に及ぼす影響が小さいとはいえないことがある。

オ　研究開発

　各当事会社が競合する財・サービスの研究開発を行っている場合には、当該研究開発の実態も踏まえて企業結合が競争に与える影響を判断する。

　たとえば、一方当事会社が財・サービス（以下「α」という）を市場に供給しており、他方当事会社がαと競合する財・サービス（以下「β」という）の研究開発を行っている場合において、他方当事会社のβが当該市場に供給された後に、一方当事会社のαと競合する程度が高いと見込まれるときには、そうでない場合と比較して、企業結合がなければ実現したであろう一方当事会社のαと他方当事会社のβの間の競争が減少することにより、当該企業結合の競争に及ぼす影響が大きい。また、他方当事会社のβが当該市場に供給された後に、一方当事会社のαと競合が高いと見込まれるときには、そうでない場合と比較して、企業結合により他方当事会社の研究開発の意欲が減退する可能性が高く、当該企業結合の競争に及ぼす影響が大きい。各当事会社が競合する財・サービスの研究開発を行っている場合も同様に、企業結合による各当事会社の財・サービスの当該市場への供給後の競争の消滅や、研究開発の意欲の減退を踏まえて、企業結合が競争に与える影響を判断することとなる。

カ　市場の特性

　企業結合が一定の取引分野における競争に及ぼす影響について、当該一定の取引分野におけるネットワーク効果や規模の経済性等を踏まえて判断することがある。たとえば、企業結合後に当事会社グループが一定数の需要者を確保すること自体により商品の価値が高まり、その結果当事会社グループの商品の需要者がさらに増加すると見込まれるような場合（いわゆる直接ネットワーク効果が働く場合）には、当該直接ネットワーク効果も踏まえて企業結合が競争に与える影響を判断する。とくに、需要者の多くが1つのサービスしか利用しない場合（シングル・ホーミング）には、需要者の多くが複数のサービスを同等に利用する場合（マルチ・ホーミング）と比較して、直接ネットワーク効果も踏まえて企業結合の競争に与える影響について判断する。

キ　国境を越えて地理的範囲が画定される商品の扱い

　2の一定の取引分野に係る検討の結果、国境を越えて地理的範囲が画定されうる商品として、たとえば、国境を越える取引における制度上・輸送上の条件が日本国内取引に比較して大きな差異がないものであって、品質

面等において内外の商品の代替性が高い商品や、非鉄金属など鉱物資源の
ように商品取引所を通じて国際的な価格指標が形成されている商品があ
る。このような商品については、当該地理的範囲における当事会社グルー
プの市場シェア・順位、当事会社間の従来の競争の状況、競争者の市場
シェアとの格差、競争者の供給余力・差別化の程度等を加味して、競争に
与える影響を判断する。

（b）輸入

輸入圧力が十分働いていれば、当該企業結合が一定の取引分野における競
争を制限することとなるおそれは小さいものとなる[7]。

需要者が当事会社グループの商品から容易に輸入品に使用を切り替えられ
る状況にあり、当事会社グループが当該商品の価格を引き上げた場合に、輸
入品への切替えが増加する蓋然性が高いときには、当事会社グループは、輸
入品に売上げを奪われることを考慮して、当該商品の価格を引き上げないこ
とが考えられる。

輸入圧力が十分働いているか否かについては、現在輸入が行われている
かどうかにかかわらず、次の①〜④のような輸入に係る状況をすべて検討の
上、商品の価格が引き上げられた場合に、輸入の増加が一定の期間[8]に生
じ、当事会社グループがある程度自由に価格等を左右することを妨げる要因
となりうるか否かについて考慮する。

① 制度上の障壁の程度

輸入圧力を評価するに当たっては、当該商品について、関税その他の輸
入に係る制限等の制度上の規制が存在し、それが今後とも障壁として作用
するか否かを検討する必要がある。制度上の障壁が存在しなければ、それ
だけに輸入圧力が働きやすい。また、制度上の障壁が存在するために現時
点で輸入が少ない場合であっても、近い将来に制度上の障壁が除かれるこ
とが予定されているような場合には、輸入がより容易に行われるようにな
り、輸入圧力が強まる可能性がある。

他方、制度上の障壁が存在し、それが維持されるような場合には、当
事会社グループが価格を引き上げたとしても、輸入が増加する余地は小さ
く、輸入圧力は低いものにとどまると考えられる。

現在、相当量の輸入が行われている場合には、通常、制度上の障壁が低いことが推認されるが、たとえば、輸入割当制度の存在により、輸入増加の余地が限られるような場合には、輸入圧力は限定的なものにとどまる点に留意する必要がある。

② 輸入に係る輸送費用の程度や流通上の問題の有無

輸入に係る輸送費用が低く、かつ、輸入に係る流通上の問題が存在しない場合には、それだけ国内製品の価格が引き上げられたときに輸入品が日本国内に流入しやすい環境にあると考えられる。

他方、重量物で付加価値が低い商品など、輸入に係る輸送費がかさむ場合には、需要者にとって輸入品を購入する誘引は小さい可能性がある。また、輸入に当たって、物流・貯蔵設備等、日本国内における流通・販売体制が整備されていないために、輸入品の安定供給が期待できない場合にも、需要者は輸入品の購入を敬遠する可能性がある。このような場合には、当事会社グループが商品の価格を引き上げたとしても輸入が増加せず、輸入圧力が働きにくいと考えられる。

現在、相当量の輸入品が国内に入ってきている場合には、このような輸送や流通上の問題が少ないことを示唆しているものと考えられる。

③ 輸入品と当事会社グループの商品の代替性の程度

輸入品と当事会社グループの商品との代替性が高い場合には、それだけ需要者は躊躇なく輸入品を購入・使用することが可能と考えられる。

他方、輸入品と当事会社グループの商品に品質差がある場合、輸入品の品揃えに問題がある場合、または需要者の使い慣れの問題がある場合には、輸入品が選好されない可能性がある。このような場合には、当事会社グループが商品の価格を引き上げたとしても輸入が増加せず、輸入圧力は働きにくいと考えられる。

輸入品と当事会社グループの商品との代替性の程度を評価するに当たっては、輸入品と当事会社グループの商品との価格水準の違いや価格・数量の動き等の過去の実績を参考にする場合がある。

たとえば、当事会社の商品の価格が上昇した場合に、輸入品の販売数量が増加した実績があるときには、輸入品との代替性が高いと認められるこ

とがある。

　また、主な需要者が輸入品を使用した経験の有無やその評価、輸入品採用の意向などから、当事会社グループの商品と輸入品との代替性が高いか否かを判断できる場合がある。

④　海外の供給可能性の程度

　当事会社グループが商品の価格を引き上げた場合の輸入増加の可能性の程度を評価する必要がある。

　海外の事業者が安い生産費用で十分な供給余力を有している場合には、それだけ国内価格の上昇に応じて輸入品が増加する蓋然性が高いと考えられる。海外製品の輸入や海外の事業者の日本向け輸出への具体的な計画がある場合には、そうでない場合に比べて、輸入増加の蓋然性が高い。また、海外に有力な事業者が存在し、すでに相当程度、国内への供給を行っている場合や、近い将来にその事業者が国内に物流・販売拠点を設け、商品を供給する具体的な計画を有しており、その実現可能性が高い場合には、輸入圧力が働きやすいと考えられる。

　また、日本以外の市場へ当該商品を供給しているが、国内価格次第で日本へ仕向地を変更する蓋然性が高い海外事業者が存在する場合や、国内価格次第で設備能力等の増強を行い日本への供給を行う蓋然性の高い海外事業者が存在する場合には、国内価格の上昇に応じて輸入が増加する可能性が高く、輸入圧力の要因となりうる。さらに、海外の有力な事業者が生産能力を増強する結果、海外における供給量が増加する場合に、海外での市場価格が下落し、国内製品との間に内外価格差が生じることがあるが、こうした内外価格差が生じるときには、輸入圧力が高まる可能性がある。

（c）参入

　参入が容易であり、当事会社グループが商品の価格を引き上げた場合に、より低い価格で当該商品を販売することにより利益を上げようとする参入者が現れる蓋然性があるときには、当事会社グループは、参入者に売上げを奪われることを考慮して、商品の価格を引き上げないことが考えられる。したがって、参入圧力が十分働いていれば、当事会社グループがある程度自由に価格等を左右することを妨げる要因となる。

　参入圧力が十分働いているか否かについては、前述（ii）の輸入に係る分析と同様に、次の①〜④のような参入に係る状況をすべて検討の上、参入が一定の期間に行われ、当事会社グループがある程度自由に価格等を左右することを妨げる要因となりうるか否かについて考慮する。

① 制度上の参入障壁の程度

　参入圧力を評価するに当たっては、当該商品について、法制度上の参入規制が存在し、それが参入の障壁となっているか否か、また、今後とも当該規制が維持されるか否かを検討する必要がある。法制度上の参入規制が存在しなければ、それだけ参入圧力が働きやすい。また、参入規制が参入の障壁となっている場合であっても、近い将来に当該規制が除かれることが予定されているような場合には、参入がより容易になり、参入圧力が高まる可能性がある。

　他方、参入規制が参入の障壁となっており、それが維持されるような場合には、当事会社グループが商品の価格を引き上げたとしても、参入が行われず、参入圧力が低いものにとどまるものと考えられる。

　近時、一定の参入が行われている場合には、通常、参入規制が存在しないか、存在したとしても参入の障壁となっていないものと考えられる。

② 実態面での参入障壁の程度

　参入のための必要資本量が小さく、参入者にとって技術条件、原材料調達の条件、販売面の条件等において問題が存在しない場合には、それだけ参入が容易な環境にあると考えられる。また、生産設備に重要な変更を加えることなく当該商品を供給しうるような事業者が存在すれば、当該事業者にとって参入は容易であると考えられる。

　参入に相当な資本量が必要である場合には、当事会社グループが商品の価格を引き上げた場合に参入が行われるか否かの企業行動について評価することとなる。

　また、立地条件、技術条件、原材料調達の条件、販売面の条件等において参入者が既存事業者に比べて不利な状況に置かれているような場合には、参入が期待できない要因となる。

　他方、近時、一定の参入が行われ、それが成功しているような場合に

は、通常、実態面での参入障壁が低いことを示唆しているものと考えられる。

③　参入者の商品と当事会社グループの商品の代替性

参入者が供給するであろう商品と当事会社グループの商品との代替性が高い場合には、それだけ需要者は躊躇なく参入者の商品を購入・使用することが可能と考えられる。

他方、参入者が当事会社グループと同等の品質の商品を同等の品揃えで製造・販売することが困難であるような場合、または需要者の使い慣れの問題から参入者の商品が選好されないような場合には、参入が行われにくくなる可能性があり、また、参入が行われたとしても当事会社グループの商品に対する十分な競争圧力とはなりにくいと考えられる。

④　参入可能性の程度

当事会社グループが商品の価格を引き上げた場合の参入の可能性の程度を評価する必要がある。

現に他の事業者が十分な規模で参入を計画している場合や、当該一定の取引分野における価格次第で設備の新設や変更等を行い、当該取引分野への供給を行う蓋然性の高い参入者が存在する場合には、そうでない場合に比べて、参入圧力は高いと考えられる。

また、一般的に、今後大きな需要拡大が見込まれる蓋然性の高い成長市場に供給される商品、技術革新が頻繁な商品、ライフサイクルが長い商品、既存技術を代替する有力な新技術に対する開発投資が旺盛な商品等、市場構造が動態的に変化しやすい場合には、そうでない場合よりも高い参入圧力が生じやすいと考えられる。

(d)　隣接市場からの競争圧力

2において画定された一定の取引分野に関連する市場、たとえば、地理的に隣接する市場および当該商品と類似の効用等を有する商品（以下「類似品」という）の市場についても考慮の対象となる。

たとえば、隣接市場において十分に活発な競争が行われている場合や、近い将来において類似品が当該商品に対する需要を代替する蓋然性が高い場合には、当該一定の取引分野における競争を促進する要素として評価しうる場

合がある。

　需要の減少により市場が縮小している商品について、類似品が当該商品に対する需要を代替する蓋然性が高い場合も同様である。

　ア　類似品

　　当該商品と効用等は類似しているが別の市場を構成している類似品の市場が存在する場合には、販売網、需要者、価格等の面からみた効用等の類似性により、類似品が、当事会社グループがある程度価格等を左右することをある程度妨げる要因となりうる。

　イ　地理的に隣接する市場の状況

　　当該一定の取引分野の地理的範囲が限られている場合、それに隣接して同一の商品が供給されている別の地理的市場が存在するときには、その近接度、物流手段、交通手段、当該市場の事業者の規模等により、当該隣接市場における当事会社グループがある程度自由に価格等を左右することをある程度妨げる要因となりうる。

（e）需要者からの競争圧力

　当該一定の取引分野への競争圧力は、次の取引段階に位置する需要者側から生じることもある。需要者が、当事会社グループに対して、対抗的な交渉力を有している場合には、取引関係を通じて、当事会社グループがある程度自由に価格等を左右することをある程度妨げる要因となりうる。需要者側から競争圧力が働いているか否かについては、次のような需要者と当事会社グループの取引関係等に係る状況を考慮する。

　①　需要者の間の競争状況

　　需要者の商品の市場における競争が活発であるときには、需要者は、供給者からできるだけ低い価格で当該商品を購入しようとする場合もあると考えられる。

　　たとえば、原材料メーカーの企業結合の場合、当該原材料を使用する完成品の市場における競争が活発であるときには、当該原材料の需要者である完成品メーカーは、完成品の価格を低くするため、できるだけ低い価格で当該原材料を調達しようとするものと考えられる。この場合、当事会社グループが当該商品の価格を引き上げると売上げが大きく減少する可能性

があるので、当事会社グループが価格等をある程度自由に左右することを
ある程度妨げる要因となりうる。

② 取引先変更の容易性

　需要者が、ある供給者から他の供給者へ供給先の切替えを行うことが容
易であり、切替えの可能性を当該供給者へ示すことによって価格交渉力が
生じているときには、需要者からの競争圧力が働いていると考えられる。
たとえば、需要者が、電子商取引や入札購買によって供給者を選択してい
る場合、容易に内製に転換することができる場合、当該商品以外を含めて
多様に取引を変更することが容易な状況にあり購買者圧力が形成されてい
る場合、大規模な量販店のように取引規模が大きく複数の購買先を有して
いる場合等、需要者の調達方法、供給先の分散の状況や変更の難易の程度
などからみて、当該需要者の価格交渉力が強いときには、当事会社グルー
プが価格等をある程度自由に左右することをある程度妨げる要因となりう
る。

　他方、たとえば、ネットワーク効果の存在やスイッチングコスト等のた
めに需要者が当事会社グループから他の供給者へ供給先の切換えを行うに
当たっての障壁が高い場合など、需要者にとって当事会社グループから他
の供給者への供給先の切換えを行うことが容易でない場合には、需要者か
らの競争圧力が働きにくいと考えられる。

③ 市場の縮小

　当該商品の需要が減少して継続的構造的に需要量が供給量を大きく下回
ることにより、需要者からの競争圧力が働いている場合には、当事会社グ
ループが価格等をある程度自由に左右することをある程度妨げる要因とな
りうる。

(f) 総合的な事業能力

　企業結合後において、当事会社グループの原材料調達力、技術力、販売
力、信用力、ブランド力、広告宣伝力等の総合的な事業能力が増大し、企業
結合後の会社の競争力が著しく高まることによって、競争者が競争的な行動
をとることが困難となることが見込まれる場合は、その点も加味して競争に
与える影響を判断する。

（g）効率性

　企業結合後において、規模の経済性、生産設備の統合、工場の専門化、輸送費用の軽減、研究開発体制の効率化等により当事会社グループの効率化が向上することによって、当事会社グループの効率性が見込まれる場合には、その点も加味して競争に与える影響を判断する。

　この場合における効率性については、次の3つの観点から判断する。

　なお、独占または独占に近い状況をもたらす企業結合を効率性が正当化することはほとんどない。

　①　企業結合固有の効率性向上であること

　　当該効率性の向上は、企業結合に固有の成果でなくてはならない。そのため、規模の経済性、生産設備の統合、工場の専門化、輸送費用の低減、次世代技術・環境対応能力など研究開発の効率性等予定される効率性に関する各要因について、それが、より競争制限的とはならない他の方法によっては生じえないものである必要がある。

　②　効率性の向上が実現可能であること

　　当該効率性の向上は、実現可能なものでなくてはならない。この点については、たとえば、当該企業結合を決定するに至るまでの内部手続に係る文書、予定される効率性に関する株主および金融市場に対する説明用の資料、効率性向上に関する外部専門家による資料等を検討することとなる。

　③　効率性の向上により需要者の厚生が増大するものであること

　　当該効率性の向上により、製品・サービスの価格の低下、品質の向上、新製品の提供、次世代技術・環境対応能力など研究開発の効率化等を通じて、その成果が需要者に還元されなくてはならない。この点については、前述②に示した資料のほか、たとえば、価格低下等の効果をもたらしうる能力向上に関する情報、需要・供給両面の競争圧力の下で価格低下、品質向上、新製品提供等を行ってきた実績等を検討することとなる。

（h）当事会社グループの経営状況

ア　業績不振等

　当事会社グループの一部の会社または企業結合の対象となったその事業部門が業績不振に陥っているか否かなどの経営状況も、当事会社グループ

の事業能力を評価する上において考慮する。

イ　競争を実質的に制限することとなるおそれは小さい場合

　企業結合が一定の取引分野における競争を実質的に制限することとなるか否かについては、個々の事案ごとに各判断要素を総合的に勘案して判断するが、次の場合には、水平型企業結合が単独行動により一定の取引分野における競争を実質的に制限することとなるおそれは小さいと通常考えられる。

①　一方当事会社が継続的に大幅な経常損失を計上しているか、実質的に債務超過に陥っているか、運転資金の融資が受けられない状況であって、企業結合がなければ近い将来において倒産し市場から退出する蓋然性が高いことが明らかな場合において、これを企業結合により救済することが可能な事業者で、他方当事会社による企業結合よりも競争に与える影響が小さいものの存在が認め難いとき。

②　一方当事会社の企業結合の対象となる事業部門が著しい業績不振に陥っており、企業結合がなければ近い将来において市場から退出する蓋然性が高いことが明らかな場合において、これを企業結合により救済することが可能な事業者で、他方当事会社による企業結合よりも競争に与える影響が小さいものの存在が認め難いとき。

（3）　協調的行動による競争の実質的制限

　次の判断要素を総合的に勘案して、水平型企業結合が協調的行動により一定の取引分野における競争を実質的に制限することとなるか否か判断する。

（a）当事会社グループおよび競争者の地位等ならびに市場における競争者の状況等

ア　競争者の数等

　一定の取引分野における競争者の数が少ないまたは少数の有力な事業者に市場シェアが集中している場合には、競争者の行動を高い確度で予測しやすいと考えられる。

　また、各事業者が同質的な商品を販売しており、費用条件が類似している場合などには、各事業者の利害が共通することが多いため、協調的行動

がとられやすくなり、また、競争者が協調的な行動をとるかどうかを高い確度で予測しやすいと考えられる。

　したがって、企業結合によりこのような状況が生じる場合には、競争に及ぼす影響がとくに大きい。

イ　当事会社間の従来の競争の状況等

　互いに市場シェアを奪い合う関係にあった場合や一方が価格引下げに積極的であった場合など、従来、当事会社間で競争が活発に行われてきたことや当事会社の行動が市場における競争を活発にしてきたことが、市場全体の価格引下げや品質・品揃えの向上などにつながってきたと認められる場合には、企業結合後の当事会社グループの市場シェアやその順位が高くなかったとしても、当該企業結合によりこうした状況が期待できなくなるときには競争に及ぼす影響が大きい。

ウ　競争者の供給余力

　自社の供給余力が大きくない場合には、たとえば、価格を引き下げて市場シェアを拡大し、あるいは競争者の市場シェアを奪うことができる余地は限られるため、それによって得られる利益は大きくなく、競争者と協調的な行動がとられやすいと考えられる。

　他方、たとえば、商品の価格を引き下げて売上げを拡大しても、近い将来に競争者の価格引下げにより奪われる売上げには限りがあり、当該商品の価格引下げで売上げを拡大することによる利益を期待しうるので、競争者と協調的な行動をとる誘因は小さくなると考えられる。

(b) 取引の実態等

ア　取引条件等

　事業者団体が構成事業者の販売価格や数量に関する情報を収集・提供している場合など、価格、数量など競争者の取引条件に関する情報が容易に入手することができるときには、競争者の行動を高い確度で予測しやすく、また、競争者が協調的行動をとっているかどうか把握することも容易であると考えられる。さらに、このような場合には、たとえば、価格を引き下げて売上げの拡大を図る行動がとられたときには、他の競争者は容易にそれを知り、価格引下げにより奪われた売上げを取り戻そうとする可能

性が高いので、協調的な行動をとる誘因は小さくなると考えられる。

　他方、大口の取引が不定期に行われている場合には、たとえば、価格を引き下げて大口の取引を受注することによる利益が大きく、また、その機会も頻繁ではないので、競争者と協調的な行動をとる誘因は小さくなり、また、競争者の行動を予測することが困難であると考えられる。

　逆に、小口の取引が定期的に行われている場合には、競争者と協調的な行動がとられやすいと考えられる。

イ　需要動向、技術革新の動向等

　需要の変動が大きい場合や、技術革新が頻繁であり、商品のライフサイクルが短い場合などは、たとえば、価格を引き下げて売上げを拡大し、あるいは競争者の売上げを奪うことにより、大きな利益を得ることができる可能性が高いので、競争者と協調的な行動をとる誘因は小さくなり、また、競争者の行動を予測することが困難であると考えられるので、競争者と協調的な行動がとられにくいと考えられる。

ウ　過去の競争の状況

　協調的行動がとられることとなるか否かを判断するに当たっては、過去の市場シェアや価格の変動状況も考慮される。

　たとえば、市場シェアや価格の変動状況が激しい場合には、他の事業者がどのような行動をとるか予測することは困難であることが多いと考えられるので、競争者と協調的な行動がとられにくいと考えられる。

　他方、市場シェアや価格の変動があまりない場合には、他の事業者がどのような行動をとるか予測しやすく、競争者と協調的な行動がとられる可能性がより高いと考えられる。また、たとえば、価格改定について協調的な行動がとられたことがある場合には、当該商品について協調的行動がとられやすい取引実態等がある可能性が高いと考えられる。

（c）輸入、参入および隣接市場からの競争圧力等

　輸入圧力が十分に働いていれば、たとえば、協調的に国内品の価格を引き上げたとしても、輸入品が増加し、売上げが奪われることになるので、協調的行動がとられる可能性は低くなると考えられる。

　現在相当量の輸入が行われており、海外の事業者の生産費用や事業戦略等

が国内の事業者と異なる場合には、海外の事業者と国内の事業者の利害が一致しにくく、協調的な行動がとられにくい可能性がある。このような状況において国内品の価格が引き上げられた場合には、輸入品が増加するので、当事会社グループとその競争者が協調的行動により価格等をある程度自由に左右することは困難であると考えられる。ただし、海外の事業者が国内において既存事業者として定着しているような場合等においては、当該事業者が当事会社を含む競争者と協調的行動をとることも考えられる、

　国内の事業者が価格を引き上げた場合に、輸入圧力が働くか否かは、前述（2）（b）①～④と同様の観点から、制度上の参入障壁の程度、輸入に係る輸送費用の程度や流通上の問題の有無、輸入品と国内品の代替性の程度および海外の供給可能性の程度を検討し、当事会社および他の国内の事業者が協調して価格を引き上げた場合に、需要者が国内品から海外品に容易に切り替えられるため、一定の期間[9]に輸入が増加し、価格引き上げが妨げられるか否かについて検討する。

　また、参入についても同様に考えられる。参入の可能性については、前述（2）（c）①～④と同様の観点から、制度上の参入障壁の程度、実態面での参入障壁の程度、参入者の商品と既存事業者の商品の代替性の程度および参入可能性の程度を検討し、当事会社および他の事業者が協調して価格を引き上げた場合に、一定の期間[10]に参入が行われ、価格引き上げを妨げることになるか否かについて検討する。

　隣接市場からの競争圧力や需要者からの競争圧力も、同様に、協調的行動がとられることを妨げ、あるいは、当事会社グループとその競争者が協調的行動により価格等をある程度自由に左右することを妨げる要因となりうる。

　たとえば、需給状況、主な需要者の調達方法および供給先の分散の状況または変更の難易の程度などからみて、需要者の価格交渉力が強い場合には、当事会社グループとその競争者が協調的行動をとることが困難である場合が多いと考えられる。

(d) 効率性および当事会社グループの経営状況

　前述（2）（g）および（h）に準じて判断する。

5　垂直型企業結合による競争の実質的制限

(1)　基本的考え方等
(a) 基本的考え方

　前述3（2）のとおり、垂直型企業結合は、一定の取引分野における競争単位の数を減少させないので、水平型企業結合に比べて競争に与える影響は大きくなく、市場の閉鎖性・排他性、協調的行動等による競争の実質的制限の問題を生じない限り、通常、一定の取引分野における競争を実質的に制限することとなるとは考えられない。垂直型企業結合についても、単独行動による競争の実質的制限と協調的行動による競争の実質的制限の2つの観点から検討される。

(b) 競争を実質的に制限することとならない場合

　垂直型企業結合が一定の取引分野における競争を実質的に制限することとなるか否かについては、個々の事案ごとに後記（2）および（3）の各判断要素を総合的に勘案して判断するが、企業結合後の当事会社グループの市場シェアが下記①または②に該当する場合には、垂直型企業結合が一定の取引分野における競争を実質的に制限することとなるとは通常考えられない。

　①　当事会社が関係するすべての一定の取引分野において、企業結合後の当事会社グループの市場シェアが10%以下である場合。

　②　当事会社が関係するすべての一定の取引分野において、企業結合後のHHIが2,500以下の場合であって、企業結合後の当事会社グループの市場シェアが25%以下である場合。

　なお、これの基準に該当しない場合であっても、直ちに競争を制限することとなるものではなく個々の事案ごとに判断されることとなるが、過去の事例に照らせば、企業結合後のHHIが2,500以下であり、かつ、企業結合後の当事会社グループの市場シェアが35%以下の場合には、競争を実質的に制限することとなるおそれは小さいと通常考えられる。

（2） 単独行動による競争の実質的制限

垂直型企業結合後、当事会社が当事会社グループ間でのみ取引を行い、事実上、他の事業者の取引の機会が奪われることなどにより、市場の閉鎖性・排他性の問題が生じる場合がある。その結果、当事会社グループが当該商品の価格等をある程度自由に左右することができる状態を容易に現出しうるような場合、垂直型企業結合は、一定の取引分野における競争を実質的に制限することとなる。

垂直型企業結合が単独行動により一定の取引分野の競争を実質的に制限することとなるか否かについては、次の(a)および(b)に基づき市場の閉鎖性・排他性の問題が生じる程度を検討し、その上で (c) の判断要素も勘案して判断する。

なお、たとえば、ある商品のメーカーとその商品の販売業者が垂直型企業結合を行う場合、当該メーカーの属する一定の取引分野を川上市場といい、当該販売業者の属する一定の取引分野を川下市場という。

(a) 川下市場において市場の閉鎖性・排他性が生じる場合

ア 供給拒否等

垂直型企業結合後、川上市場の当事会社が、川下市場の当事会社以外の事業者に対して商品の供給の拒否または企業結合がなかった場合の取引と比較して競争上不利な条件での取引（以下「供給拒否」という）を行うことにより、川下市場の競争者の競争力が減退し、これら競争者が川下市場から退出し、またはこれらの競争者からの牽制力が弱くなる場合がある。また、このような状況では、川下市場の潜在的競争者にとって参入が困難となり、または参入のインセンティブが低下する場合がある。このように、供給拒否等によって川下市場の閉鎖性・排他性の問題が生じる場合がある。川下市場の閉鎖性・排他性の問題をもたらす供給拒否を投入物閉鎖という[9]。

投入物閉鎖が行われるか否かは、当事会社が投入物閉鎖を行う能力があるか否か、当事会社が投入物閉鎖を行うインセンティブがあるか否かを考慮して検討することとなる。

イ　秘密情報の入手

　垂直型企業結合後、川下市場の当事会社が、川上市場の当事会社を通じて、川上市場の当事会社と取引のある川下市場の競争者の商品の仕様や開発に関する情報、顧客に関する情報、原材料の調達価格・数量・組成等の情報といった競争上の重要な秘密情報を入手し、当該情報を自己に有利に用いることにより、川下市場の競争者が不利な立場に置かれ、これら競争者が川下市場から退出し、またはこれらの競争者からの牽制力が弱くなるような場合には、川下市場において市場の閉鎖性・排他性の問題が生じる場合がある。

（b）川上市場において市場の閉鎖性・排他性の問題が生じる場合

ア　購入拒否等

　垂直型企業結合後、川下市場の当事会社が、川上市場の当事会社以外の事業者に対して、商品の購入の拒否または企業結合がなかった場合の取引と比較して競争上不利な条件での取引（以下「購入拒否」という）を行うことにより、川上市場の競争者の競争力が減退し、これら競争者が川上市場から退出し、またはこれらの競争者からの牽制力が弱くなる場合がある。また、このような状況では、川上市場の潜在的競争者にとって参入が困難となり、または参入のインセンティブが低下する場合がある。このように、購入拒否等によって川上市場の閉鎖性・排他性の問題が生じる場合がある。川上市場の閉鎖性・排他性の問題をもたらす購入拒否等を顧客閉鎖という [10)]

　顧客閉鎖が行われるか否かは、当事会社が顧客閉鎖を行う能力があるか否か、当事会社が顧客閉鎖を行うインセンティブがあるか否かを考慮して検討することとなる。

イ　秘密情報の入手

　垂直型企業結合後、川上市場の当事会社が、川下市場の当事会社を通じて、川下市場の当事会社と取引のある川上市場の競争者の商品の販売価格、数量、仕様等の情報といった競争上の重要な秘密情報を入手し、当該情報を自己に有利に用いることにより、川上市場の競争者が不利な立場に置かれ、これら競争者が川上市場から退出し、またはこれらの競争者から

の牽制力が弱くなるような場合には、川上市場において市場の閉鎖性・排他性の問題が生じる場合がある。

（c） 競争圧力等の考慮

垂直型企業結合が単独行動により一定の取引分野における競争を実質的に制限することとなるか否かについては、前述（a）および（b）における川下市場および川上市場の閉鎖性・排他性の程度のほか、前述4（2）（a）〜（h）の各判断要素について、当該部分に準じて判断する。

（3） 協調的行動による競争の実質的制限

垂直型企業結合後、当事会社グループが競争者の秘密情報を入手することなどにより、協調的行動をとりやすくなる場合がある。その結果、当事会社グループとその競争者の協調的行動により、当該商品の価格等をある程度自由に左右することができる状態が容易に現出しうるような場合、垂直型企業結合は、一定の取引分野における競争を実質的に制限することとなる。

垂直型企業結合により一定の取引分野における競争が実質的に制限することとなるか否かについては、次の（a）のように垂直型企業結合後に当事会社グループと競争者が協調的行動をとりやすくなる程度を検討し、その上で（b）の判断要素も勘案して判断する。

（a） 垂直型企業結合後に協調的行動をとりやすくなる場合

垂直型企業結合後、川下市場の当事会社は、川上市場の当事会社を通じて、川上市場の当事会社と取引のある川下市場の競争者の競争上の重要な秘密情報を入手することが可能となる場合がある。同様に、垂直型企業結合後、川上市場の当事会社は、川下市場の当事会社を通じて、川下市場の当事会社と取引のある川上市場の競争者の競争上の重要な秘密情報を入手することが可能となる場合がある。

このように垂直型企業結合後に当事会社グループが競争者の秘密情報を入手する結果、川下市場または川上市場において、当事会社グループと競争者間で協調的に行動することが高い程度で予測することができるようになり、協調的行動をとりやすくなり、競争を実質的に制限することとなる場合がある。

　また、垂直型企業結合後、当事会社グループによる投入物閉鎖または顧客閉鎖によって競争単位の数が減少する結果、川下市場または川上市場において、当事会社グループと競争者が協調的な行動をとりやすくなる場合がある。

（b）競争圧力等の考慮

　垂直型企業結合が協調的行動により一定の取引分野における競争を実質的に制限することとなるか否かについては、前述（1）における協調的行動がとりやすくなる程度のほか、前述4（3）（a）～（c）ならびに（2）（g）および（h）の各判断要素について、当該部分に準じて判断する。

6　混合型企業結合による競争の実質的制限

（1）　基本的考え方等

（a）基本的考え方

　前述3（2）のとおり、混合型企業結合は、一定の取引分野における競争単位の数を減少させないので、水平型企業結合に比べて競争に与える影響は大きくなく、市場の閉鎖性・排他性、潜在的競争の消滅、協調的行動等による競争の実質的制限の問題を生じない限り、通常、一定の取引分野における競争を実質的に制限することとなるとは考えられない。混合型企業結合についても、単独行動による競争の実質的制限と協調的行動による競争の実質的制限の2つの観点から検討される。

（b）競争を実質的に制限することとならない場合

　前述5（1）（b）の垂直型企業結合と同様に判断する。

（2）　単独行動による競争の実質的制限

　混合型企業結合後、当事会社それぞれの商品を技術的に組み合わせるなどして市場に供給すること、または当事会社それぞれの商品を契約上組み合わせて市場に供給したり、当事会社の商品をそれぞれ単独で供給する場合の価格の合計額よりも一括して供給する場合の価格を低い水準に設定して供給すること（以下「組合わせ供給」という）などにより、市場の閉鎖性・排他性

の問題が生じる場合がある。また、混合型企業結合の一方の当事会社が具体的な参入計画を有していないとしても、仮に他方当事会社の商品市場や地域市場に一方当事会社が単独でまたは他の会社と企業結合を行った上で当該市場に参入することが可能であり、実際に参入した場合に他方当事会社の有力な競争者となることが見込まれる場合には、企業結合により一方当事会社の新規参入の可能性を消滅させることとなる結果、当事会社グループが当該商品の価格等をある程度自由に左右することができる状態が容易に現出しうる場合がある。

（a）市場の閉鎖性・排他性の問題が生じる場合

ア　組合わせ供給を行う場合

　需要者が同一である別の商品について、一方当事会社が甲商品を、他方当事会社が乙商品をそれぞれ市場に供給している場合に、企業結合後に当事会社グループが甲商品および乙商品を組合わせ供給することにより、市場における競争者の競争力が減退し、これら競争者が市場から退出し、またはこれらの競争者からの牽制力が弱くなる場合がある。また、このような状況では、潜在的競争者にとって参入が困難となり、または参入のインセンティブが低下する場合がある。このように、組合わせ供給によって市場の閉鎖性・排他性の問題が生じる場合がある。市場の閉鎖性・排他性の問題をもたらす組合わせ供給を混合型市場閉鎖という。

　混合型市場閉鎖が行われるか否かは、当事会社グループが混合型市場閉鎖を行う能力があるか否か、当事会社グループが混合型市場閉鎖を行うインセンティブがあるか否かを考慮して検討することとなる。

　たとえば、甲商品を供給する一方当事会社の市場における地位が相当程度高く、甲商品および他方当事会社の乙商品の補完性の程度も高い場合においては、甲商品と乙商品を組合わせ供給することにより、乙商品を供給する他方当事会社の市場における地位が高まり、乙商品の市場の競争者の競争力が減退し、これら競争者からの牽制力が弱くなる程度が大きくなり、乙商品市場の閉鎖性・排他性の問題が生じる蓋然性が大きくなると考えられる。

　また、これらの場合において、乙商品の市場規模が大きく、利益率も高

いようなときには、組合わせ供給により当事会社グループの利益が増加する可能性が高くなると考えられる。

　イ　秘密情報の入手

　　当事会社グループがそれぞれ供給する甲商品および乙商品について、技術的要因により相互接続性を確保するために、甲商品の供給者と乙商品の供給者が競争上の重要な秘密情報を交換する必要がある状況等において、混合型企業結合後、乙商品を供給する他方当事会社を通じて、自社の競争者の競争上の重要な秘密情報を入手し、当該情報を自己に有利に用いることにより、一方当事会社の競争者の競争力が減退し、これら競争者からの牽制力が弱くなるような場合には、一方当事会社の市場において市場の閉鎖性・排他性の問題が生じる場合がある。

（b）潜在的競争者との企業結合

　混合型企業結合の一方当事会社が具体的な参入計画を有していないとしても、仮に他方当事会社の商品市場や地域市場への参入障壁が低いことなどにより、一方当事会社が当該市場に参入すること[11]が可能であり、実際に参入した場合に他方当事会社の有力な競争者になることが見込まれる場合[12]には、そうでない場合と比較して、当該企業結合が一方当事会社の新規参入の可能性を消滅させることによって競争に及ぼす影響が大きい。

　たとえば、ある市場においてすでに事業を行う他方当事会社が、その事業を行っていないがデータ等の重要な投入財を有し、当該市場に参入した場合有力な競争者となることが見込まれる一方当事会社と混合型企業結合を行うことにより、一方当事会社の新規参入の可能性を消滅させる場合には、そうでない場合と比較して、競争に及ぼす影響が大きい[13]。

　データの競争上の重要性や有力な潜在的競争者となるかの評価に当たっては、①一方当事会社がどのような種類のデータを保有・収集しているのか、②一方当事会社がどの程度の量のデータを保有しており、日々どの程度広い範囲からどの程度の量のデータを収集しているのか、③一方当事会社がどの程度の頻度でデータを収集しているのか、④一方当事会社が保有・収集するデータが、他方当事会社の商品市場におけるサービス等の向上にどの程度関連するのか、といった点を考慮に入れる。また、他方当事会社の商品市場の

競争者が入手可能なデータと比較して、一方当事会社の保有・収集するデータが前述①〜④の観点からどの程度優位性があるのかを考慮に入れる。

（c）競争圧力等の考慮

混合型企業結合が単独行動により一定の取引分野における競争を実質的に制限することとなるか否かについては、前述（1）における市場の閉鎖性・排他性の程度、前述（2）における潜在的競争の消滅による競争に与える影響の程度のほか、前述4（2）（a）〜（h）の判断要素について、当該部分に準じて判断する。

（3）協調的行動による競争の実質的制限

混合型企業結合が協調的行動により一定の取引分野における競争を実質的に制限することとなるか否かについては、前記（2）（a）イのように当事会社グループが競争者の秘密情報を入手する場合や、混合型市場閉鎖によって競争単位の数が減少する場合に、混合型企業結合後に当事会社グループと競争者が協調的な行動をとりやすくなるか否かを検討し、その上で前記4（3）（a）〜（c）ならびに（2）（g）および（h）の判断要素について、当該部分に準じて判断する。

7　競争の実質的制限を解消する措置

（1）基本的考え方

企業結合が一定の取引分野における競争を実質的に制限することとなる場合においても、当事会社が一定の適切な措置を講じることにより、その問題を解消することができる場合がある（以下、このような措置を「問題解消措置」という）。

問題解消措置としてどのような措置が適切かは、個々の企業結合に応じて、個別具体的に検討されるべきものであるが、問題解消措置は、事業譲渡等構造的な措置が原則であり、当事会社グループが価格等をある程度自由に左右することができないように、企業結合によって失われる競争を回復することができるものであることが基本となる。ただし、技術革新等により市場

構造の変動が激しい市場においては、一定の行動に関する措置を探ることが妥当な場合も考えられる。

　また、問題解消措置は、原則として、当該企業結合が実行される前に講じられるべきものである。

　やむをえず、当該企業結合の実行後に問題解消措置を講じることとなる場合には、問題解消措置を講じる期限が適切かつ明確に定められていることが必要である。また、たとえば、問題解消措置として事業部門の全部または一部の譲渡を行う場合には、当該企業結合の実行前に譲受先等が決定していることが望ましく、そうでないときには、譲受先等について公正取引委員会の事前の了解を得ることが必要となる場合がある。

　なお、当事会社グループの申出に基づき、企業結合後の競争条件の変化を踏まえ、当該措置を継続する必要性を評価した結果、当該措置の内容を変更または終了しても競争を実質的に制限することとなるおそれがない状況になったと判断される場合には、問題解消措置の内容を変更または問題解消措置を終了することを認めることがある。

（2）　問題解消措置の類型

　典型的な問題解消措置としては、次のようなものが考えられる。これらが適切な措置となるよう、単独で、あるいは組み合わせて、講じることが考えられる。

（a）　事業譲渡等

　企業結合によって一定の取引分野における競争が実質的に制限されることとなるという問題を解消するためにもっとも有効な措置は、新規の独立した競争者を創出し、あるいは、既存の競争者が有効な牽制力を有することとなるよう強化する措置である。

　このような措置としては、当事会社グループの事業部門の全部または一部の譲渡、当事会社グループと結合関係にある会社の結合関係の解消（議決権保有の取止めまたは議決権保有比率の引き下げ、役員兼任の取止め等）、第三者との業務提携の解消などがある。

　なお、需要が減少傾向にあるなどのために、当事会社グループの事業部門

（たとえば、製造販売・開発部門）の全部または一部の譲受先が容易に出現する状況になく、資本が成熟しており、研究開発、需要者の要求に応じた商品の改良などのサービス等が競争上あまり重要でないなど特段の事情が認められる場合には、競争者に対して当該商品の生産費用に相当する価格での引取権を設定する（長期的供給契約を締結する）ことを問題解消措置とすることが有効であると判断されるときもある。

(b) その他

ア　輸入・参入を促進する措置等

需要が減少傾向にある等のために、当事会社グループの事業部門の全部または一部の譲受先が容易に出現する状況にないなどの理由から、事業譲渡等を問題解消措置として講じることができないと認められる場合には、例外的に輸入・参入を促進する等によって、企業結合によって一定の取引分野における競争を実質的に制限されることとなるという問題を解消することができると判断される場合がある。

たとえば、輸入に必要な貯蔵設備や物流サービス部門等を当事会社グループが有している場合、それらを輸入業者等が利用することができるようにし、輸入を促進することにより、企業結合によって一定の取引分野の競争を実質的に制限することとなるという問題を解消することができると判断される場合がある。また、当事会社が有している特許権等について、競争者や新規参入者の求めに応じて適正な条件で実施許諾等をすることにより、企業結合によって一定の取引分野の競争を実質的に制限することとなるという問題を解消することができると判断される場合がある。

イ　当事会社グループの行動に関する措置

前述（a）および（b）アのほか、当事会社グループの行動に関する措置を講じることにより、企業結合によって一定の取引分野の競争を実質的に制限することとなるという問題を解消することができると判断される場合がある。

たとえば、商品の生産は共同出資会社において行うが、販売は出資会社がそれぞれ行うこととしている企業結合の場合、出資会社相互間および出資会社および共同出資会社間において当該商品の販売に関する情報の交換

を遮断すること、共同資材調達の禁止など独立性を確保する措置を講じることにより、企業結合によって一定の取引分野における競争が実質的に制限されることとなるという問題を解消することができる場合がある（ただし、前述4（3）（a）参照）。また、事業を行うために不可欠な設備の利用等について、結合関係にない事業者を差別的に取り扱うことを禁止することにより、市場の閉鎖性・排他性の問題が生じることを防止することができると判断される場合がある。

米ゲーム大手買収を承認

　公正取引委員会は、2023年3月、米マイクロソフトによる米ゲーム大手アクティビジョン・ブリザードの買収を認めたと発表した。両社の日本市場でのシェアやゲームの人気度合いから分析し、買収による影響は限定的で独占禁止法上の問題はないと結論づけた。両社の統合をめぐっては米連邦取引委員会（FTC）が差し止めを求めて提訴しており、日米で判断が分かれた。

　マイクロソフトは2022年1月に687億ドル（発表時のレートで約8兆円）でアクティビジョンを買収すると発表した。マイクロソフトがアクティビジョンを買収すると発表してから1年にわたって審査してきた。マイクロソフトのようなゲーム機大手がゲームソフト大手を買収することで、他社のゲーム機向けに供給されなくなる恐れがあるかどうかを重点的に調べた。

　日本にはアクティビジョンが提供するゲームのほかにも人気のあるソフトが数多く存在し、日本市場での買収の影響は限定的だと判断した。ゲーム機も任天堂やソニーなど他の大手が存在し、競争を妨げないと結論づけた。

[注]
1）「小幅であるが、実質的かつ一時的ではない価格引き上げ」とは、通常、引き上げの幅については5%から10%程度であり、期間については1年程度のものを指すが、この数値はあくまで目安であり、個々の事案ごとに検討されるものである。
2）　一部のインターネットサービス付随サービスなどのように、専ら価格ではなく品質等を手段として競争が行われているような場合には、ある地域におけるある商品の品質等が悪化した場合に、または、ある地域におけるある商品の提供を受けるに当たり需要者が負担する費用が上昇した場合に、当該商品および地域について、需要者が当該商品の購入を他の商品または地域に振り替える程度を考慮することがある。

　また、供給者にとっての代替性も同様である。

　この場合、後記（2）のとおり、商品の代替性の程度は、当該商品の効用等の同種性の程度と一致することが多く、また後記（3）のとおり、各地域で供給される商品の代替性は、需要者が通常どの範囲の地域から供給者から当該商品を購入することができるかという観点から判断できることが多い

3）　法4条1項（現行法では、この規定は存在しない。）

　事業者は、共同して左の各号の一に該当する行為をしてはならない。

　3号　技術、製品、販路または顧客を制限すること

4）　一定の取引分野における当事者の市場シェアが小さいため、水平的企業結合が前述①〜③のいずれかに該当するため場合であっても、たとえば当該当事会社が競争上重要なデータや知的財産等の資産を有するなど、市場シェアに反映されない高い潜在的競争力を有しているような場合には、当該企業結合が一定の取引分野における競争を実質的に制限することとなるか否かについて、後述（2）および（3）の判断要素に関する検討が必要となることがある。その際、データの競争上の重要性等の評価に当たっては、後述6（2）（b）の視点と同様の視点に基づき判断する。

　なお、後述5（1）（b）における競争を実質的に制限することとならない場合についても、同様の視点から、後述5（2）および（3）の各判断要素に関する検討が必要となることがある。

5）　HHIは、当該取引分野における各当事者の市場シェアの2乗の総和によって算出される。市場シェアは、一定の取引分野における商品の販売数量（製造販売業の場合）に占める各事業者の商品の販売数量の百分比による。ただし、当該商品にかなりの価格差がみられ、かつ、価格で供給実績を算定するという慣行が定着していると認められる場合など、数量によることが適当でない場合には、販売金額により市場シェアを算出する。国内需要者向けの輸入があれば、市場シェアの算出に当たり国内への供給として算入する。

　なお、各事業者の生産能力シェア、輸出比率または自己消費のウエートについても、需要に対応して余剰生産能力、輸出分または自己消費分を直ちに国内市場における販売に回し、その市場シェアを拡大することができると認められる場合があるので、必要に応じてこれらの点も考慮に入れる。

　市場における事業者数が多いなどの理由で、市場シェアの上位の事業者の市場シェアしか把握できない場合には、HHIの理論上の最大値（市場シェアが判明していない下位事業者の合計シェア分について、市場シェアが判明している上位事業者のうち最下位の事業者と同じ市場シェアを有する事業者により占められていると仮定した場合）およびHHIの理論上の最小値（市場シェアが判明していない事業者について、市場シェアが僅少な事業者が多数存在すると仮定した場合で、当該事業者の市場シェアの2乗の合計はほぼ0となる）を勘案する（以下の例参照）。

　　（例）市場シェア 1 位の事業者 40%、同 2 位の事業者が 20%、同 3 位の事業者が 10%
　　の市場シェアを有し、それ以外の事業者の市場シェアが不明の場合、HHI の理論上の最
　　大値は、3 位の事業者の市場シェア 10% と同じ市場シェアを有する事業者 3 社が残りの
　　30% の市場シェアを占めていると仮定して、$40 \times 40 + 20 \times 20 + 10 \times 10 + 10 \times 10 \times 3 = 2,400$
　　となる。また、HHI の理論上の最小値は、市場シェアが僅少な多数の事業者が残りの
　　30% の市場シェアを占めていると仮定して、$40 \times 40 + 20 \times 20 + 10 \times 10 = 2,100$ となる。

6)　企業結合による HHI の増分は、当事会社が 2 社であった場合、当事会社のそれぞれの
　　市場シェア（%）を乗じたものを 2 倍することによって計算することができる。

7)　ここでいう「輸入」とは、前述 2（3）において画定された地理的範囲以外の地域から
　　商品が供給されることをいう。このため、国境を越えた一定の地域が地理的範囲内と画
　　定された場合は、当該地理的範囲以外の地域から当該地理的範囲内に向けて行われる商
　　品の供給をもって「輸入」とみることとする。

8)　おおむね 2 年以内を目安とするが、産業の特性によりこれよりも短期間の場合もあれ
　　ば長期間の場合もある。後述（iii）の参入における「一定の期間」についても同様であ
　　る。

9)　投入物閉鎖により、川下市場の閉鎖性・排他性が生じる結果、川上市場の競争者の販
　　売先が制限され、当該競争者の競争力が弱くなることで、川上市場の閉鎖性・排他性が
　　生じる場合もある。

10)　顧客閉鎖により、川上市場の閉鎖性・排他性が生じる結果、川下市場の競争者の購入
　　価格が上昇し、当該競争者の競争力が弱くなることで、川下市場の閉鎖性・排他性が生
　　じる場合もある。

11)　一方当事会社が単独で参入する場合のほか、一方当事会社が他の当事会社と企業結合
　　を行った場合を含む。

12)　一方当事会社等の参入の蓋然性や、実際に参入した場合に他方当事会社の有力な競争
　　者になる蓋然性については、前記 4（2）（c）も踏まえて判断する。

13)　データに限らず、知的財産権等の競争上の重要な投入財についてもデータの考え方に
　　準じて判断する。

第3部

モデル英文国際買収契約

は じ め に

　買収の形態には、合併か株式・資産買収か、交渉による買収か現金公開買付か、全部買収か一部買収かなどさまざまであり、またそれぞれの組み合わせも多様である。買主である買収企業の事業戦略と売主である被買収（買収対象）企業との関係により、当該買収における買収形態が決まってくるが、買収対象が何であるかの観点から大きくは、合併による買収、株式の購入による買収、資産の購入による買収に分けられる。

　本モデルではアメリカ法の下において、日本企業がアメリカ企業を合併により買収する事例を取り上げ、買収にかかわる判例や理論が蓄積されたデラウェア州を舞台に、日本企業がデラウェア法人を合併による方式で買収する場合の合併契約を検討する。

This Merger Agreement, made and entered into as of this _____ day of _____, _____, by and among ABC, a corporation formed under the laws of Japan, ABC Holdings, Inc., a Delaware corporation and a wholly-owned subsidiary of ABC, and XYZ, a Delaware corporation.

WITNESSETH:

WHEREAS, ABC, ABC Holdings and XYZ desire that XYZ be merged with and into ABC Holdings in accordance with the applicable provisions of the General Corporation Law of the State of Delaware (the "Delaware Corporation Law") and in accordance with this Merger Agreement;

WHEREAS, the respective Boards of Directors of ABC, ABC Holdings and XYZ have approved this Merger Agreement;

NOW, THEREFORE, in consideration of the premises and the mutual agreements, provisions and covenants herein contained, and other good and valuable consideration, the receipt and adequacy of which are hereby acknowledged, ABC, ABC Holdings and XYZ agree as follows:

【訳文】

本合併契約は、日本法に準拠して設立された会社である ABC、デラウェア法人で ABC の完全子会社である ABC ホールディングスおよびデラウェア法人である XYZ の間で ＿＿＿＿＿＿＿＿＿＿ 付けで締結された。

ABC、ABC ホールディングスおよび XYZ は、デラウェア州の一般会社法の規定に従って、XYZ が ABC ホールディングスに合併されることを望んでいる。

ABC、ABC ホールディングスおよび XYZ のそれぞれの取締役会は本合併契約を承認した。

よって、本契約に含まれる前提、相互の合意、規定および約束ならびにその他のよきかつ価値ある約因を対価として、ABC、ABC ホールディングスおよび XYZ は以下のとおり合意する。

【解説】

「会社法に基づく合併（statutory merger）」には、買収企業が買収対象企業を直接合併する場合と買収企業の子会社を対象企業と合併させる場合がある。これらの直接合併、三角または逆三角合併に共通する利点は次のとおりである。①対象企業の株主にとっては、買収企業の株式を受け取ることにより課税負担のない（tax free）取引となる。②対象企業自体の買収となり、少数株主が残ることはない。③一般的に販売税の課税はない。もっとも、三角・逆三角合併については州により課税問題が生じる。④対象企業の契約上の権利は一般的には損なわれない。もっとも、特定の契約ないし契約条項については合併に対して契約の相手方当事者の同意を必要とする場合がある。⑤合併のための書類作成は比較的簡単である。⑥敵対的な関係より協力的な関係であり、対象企業の経営陣にとっては魅力的となる。

これに対して不利な点は次のように考えられる。①買収企業は対象企業のすべての債務・責任を引き受けなければならず、自らの資産をそれらの責任に従わせることになる。もっとも、三角・逆三角合併の場合には、親会社で

ある買収企業の責任は子会社の利用によって限定することが可能である。②対象企業による売主としての保証は、合併後は通常残存しない。もっとも、対象企業が閉鎖会社であれば、その株主の保証を得ることは可能である。③対象会社の株主総会において過半数以上の特別決議が通常必要である。買収企業の株主総会の承認は、直接合併については通常必要であるが、三角・逆三角合併の場合は一般的には要求されない。④対象企業の株主には、反対株主の株式買取請求権が与えられる。

（1）　直接合併（direct statutory merger）

　買収対象企業が買収企業に合併させられ、対象企業の株主は買収企業の株式を受け取る。アメリカの州の会社法は、アメリカの買収対象企業が外国の買収企業に直接買収されることを一般的に認めていないので、次に述べる買収企業のアメリカ子会社との合併という形態がほとんどの場合にとられる。

（2）　三角合併（forward triangular merger）

　買収対象企業が買収企業の新しく設立した子会社に合併させられ、対象企業の株主は買収企業の株式を受け取る。その結果、対象企業の事業は買収企業の完全子会社により運営されることになる。対象企業は、その資産のほとんどすべてを買収企業に譲渡しなければならない。買収企業は、子会社をどこに設立するか、またどのように定款を定めるかなど新しい事業会社を自らの事業戦略により組み立てることができる。しかし、対象企業はその姿を消すことになり、対象企業が活動していた市場に好ましくない影響が生じる、あるいは対象企業が譲渡不能な資産を有している場合にはマイナス面が顕在化するおそれもある。

（3）　逆三角合併（reverse triangular merger）

　買収企業の新しく設立した子会社が買収対象企業に合併させられ、対象企業の株主は買収企業の株式を受け取り、親会社である買収企業が対象企業のすべての株式を受け取る。その結果、対象企業は買収企業の完全子会社となる。対象企業の会社としての同一性および事業活動に必要な許認可の権利等

はそのまま存続する。

　買収企業がすでに活動中の現地法人をもっており、この現地法人がアメリカにおける事業活動の拠点であれば、この子会社を利用することが考えられる。この子会社は、持株会社、事業会社いずれであってもよい。本モデルでは、日本企業が買収のためにアメリカに持株会社を設立している事例である。日本企業、そのアメリカ持株会社およびアメリカの対象企業は、それぞれの取締役会において当該合併を承認しているという前提である。

　日本企業がアメリカ企業を買収する場合、その現地法人が買収を目的とする子会社を設立する、あるいは現地法人をもたないときには、持株会社を設立し、さらのその下に買収を目的とする子会社を設立する場合が多い。本買収契約例は、日本企業が買収のためにアメリカに持株会社を設立している事例である。日本企業、そのアメリカ持株会社およびアメリカの対象企業は、それぞれの取締役会において当該合併を承認しているという前提である。

　本モデルでは、対象会社のXYZ（デラウェア法人）が買収会社（日本法人）の現地持株会社であるABCホールディングス（デラウェア法人）に合併させられるので、三角合併であるが、合併と同時に存続会社であるABCホールディングスの名前がXYZに変更されることになる。また存続会社は、XYZのすべての財産・権利および制限・義務を承継することになる。本合併契約による三角合併の方式は実質的にはABCホールディングスがXYZに合併させられる逆三角合併と同様の効果を生ずるものとなっている。

　本モデルは、現金合併（cash merger）による三角合併を合併の方式として採用する。現金合併は、対象企業の株主が現金を受け取る点を除いては、上記「会社法に基づく合併」における直接合併、三角合併または逆三角合併の３つの形態がそのまま現金合併に該当する。現金合併は、対象企業の株主が現金を受け取ることにより租税負担のある（taxable）取引となる。これ以外の利点と不利な点は上記「会社法に基づく合併」と同じである。現金合併は、アメリカにおいて上場会社を非上場会社とする、あるいは少数株主を締め出すために、合併と連動させて一般株主の株式を買い取る方法である。対象企業の株主は、その株式と引き換えに買収企業から一定額の現金を受け取る権利をもつにすぎない。ただし、当該合併に反対の株主がデラウェア一般

会社法262条に基づく株式の鑑定権を行使する場合には適用されない。同法262条によれば、請求日に株式を保有し合併の発効日まで保有を継続しており、合併に賛成の投票をしなかった株主は、その株式の公正な価値の鑑定を裁判所に請求する権利がある。合併の提案が株主総会の承認を求めてなされる場合には、当該会社は、総会の日より20日以上前に、各株主に鑑定権を行使することができる旨を知らさなければならない。合併の発効日後120日以内に、当該株主は、裁判所にその株式の価値の決定を請求することにより鑑定手続を開始することができる。まず裁判所は、当該株主に鑑定権があるか否かを決定し、その後は裁判所の規則に従って手続を進め、存続会社に株式の公正な価値の支払いを命ずることになる。

Article 1　The Merger

Article 1.01　The Merger

(a) Subject to the terms and conditions of this Merger Agreement, XYZ shall be merged with and into ABC Holdings in accordance with the Delaware General Corporation Law.

　　The Merger shall be effective when a properly executed certificate of merger, together with any other documents required by law to effectuate the Merger, shall be filed with the Secretary of the State of Delaware, which filing shall be made as soon as possible after the satisfaction or waiver of the conditions set forth in Article 4 hereof. When used in this Merger Agreement, the term "Effective Time" shall mean the time when the certificate of merger is filed and the term "Effective Date" shall mean the date on which the certificate of merger is so filed.

(b) ABC Holdings shall be and is herein sometimes referred to as the "Surviving Corporation" and shall, upon the Effective Time, have the name of XYZ. The Surviving Corporation shall possess all the properties and rights and be subject to all the restrictions and duties of the XYZ and ABC Holdings and be governed by the Delaware General Corporation Law.

(c) The parties hereto shall take all action necessary in accordance with applicable law and their respective certificates of incorporation and by-laws to cause such Merger to be consummated on or prior to _____.

(d) The certificate of Incorporation of ABC Holdings as in effect immediately prior to the Effective Time shall be the Certificate of Incorporation of the Surviving Corporation until amended in accordance with the provisions thereof and the Delaware General Corporation Law, except that at the Effective Time, Article One of such Certificate of Incorporation shall be read as follows: "The name of the corporation shall be XYZ"; and the By-laws of ABC Holdings in effect immediately prior to the Effective Time shall be the By-laws of the Surviving Corporation until altered, amended or repealed as provided therein and in the Certificate of Incorporation of the Surviving Corporation.

【訳文】

第1条 合併

第1.01条 合併

(a) 本合併契約の条項および条件に従い、XYZ は、デラウェア一般会社法に従って ABC ホールディングスに合併される。

　　合併は、適切に作成された合併証書が、法により合併を有効にするために要求される他の文書とともに、デラウェア州の州務長官に登録されたときに有効となる。当該登録は、第4条に定める条件の達成または放棄後できるだけ迅速になされなければならない。

　　本合併契約において用いられるときは、「発効時」とは合併証書が登録された時を、「発効日」とは合併証書が登録された日を意味する。

(b) ABC ホールディングスは、本契約においては時折「存続会社」として言及され、発効時に XYZ の名前を有するものとする。存続会社は、XYZ および ABC ホールディングスのすべての財産および権利を所有し、すべての制限および義務に従い、デラウェア一般会社法により規律される。

(c) 両当事者は、関係法、それぞれの設立証書および付属定款に従って、当該合併を ＿＿＿＿＿＿＿＿ までに完成させるに必要なあらゆる行為をとらなければならない。

　(d) 発効時直前に有効な ABC ホールディングスの設立証書は、その規定および
　　　デラウェア一般会社法に従って改定されるまでは存続会社の設立証書とな
　　　る。ただし、当該設立証書の第1条は次のように読むものとする。すなわ
　　　ち、会社の名前は XYZ であり、発効時直前に有効な ABC ホールディング
　　　スの付属定款は、当該定款および存続会社の設立証書において規定される
　　　ように変更、改定または廃止されるまでは、存続会社の付属定款となるもの
　　　とする。

【解説】

　本条は、合併の方法および合併が有効となる手続を規定する。対象会社の
XYZ が買収会社の現地持株会社である ABC ホールディングスに合併させら
れるので、三角合併であるが、合併と同時に存続会社である ABC ホールディ
ングスの名前が XYZ に変更されることになる。また存続会社は、XYZ のす
べての財産・権利および制限・義務を承継することになる。本合併契約によ
る三角合併の方式は実質的には ABC ホールディングスが XYZ に合併させら
れる逆三角合併と同様の効果を生ずるものとなっている。

Article 1.02　Conversion of Stock
(a) Each share of stock of ABC Holdings which is issued and outstanding
immediately prior thereto shall be outstanding at and after the
Effective Time without any change therein and shall continue as
shares of the Surviving Corporation.
(b) Each share of common stock, no par value, of XYZ (the "XYZ Common
Stock") which is owned by ABC Holdings, ABC or any other
subsidiary of ABC or held in the treasury of XYZ or any subsidiary
of XYZ immediately prior to the Effective Time shall be cancelled.
(c) Subject to paragraph (d) below, each share of XYZ Common
Stock which is outstanding immediately prior to the Effective
Time shall be converted at the Effective Time into the right to
receive $ _____ in cash (rounded to the nearest whole cent),
without interest.

(d)　The provisions of Article 1.02 (c) shall not apply to any shares of XYZ Common Stock which shall have appraisal rights perfected thereon, if such appraisal rights are available, pursuant to the provisions of Section 262 of the Delaware General Corporation Law (herein called "Dissenting Shares"), it being intended that any holder of such shares shall have in consideration of the cancellation of Dissenting Shares held by him only the rights, if any, given to him under Section 262 of the Delaware General Corporation Law in the manner and subject to the procedures and conditions therein provided.

【訳文】

第 1.02 条　株式の転換

(a)　発効時直前に発効済みで社外にある ABC ホールディングスの各株式は、何らの変更もなく発効時以後も社外にあるものとされ、存続会社の株式として継続するものとする。

(b)　発効時直前に ABC ホールディングス、ABC もしくは ABC の他の子会社により保有または XYZ もしくは XYZ の子会社の金庫に保有されている、XYZ の無額面の各普通株式（「XYZ 普通株式」）は、取消されるものとする。

(c)　下記 (d) 項に従って、発効時直前に社外にある XYZ の各株式は、＿＿＿＿＿＿ドルの現金（もっとも近いセントちょうどに切上げ）を、利子なしで、発効時に受け取る権利に転換されるものとする。

(d)　第 1.02 (c) 条の規定は、デラウェア一般会社法第 262 条に従って鑑定権が適用されうるときに、鑑定権が行使された XYZ 普通株式（以下「反対株式」という）には適用されない。当該株式の保有者は、その保有する反対株式の取消しの対価としてデラウェア一般会社法第 262 条により与えられた権利のみを、そこに規定される手続および条件に従ってもつにすぎないことが意図されている。

【解説】

　本条は、現金合併（cash merger）による三角合併を合併の方式として採用する規定である。現金合併は、対象企業の株主が現金を受け取る点を除いては、前文の解説で述べた、「法による合併」における直接合併、三角合併ま

たは逆三角合併の３つの形態がそのまま現金合併に該当する。現金合併は、
対象企業の株主が現金を受け取ることにより租税負担のある（taxable）取引
となる。これ以外の利点と不利な点は「法による合併」と同じである。

　現金合併は、アメリカにおいて上場会社を非上場会社とする、あるいは少
数株主を締め出すために、合併と連動させて一般株主の株式を買い取る方法
である。対象企業の株主は、その株式と引き換えに買収企業から一定額の現
金を受け取る権利をもつにすぎない。

　本条では（c）項がその趣旨を明らかにしている。ただし、当該合併に反対
の株主がデラウェア一般会社法262条に基づく株式の鑑定権を行使する場合
には適用されない。同法262条によれば、請求日に株式を保有し合併の発効
日まで保有を継続しており、合併に賛成の投票をしなかった株主は、その株
式の公正な価値の鑑定を裁判所に請求する権利がある。合併の提案が株主総
会の承認を求めてなされる場合には、当該会社は、総会の日より20日以上前
に、各株主に鑑定権を行使することができる旨を知らさなければならない。
合併の発効日後120日以内に、当該株主は、裁判所にその株式の価値の決定
を請求することにより鑑定手続を開始することができる。まず裁判所は、当
該株主に鑑定権があるか否かを決定し、その後は裁判所の規則に従って手続
を進め、存続会社に株式の公正な価値の支払いを命ずることになる。

Article 1.03　Exchange of and Payment for Securities

(a) ABC or its subsidiaries will deposit with _____ or such other
person selected by ABC and reasonably satisfactory to XYZ (the
"Exchange Agent"), as promptly as practicable after the Effective
Time, the cash to which holders of XYZ Common Stock shall be
entitled pursuant thereto.

(b) As promptly as practicable after the Effective Time, the Exchange
Agent will send a notice and transmittal form to each holder of
any certificate theretofore evidencing XYZ Common Stock, other
than certificates representing XYZ Common Stock to be cancelled
pursuant to Article 1.02 (b), advising such holder of the terms of the

conversion effected by the Merger and the procedure for surrendering to the Exchange Agent such certificate or certificates for cash.

(c) As promptly as practicable after the Effective Time and after surrender to the Exchange Agent of any certificate which prior to the Effective Time shall have represented any share of XYZ Common Stock, (i) ABC shall cause to be distributed to the person in whose name such certificate shall have been registered or, subject to Article 1.03 (d), to such other person as directed by the person in whose name such certificate is registered, a check in an amount equal to the product of the number of shares of XYZ Common Stock represented by such surrendered certificate and $ _____ and (ii) on behalf of such person, ABC will cause to be delivered to _____, as escrow agent (the "Escrow Agent") under that certain Escrow and Indemnification Agreement in the form set forth as Exhibit ____ hereto (the "Escrow Agreement"), an amount equal to the product of the number of shares of XYZ Common Stock represented by such surrendered certificate and $ _____, and the Escrow Agent shall deliver to such person two receipts ("Escrow Receipts"), as provided in the Escrow Agreement, evidencing such person's interest in and rights with respect to the escrow fund created under the Escrow Agreement. Until surrendered, each certificate which immediately prior to the Effective Time shall have represented any shares of XYZ Common Stock shall be deemed at and after the Effective Time to represent only the right to receive upon surrender the payment contemplated by the preceding sentence.

(d) If any cash is to be paid to, or deposit with the Escrow Agent made on behalf of, a person other than the person in whose name the surrendered certificate is registered, it shall be a condition of such payment or deposit that the certificate so surrendered shall be properly endorsed and otherwise in proper form for transfer and that the person requesting such payment or deposit shall pay any transfer or other taxes required by reason of such payment to a person other than that of the registered holder of the certificate surrendered, or shall establish to the satisfaction of the Exchange Agent that such tax has been paid or is not payable.

(e) Subject only to the rights of holders of converted shares under the Escrow Agreement, all rights to receive cash, into which shares of XYZ Common Stock shall have been converted pursuant to this Article 1, shall be deemed to be in full satisfaction of all rights pertaining to such converted shares of XYZ Common Stock.

(f) After the Effective Time, there shall be no further registration of transfers on the stock transfer books of the Surviving Corporation of the shares of XYZ Common Stock which were outstanding immediately prior to the Effective Time. If, after the Effective Time, certificates representing such shares are presented to the Surviving Corporation, they shall be cancelled and exchanged for a check and Escrow Receipts as provided in this Article 1.

【訳文】

第 1.03 条　株券の交換と支払い

(a) ABC またはその子会社は、XYZ 普通株式の保有者が本契約に従って受け取る権利のある現金を、発効時後できるだけ迅速に、ABC により選ばれ XYZ にとり合理的に満足のいく＿＿＿＿＿＿　またはその他の人（以下「交換代理人」という）に預託する。

(b) 発効時後できるだけ迅速に、交換代理人は、第 1.02 条（b）項に従って取消される XYZ 普通株式を表明する証書以外の XYZ 普通株式を証明する証書の各保有者に、合併により効力を生ずる転換の条件および現金と交換に当該証書を交換代理人に引き渡す手続を各保有者に助言する、通知および送達状を送付する。

(c) 発効時後および発効時前に XYZ 普通株式を表明していた証書の交換代理人への引渡し後できるだけ迅速に、(i) ABC は、当該証書が登録されている名前の人にまたは第 1.03 条（d）項に従って当該証書が登録されている名前の人により指示された他の人に対し、当該引き渡された証書により表明される XYZ 普通株式の数に＿＿＿＿＿＿ドルを乗じたものに等しい金額の小切手を交付させるものとする、ならびに (ii) そのような人のために、ABC は、本契約の Exhibit に定められるエスクローおよび補償契約（以下「エスクロー契約」という）に基づくエスクロー・エージェント（以下「エスクロー・エー

ジェント」という）としての _____ に、当該引き渡された証書により
表明される XYZ 普通株式の数に _____ ドルを乗じたものに等しい金
額を引き渡すものとする、そしてエスクロー・エージェントは、エスクロー
契約に規定されるように、エスクロー契約に基づいて創設されたエスクロー
基金に関するその人の利益と権利を証明する、2 通の受領書（以下「エスク
ロー受領書」という）をその人に引き渡すものとする。引き渡されるまで、
発効時直前に XYZ 普通株式を表明していた各証書は、発効時以後は、引渡
しと同時に前項により企図された支払いを受け取る権利のみを表明するもの
とみなされる。

(d) 現金が、引き渡された証書が登録されている名前の人以外の人のためにエス
クロー・エージェントに支払われまたは預託されたときは、そのように引き
渡された証書が適切に裏書きされ、その他譲渡のための適切な書式である、
そしてそのような支払いまたは預託を要請する人が、引き渡された証書の登
録済みの保有者以外の人に対する支払いの理由で要求される、譲渡もしくは
その他の税金を支払う、または当該税金は支払われた、もしくは支払うべき
ではない旨を交換代理人の満足がいくように証明するということが支払いま
たは預託の条件である。

(e) エスクロー契約の下で転換された株式の保有者の権利のみに従って、XYZ 普
通株式が第 1 条に従い転換された現金を受け取るすべての権利は、このよう
に転換された XYZ 普通株式に関するすべての権利を完全に充足しているも
のとみなされる。

(f) 発効時後は、存続会社の株式譲渡簿に対し、発効時直前に社外にあった XYZ
普通株式のさらなる登録はない。発効時後、そのような株式を表明する証書
が存続会社に呈示されたときは、当該株式は第 1 条に規定されるように取り
消され、小切手およびエスクロー受領書に交換されるものとする。

【解説】

　本条は、XYZ 普通株式の保有者が当該保有株式を現金と交換する手続を規
定する。XYZ 普通株式の株券またはそれに代わる証書の保有者については、
交換代理人を通じて当該証書等と交換に現金を支払い、当該証書等の被裏書
人等については、エスクロー・エージェントを通じて支払う、という仕組み
を設けている。いずれの場合も株券等の証書を取り扱う業務となるので、指
名された証券会社や金融機関等が交換代理人あるいはエスクロー・エージェ

ントの機能を果たすことになる。

Article 2　Representations and Warranties of XYZ

XYZ represents and warrants to ABC and ABC Holdings that:

Article 2.01　Due Incorporation

XYZ is a corporation duly organized, validly existing and in good standing under the laws of the State of Delaware, and has the corporate power to carry on its business as it is now being conducted. XYZ and each Subsidiary (as hereinafter defined) are duly qualified as foreign corporation to do business, and are in good standing, in each jurisdiction where the character of its and their properties owned or held under lease or the nature of its and their activities makes such qualification necessary, and where the failure to be so qualified would materially and adversely affect the business, assets or prospects or the financial condition or the results of operations of XYZ and its Subsidiaries considered as a whole. XYZ has previously delivered to ABC a copy of its Certificate of Incorporation and By-laws, in each case as amended and in effect on the date of this Merger Agreement.

【訳文】

第2条　XYZ の表明および保証

　XYZ は、以下のことを ABC および ABC ホールディングスに対し表明し保証する。

第2.01条　正当な設立

　XYZ は、デラウェア州法に基づき適正に設立され、有効に存在し継続している会社であり、現在行われているようにそのビジネスを遂行する権限を有している。XYZ および各子会社（後に定義する）は、所有されもしくはリースの下で保有されている財産の性格または活動の性質が当該資格を必要とし、そのような資格がないと XYZ およびその子会社の全体のビジネス、資産もしくは見通し、財務的条件もしくは活動の結果に重大なかつ悪い影響を及ぼすことになるような各管轄において、ビジネスを行う州外法人としての資格を有し継続している。XYZ は、それぞれ改正され、かつ本合併契約の日付で有効な、設立証書および付属定款の写しを ABC にすでに提出した。

【解説】

　本条は、対象企業の表明保証の対象として最初に挙げられる典型的な事項であり、XYZ は適正に設立されたデラウェア法人であって、州外のビジネスを行う能力と資格を有していることが言明される。

Article 2.02　Capitalization

The authorized, issued and outstanding capital stock of XYZ, and its capital stock reserved for issuance, is as set forth on Schedule 2.02 hereof. All of XYZ's issued and outstanding shares of capital stock are validly issued and outstanding, fully paid and nonassessable. Except as set forth on Schedule 2.02 hereof, XYZ does not have any shares of its capital stock issued and outstanding and does not have any outstanding subscriptions, options, warrants, rights or other agreements or commitments obligating XYZ to issue of its capital stock.

【訳文】

第 2.02 条　資本化

　XYZ の授権された、発行済みで社外にある資本および発行のために留保された資本は、スケジュール 2.02 に記載されている。XYZ の発行済みで社外にある株式のすべては、有効に発行されて社外にあり、完全に支払済みで追徴不能株式である。スケジュール 2.02 に記載されたものを除き、XYZ は、発行済みで社外にある株式を有せず、流通している、株式引受け、オプション、買受証券、XYZ に株式の発行を義務付けるような権利またはその他の契約もしくは約束を有していない。

【解説】

　本条は、XYZ の株式資本に関する表明保証であり、その詳細はスケジュールに記載されている。特定の表明保証条項においては、対象企業による一般的な表明保証の後、詳細な内容あるいは表明保証の対象とはされない例外がスケジュールに記載されるのが通例である。したがって、買収企業はこれらのスケジュールに焦点を当てて特定の表明保証条項の有効性の程度を検討する必要がある。

Article 2.03　Subsidiaries

Schedule 2.03 hereof sets forth the name, jurisdiction of organization and percentage of outstanding capital stock of each subsidiary ("Subsidiary") of XYZ owned by XYZ or a Subsidiary. Each Subsidiary is a corporation duly organized, validly existing and in good standing under the laws of its jurisdiction of incorporation and has corporate power to carry on its business as it is now being conducted. All of the outstanding shares of capital stock of each Subsidiary are validly issued, fully paid and nonassessable and those shares owned by XYZ or by Subsidiary are owned free and clear of all liens, claims or encumbrances, except as set forth in Schedule 2.03 hereto. There are no existing options, calls or commitments of any character relating to the issued or unissued capital stock or other securities of any Subsidiary, except as set forth in Schedule 2.03 hereto. XYZ does not directly or indirectly own any material interest in any other corporation, partnership, joint venture or other business association or entity, except to the extent set forth in Schedule 2.03 hereto.

【訳文】

第2.03条　子会社

　スケジュール2.03は、各XYZ子会社（以下「子会社」）の名前、設立の管轄およびXYZまたは子会社により所有される社外にある株式のパーセンテージを記載する。各子会社は、設立の管轄の法に基づき適正に設立され、有効に存在し継続している会社であり、現在行われているようにビジネスを遂行する権限を有している。各子会社の社外にある株式のすべては、有効に発行され、完全に支払済みで追徴不可能であり、XYZおよび子会社により所有されている株式は、スケジュール2.03に記載するものを除き、いかなる先取特権、クレームまたは担保の負担もないものである。スケジュール2.03に記載するものを除き、いかなる子会社の発行済みもしくは未発行の株式またはその他の証券に関しても既存のオプション、どのような性格の買付選択権もしくは約束もない。

　スケジュール2.03に記載する範囲を除いて、XYZは、いかなる他の会社、パートナーシップ、ジョイントベンチャーまたはその他のビジネス連合もしくは事業体に重大な持分を直接にも間接にも所有していない。

【解説】

　本条は、子会社の状況に関する対象企業の表明保証である。持株比率でどの程度の子会社を本契約における子会社として定義するのか、また子会社の株式に担保等の負担が付いている、当該株式等に関して新株引受権等の権利が設けられている、あるいは他社等に出資している場合もあり、買収企業は添付されるスケジュールに記載されている詳細を検討する必要がある。

2.04　Authority

XYZ has the corporate power to enter into this Merger Agreement and to carry out its obligations hereunder. The execution and delivery of this Merger Agreement and the consummation of the transactions contemplated hereby have been duly authorized by XYZ's Board of Directors and, except for the approval of the Merger by its stockholders, no other corporate proceedings on the part of XYZ are necessary to authorize this Merger Agreement and consummate the transactions contemplated hereby. XYZ is not subject to or obligated under any material contract, license, franchise or permit, or subject to any order, decree or U.S. law, which would be breached or violated by its executing and carrying out this Merger Agreement. Other than in connection with or in compliance with the provisions of the Delaware General Corporation Law and the Hart-Scott-Rodino Antitrust Improvements Act of 1976 and the published rules and regulations hereunder (the "Hart-Scott-Rodino Act"), and with the provisions of the competition laws of EU, Japan and other foreign countries, all consents, authorizations, orders or approvals of, and filings and registrations with, any Federal or state governmental commission, board or other regulatory body (other than governmental or regulatory bodies of foreign jurisdictions) required for or in connection with the execution and delivery of this Merger Agreement by XYZ and the consummation by XYZ on its part hereby have been obtained or made. This Merger Agreement has been duly and validly executed and delivered by XYZ and constitutes a valid and binding agreement of XYZ enforceable against XYZ in accordance with

its terms, subject to approval of the stockholders of XYZ, and except to
the extent that enforcement of this Merger Agreement may be limited
by applicable bankruptcy, insolvency, reorganization, or other similar
laws of general application relating to or affecting the enforcement of
the rights of creditors or secured parties or by equitable principles if
equitable remedies are sought.

【訳文】

第 2.04 条　権限

　XYZ は、本合併契約を締結し本契約に基づく義務を遂行する権限を有している。本合併契約の作成と引渡しおよび本契約により企図された取引の完了は、XYZ の取締役会により正当に承認されており、株主による当該合併の承認を除いては、XYZ の側においてその他の会社の手続は、本合併契約を承認し、本契約により企図された取引を完了するために何ら必要ではない。XYZ は、本合併契約を締結し遂行することにより不履行となるもしくは違反するような、重大な契約、ライセンス、フランチャイズもしくは許可に服するもしくは義務を負うことはなく、またはそのような命令、法令もしくはアメリカ法に服していない。デラウェア一般会社法および 1976 年ハート・スコット・ロディノ反トラスト改善法およびその公表されたルールおよび規則（以下「ハート・スコット・ロディノ法」）の規定ならびに EU、日本およびその他の外国の競争法の規定に関連するまたはそれらを遵守する以外に、XYZ による本合併契約の作成と引渡しおよび XYZ による完了のためにもしくは関連して要求される（外国管轄の政府または規制機関以外の）連邦もしくは州政府の委員会、ボードまたはその他の規制機関のすべての同意、承認、命令もしくは許可またはそれらの機関への届出および登録は、取得されもしくは行われた。本合併契約は、XYZ により適正かつ有効に作成されて引き渡されており、XYZ の株主の承認に従いかつ本合併契約の強制が、破産、支払不能、組織再編または債権者もしくは担保権者の権利の強制に関係もしくは影響するようなその他一般的な同種の法の適用により、または衡平法上の救済が求められたときは衡平の原則により制限される範囲を除いて、本契約の条項に従って XYZ に対し強制可能な XYZ の有効かつ拘束力ある合意を構成する。

【解説】

　本条は、当該合併に関して対象企業の取締役会の承認を得ていること、重大な契約等や法令等に違反することはないこと、およびデラウェア一般会社法ならびにハート・スコット・ロディノ法およびEU、日本およびその他の外国の競争法に基づくもの以外に政府機関の許認可等が取得されていることの表明保証である。

　ハート・スコット・ロディノ法は、所定の純売上高または総資産基準に該当する合併、資産買収その他の取引が開始される前に、連邦取引委員会と司法省が当該取引に関する潜在的な反トラスト懸念を分析するために、届出と待機期間の手続を定める。

　EUや日本、その他の国の競争法においても同様の手続が規定されているので、当該合併が海外の市場にも競争法上の効果を及ぼしうるときには、関係するすべての競争法による届出と待機期間が要求される。

2.05　Financial Statements

XYZ has previously furnished ABC with a copy of (a) the consolidated balance sheet of XYZ as of December 31, _____ , and the consolidated statements of income, changes in stockholders' equity and changes in financial position for the two years ended December 31, _____ , certified by _____ , independent public accountants (the "Audited Financial Statements"), and (b) any similar unaudited financial statements for the periods ended _____ (collectively, with the Audited Financial Statements, the "XYZ Financial Statements"). Each of the consolidated balance sheets included in the XYZ Financial Statements (including any related notes) fairly presents the consolidated financial position of XYZ as of its date and the other related statements included therein (including any related notes) fairly present the consolidated results of XYZ's operations and the consolidated changes in its financial position for the periods therein set forth in accordance with generally accepted accounting principles consistently applied during the periods involved, subject, in the case of the unaudited financial statements, to changes resulting from customary year-end audit adjustments and other exceptions noted therein.

【訳文】

第 2.05 条　財務諸表

　XYZ は、(a) 独立公認会計士 _____ により証明された、_____ 年 12 月 31 日付の XYZ の連結貸借対照表および _____ 年 12 月 31 日に終わる 2 年間にわたる収入、株主の資本の変化および財務的ポジションの変化の連結報告書（以下「監査済み財務諸表」）、ならびに (b) _____ と _____ に終わる期間の同様の未監査の財務諸表（監査済み財務諸表と合わせて、以下「XYZ 財務諸表」）の写しを事前に ABC に提供した。XYZ 財務諸表に含まれる各連結貸借対照表（脚注を含む）は、その日付の XYZ の連結財務的ポジションを適正に提示し、その他の関連報告書（脚注を含む）は、未監査の財務諸表の場合は、慣例的な年末の監査による調整およびそこに記載されるその他の脚注から生ずる変化に服するが、当該期間中に一貫して適用される一般に受け入れられる会計原則に従って、XYZ の活動の連結した結果およびそこに記載される期間の財務的ポジションの連結した変化を適正に提示する。

【解説】

　本条は、対象企業が買収企業に事前に提供した一定の日付の連結財務諸表に関する典型的な表明保証条項である。この場合監査済みの財務諸表のみならず、事業年度内の一定期間の未監査の財務諸表も含めて表明保証の対象とされる。

2.06　No Undisclosed Liabilities

Except as set forth in Schedule 2.06 hereto, XYZ and its Subsidiaries are not subject to any liability, absolute or contingent, which would affect materially and adversely the business, assets or prospects of the financial condition or the results of operations of XYZ and it Subsidiaries considered as whole and which is not shown or which is in excess of amounts shown or reserved for on XYZ Financial Statements.

【訳文】

第 2.06 条　開示されていない責任の不存在

　スケジュール 2.06 に記載されるものを除き、XYZ および子会社は、XYZ および子会社の全体としてのビジネス、資産もしくは財務的状態の見通しもしくは活動の結果に重大なかつ悪影響を及ぼすような、かつ XYZ の財務諸表に呈示されていないような、または当該財務諸表に呈示されもしくは留保された金額を超えるような、確定的であれ不確定的であれ、いかなる責任も負っていない。

【解説】

　本条は、責任の開示に関する対象会社の表明保証であるが、例外としてスケジュール 2.06 に記載された責任が重要であり、買収企業にとってはその責任がどの程度のものであるか慎重に検討しなければならない。

2.07　Non-Contravention

The execution and delivery of this Merger Agreement by XYZ do not, and, subject to the approval of this Merger Agreement by the stockholders of XYZ, the consummation by XYZ of the transactions contemplated on its part hereby will not, violate any provision of the Certificate of Incorporation or By-laws of XYZ, or violate, or result, with the giving of notice or the lapse of time or both, in a violation of, any provision of, or result in the acceleration of or entitle any party to accelerate (whether after the giving of notice or lapse of time or both) any obligation under, or result in the creation or imposition of any lien, charge, pledge, security interest or other encumbrance upon the property of XYZ or any of its Subsidiaries pursuant to any provision of, any mortgage, lien, lease, agreement, license, instrument, law, ordinance, regulation, order, arbitration award, judgment or decree to which XYZ or any of its Subsidiaries is a party or by which any of them is bound, and the same does not and will not constitute an event permitting termination of any material lease, agreement, license or instrument to which XYZ or any of its Subsidiaries is a party.

【訳文】

第2.07条　違反のないこと

　本合併契約のXYZによる作成および引渡しは、ならびに本合併契約のXYZの株主による承認に従い、XYZ側で企図された取引のXYZによる完了は、XYZの設立証書もしくは付属定款のいかなる規定にも違反しない、またはXYZもしくは子会社が当事者であるまたはそれにより拘束される、譲渡抵当、先取特権、リース、契約、ライセンス、法律文書、法、条例、規則、命令、仲裁判断、判決に従って、XYZまたは子会社の財産に対する先取特権、担保、質権、約定担保権もしくはその他の負担の規定に違反または通知の送付もしくは時間の経過もしくはその双方により、違反に至ることはなく、またはそれらに基づく義務の（通知の送付もしくは時間の経過もしくはその双方によるものであれ）期限利益喪失に至るもしくは喪失させる権利を与える、またはそれらの創設もしくは賦課に至ることはない、そしてXYZもしくは子会社が当事者である重要なリース、契約、ライセンスまたは法律文書の解消を認める出来事を構成するものではない。

【解説】

　本条は、本合併契約の締結およびそれに伴う取引の完了が設立証書や付属定款のみならず、第三者との間の担保関係の契約の規定に違反しないことや期限利益喪失をもたらさないことに関する対象企業の典型的な表明保証である。

2.08　Litigation

Except as set forth in Schedule 2.08 hereto, (i) there is no claim, action, suit or proceeding pending, or, to the knowledge of XYZ, contemplated or threatened against XYZ or any of its Subsidiaries or any of their properties, which if determined adversely, would affect materially the business, assets or prospects or the financial condition or the results of operations of XYZ and its Subsidiaries considered as a whole, or which seeks to prohibit, restrict or delay consummation of the Merger or any of the conditions to consummation of the Merger or to limit in any manner the right of ABC to control XYZ or any material aspect of the business of XYZ and its Subsidiaries considered as a whole after the Effective Time, nor is there any judgment, decree, injunction, ruling or order of any court, governmental department, commission, agency or instrumentality or arbitrator outstanding against XYZ or any of its Subsidiaries having, or which XYZ believes may in the future have, any such effect; and (ii) neither XYZ nor any of its Subsidiaries is a party to or is bound by any judgment, decree, injunction, ruling or order of any court, governmental department, commission, agency or instrumentality or arbitrator or any other person which affects or will affect materially and adversely the business, assets or prospects or the financial condition or the results of operations of XYZ and its Subsidiaries considered as a whole.

【訳文】

第2.08条　訴訟

　スケジュール2.08に記載されたものを除き、(i) 不利に決定されたときには、XYZおよび子会社の全体としてのビジネス、資産、見通し、財務的状態もしくは活動の結果に重大な影響を及ぼすような、合併の完了もしくは合併の完了の条件を禁止、制限もしくは遅らせることを求める、または発効時後、XYZもしくはXYZおよび子会社の全体としてのビジネスの重要な側面をコントロールするABCの権利を何らかの方法で制限することを求めるような、係争中のまたはXYZの知る限り、XYZもしくは子会社もしくはその財産に対して企図されたもしくはおそれのある、クレーム、訴訟もしくは手続はなく、そのような効果をもつ、または将来もつかもしれないとXYZが信じるような、XYZもしくは子会社に対して係争中の、裁判所、政府の部局、委員会、機関もしくは仲裁人の判決、差止め、裁定もしくは命令はない、そして (ii) XYZまたは子会社は、裁判所、政府の部局、委員会、機関もしくは仲裁人またはXYZおよび子会社の全体としてのビジネス、資産、見通し、財務的状態もしくは活動の結果に重大なかつ悪影響を及ぼすようなその他の人の判決、差止め、裁定もしくは命令の当事者ではなく、またはそれらにより拘束されるものではない。

【解説】

　本条は、訴訟の状況に関する対象会社の表明保証であるが、訴訟等の結果が対象企業の企業価値に重大な悪影響を及ぼす場合があるので、スケジュールに記載された係争案件については慎重な吟味が必要である。また将来の潜在的な訴訟等については、「XYZ の知る限りにおいて」という対象企業を保護する文言が付いており、その範囲で限定された表明保証となっている。

2.09　Absence of Certain Changes or Events

Except as set forth on Schedule 2.09, since December 31, _____ , there has not been

(i)　any change or development which affects or will affect materially and adversely the business, assets or prospects or the financial condition or the results of operations of XYZ and its Subsidiaries considered as a whole, other than any change resulting from changes in general economic or business conditions;

(ii)　any damage, destruction or other casualty loss with respect to property owned by XYZ or any of its Subsidiaries, whether or not covered by insurance, or any strikes, work stoppage or slowdown or other labor trouble involving XYZ or any of its Subsidiaries which, in any of such cases, affects or will affect materially and adversely the business, assets or prospects or the financial condition or the results of operation of XYZ or any of its Subsidiaries considered as a whole;

(iii)　any direct or indirect redemption, purchase or other acquisition by XYZ or any of its Subsidiaries of any shares of its capital stock;

(iv)　any split, combination or other similar change by XYZ or any of its Subsidiaries in the outstanding shares of its or their capital stock;

(v)　the declaration, setting aside or payment of any dividend in cash or property on any capital stock of XYZ;

(vi)　any increase, except increases consistent with prior practice, in the compensation payable or to become payable by XYZ or any of its Subsidiaries to officers or employees of XYZ or any of its

Subsidiaries whose cash remuneration in calendar year exceeded
$ _____ , or any increases in the benefits, regardless of amount,
in any bonus, insurance, pension or other plan, program, payment
or arrangement with respect to employee benefits made to, for or
with any officers or employees; or

(vii) any incurrence by XYZ or any of its Subsidiaries of indebtedness for
borrowed money or of any other indebtedness (including incurrence
of obligations under capitalized leases), or any commitment of XYZ
or any of its Subsidiaries for such incurrence, except for incurrence
of indebtedness (other than for borrowed money) in the ordinary
course of business or as disclosed in XYZ Financial Statements;

(viii) any transaction, other than at arm's length in the ordinary course
of business, between XYZ or any of its Subsidiaries and any
shareholder, director, officer or affiliate of XYZ or any of its
Subsidiary or any encumbrance of assets of XYZ or any Subsidiary
or any waiver or surrender by XYZ or any Subsidiary of any
valuable right or property other than for fair consideration in the
ordinary course of business; or

(ix) any purchase or commitment to purchase any assets involving a
purchase price of more than $ _____ for any single purchase
order or group of related purchase orders.

【訳文】
第2.09条　変化または出来事のないこと

スケジュール2.09に記載されたものを除き、_____ 年12月31日以降以下
のことはなかった、

(i) 一般的な経済的またはビジネス環境における変化から生ずる変化以外に、
XYZおよび子会社の全体としてのビジネス、資産、見通しもしくは財務的
状態または活動の結果に重大かつ悪影響を及ぼすような変化または発展、

(ii) 保険に付保しているか否かにかかわらず、XYZおよび子会社により所有さ
れる財産に関する損害、破壊もしくはその他の災難、またはそれぞれの事
案においてXYZおよび子会社の全体としてのビジネス、資産、見通しも
しくは財務的状態または活動の結果に重大かつ悪影響を及ぼすような、

　　　XYZ もしくは子会社にかかわるストライキ、休業もしくは怠業またはその
　　　他の労働争議、

(iii)　XYZ または子会社によるその株式の、直接もしくは間接の償還、購入ま
　　　たはその他の取得、

(iv)　XYZ または子会社によるそれぞれの社外にある株式の分割、結合または
　　　その他同様の変化、

(v)　XYZ の資本に対する現金または財産の配当の宣言、相殺または支払い、

(vi)　年間の現金報酬が＿＿＿＿＿＿ドルを超えるような、XYZ または子会社に
　　　よりそれぞれのオフィサーもしくは従業員に支払われるべきもしくはそう
　　　なる補償における、過去の慣行に一致した増加を除く、増加、またはオフィ
　　　サーもしくは従業員のためのボーナス、保険、年金もしくはその他のプラ
　　　ン、プログラム、支払いもしくは従業員手当に関する取決めにおける、金
　　　額にかかわりなく、手当の増加、

(vii)　通常のビジネスの過程における負債（借入れ以外）の負担または XYZ の財
　　　務諸表において開示されたものを除く、XYZ もしくは子会社による借入れ
　　　のための負債もしくはその他の負債の負担（資本化したリースに基づく義
　　　務の負担を含む）、または XYZ もしくは子会社によるそのような負担の約
　　　束、

(viii)　XYZ もしくは子会社とそれぞれの株主、取締役、オフィサーもしくは関
　　　係会社との間の、ビジネスの通常の過程における独立当事者間取引以外の
　　　取引、または XYZ もしくは子会社の資産の担保化またはビジネスの通常
　　　の過程における正当な対価以外で価値ある権利もしくは財産の XYZ もし
　　　くは子会社による権利放棄もしくは放棄、

(ix)　一回または関連する一群の購入注文で＿＿＿＿＿＿＿ドルを超える購入価
　　　格にかかわる資産の購入または購入の約束。

【解説】

　XYZ は、2.05 条に従って、買収交渉過程における比較的早い段階で特定の
日付の XYZ 財務諸表を ABC に提出済みであり、ABC はこれらの財務諸表
を分析して XYZ の財務的な観点からその企業価値の評価を行う。本条は、
当該特定の日以降、XYZ の事業活動において、その財務諸表に反映されるよ
うな変化や出来事の発生があるか否かを XYZ に表明保証させることを目的
とする。ABC は、これらの変化・出来事を財務的に分析・評価して、入手

済みの XYZ 財務諸表に加えて、XYZ の企業価値を修正・評価することになる。XYZ の事業活動は上記特定の日以降も継続しているから、通常のビジネスの過程において発生するようなものや金額的に一定額以下に相当するようなものは、当該 XYZ 財務諸表に実質的な影響を及ぼすことはなく、原則として対象とする必要はない。

　本条に列記された項目は、このような変化や出来事の典型的なものであるが、本条においても別途スケジュールに記載されるものは当該財務諸表に影響するものとして特記されるので、ABC としては慎重に財務的な検討を行わなければならない。

2.10　Governmental Authorization and Compliance with Laws

The business of XYZ and its Subsidiaries has been operated in compliance with all laws, ordinances, regulations and orders of all governmental entities, except for violations of such laws, ordinances, regulations and orders which do not and will not affect materially and adversely the business, assets or prospects or the financial condition or the results of operations of XYZ and its Subsidiaries considered as a whole. XYZ and its Subsidiaries have all permits, certificates, licenses, approvals and other authorizations required in connection with the operation of their business, except those which do not or will not affect materially and adversely the business, assets or prospects or the financial condition or the results of operations of XYZ and its Subsidiaries considered as a whole. Except as set forth in Schedule 2.10 hereto, no notice has been issued and, to the knowledge of XYZ, no investigation or review is pending or threatened by any governmental entity (i) with respect to any alleged violation by XYZ or any of its Subsidiaries of any law, ordinance, regulation, order, policy or guideline of any governmental entity, or (ii) with respect to any alleged failure to have all permits, certificates, licenses, approvals and other authorizations required in connection with the operation of the business of XYZ and its Subsidiaries, which will in either case affect materially and adversely the business, assets or prospects or the financial condition or the results of operations of XYZ and its Subsidiaries considered as a whole.

【訳文】

第2.10条　政府許認可と法遵守

　XYZ および子会社のビジネスは、XYZ および子会社の全体としてのビジネス、資産、見通しもしくは財務的状態または活動の結果に重大なかつ悪影響を及ぼさないような、法、条例、規則および命令の違反を除いて、すべての法、条例、政府機関の規則および命令を遵守して行われてきた。XYZ および子会社は、XYZ および子会社の全体としてのビジネス、資産、見通しもしくは財務的状態または活動の結果に重大なかつ悪影響を及ぼさないようなものを除き、そのビジネスの活動に関して要求されるすべての許可、証明、ライセンス、認可およびその他の許認可をもっている。スケジュール2.10 に記載されるものを除き、(i) XYZ または子会社による、法、条例、規則、政府機関のポリシーまたはガイドラインの違反との申立てに関して、または (ii) どのような案件でも XYZ および子会社の全体としてのビジネス、資産、見通しもしくは財務的状態または活動の結果に重大なかつ悪影響を及ぼすような、XYZ および子会社のビジネスの活動に関して要求されるすべての許可、証明、ライセンス、認可およびその他の許認可をもっていないとの申立てに関して、政府機関により通知が発せられたことはなく、そして XYZ の知る限り、調査もしくはレビューは行われておらず、もしくはそのおそれもない。

【解説】

　本条は、XYZ および子会社が法令を遵守し、必要な許認可を取得して事業活動を行っていることの表明保証である。実質的に影響するようないかなる法令違反も無許認可もないとされているが、スケジュール2.10 に記載されるものを除き、かつ「XYZ が知る限りにおいて」という限定があることに注意が必要である。XYZ および子会社の事業が取締法規や規制法規の対象である場合には、ABC としてはスケジュール2.10 の内容を吟味しなければならない。

2.11　Title and Condition of Assets

XYZ and each Subsidiary is the owner of and has good and marketable title to all of its properties and assets, including those assets and properties reflected in the Audited Financial Statements in the amounts and categories reflected therein, and all properties and assets acquired by it after December 31, _____, free and clear of all mortgages, liens, pledges, charges or encumbrances or other third party interests of any nature whatsoever, except for (i) liens for current taxes no yet due and payable, (ii) properties and assets disposed of by XYZ or one of its Subsidiaries since that date in the ordinary course of business for fair value, and (iii) such secured indebtedness as is disclosed in the Audited Financial Statements. The properties and assets of XYZ and each Subsidiary that are utilized in the operation of its business(including all buildings) are in good operating condition and repair, normal wear and tear excepted, are usable in the ordinary course of its business and conform to all applicable statutes, ordinances and regulations relating to their construction, use and operation.

【訳文】

第2.11条　資産の権原と状態

　XYZ および子会社は、監査済みの財務諸表に反映された金額およびカテゴリーにおける資産および財産ならびに _____ 年12月31日以後取得された財産および資産を含み、(i) 支払期限が来ていないが支払うべき現行の税金のための先取特権、(ii) 当該日以降ビジネスの通常の過程で正当な対価でXYZもしくは子会社により処分された財産および資産、ならびに (iii) 監査済みの財務諸表に開示されている担保付負債を除いて、譲渡抵当、先取特権、質権、担保権もしくはその他いかなる性格のものであれ第三者の負担のない、その財産および資産のすべての所有者であり、良好なかつ取引適合な権限を有している。ビジネスの活動に使用される（すべてのビルディングを含む）、XYZ および子会社の財産および資産は、良好な状態にあり、修理および自然の磨滅を除いて、ビジネスの通常の過程で使用可能であって、建設、使用および稼働に関するすべての法律、条例および規則に適合している。

【解説】

　本条は、XYZ および子会社が有するすべての資産が何ら第三者の抵当権等の負担の対象となっていないことの典型的な表明保証であるが、租税負担のための先取特権や監査済みの財務諸表において開示された担保付負債は例外とされている。

2.12　Real Estate and Leases

There is set forth in Schedule 2.12 a brief description of all real estate (including buildings and improvements) owned or leased by XYZ and each Subsidiary according to the character of the property and location thereof, together with a legal description of such real estate. XYZ or such Subsidiary has good and marketable title to such owned real estate in fee simple, in each case free and clear of any encumbrances whatsoever except as shown on Schedule 2.12 or any liens for current taxes not yet due and payable. There is also set forth in Schedule 2.12 a brief description (including in each case the annual rental payable, the expiration date, a brief description of the property covered and the name of the lessor, including for each lessor in which any officer or director of XYZ or affiliate thereof has, directly or indirectly, any beneficial interest, the name and extent of such interest and name of such officer or director) of every lease or agreement (written or oral) under which XYZ or a Subsidiary is lessee of, or holds or operates, any real property owned by any third party or any personal property owned by a third party, except for leases for personal property that have a term of three years or less and require payments of less than $ _____ per year or that can be cancelled without penalty on 30 days' notice. Each of such leases and agreements is in full force and effect and constitutes a legal, valid and binding obligation of the respective parties thereto. Neither XYZ nor any Subsidiary is in default under any such lease or agreement nor has any event occurred which with the passage of time or giving of notice would constitute such a default. The real property and the buildings thereon owned or utilized by XYZ or a Subsidiary in the conduct of its business do not violate any building, zoning or other laws or ordinances, or any agreements, applicable thereto, and no notice of any such violation has been received by XYZ or any Subsidiary.

【訳文】

第2.12条　不動産およびリース

　その財産の性格および所在地に従って、当該不動産の法的記述とともに、XYZ および各子会社により所有またはリースされているすべての不動産（ビルディングおよび改装を含む）の簡単な記述がスケジュール 2.12 に記載されている。XYZ または子会社は、当該所有不動産に対する良好かつ取引適合の権原を単純不動産権として有しており、それぞれの事案おいてスケジュール 2.12 に示されたものまたは支払期限が来ていないが支払うべき現行の税金のための先取特権を除いてどのような負担もないものである。また、3 年以下の期間である、年間 ＿＿＿＿＿＿ ドル以下の支払いが要求される、あるいは 30 日の通知でペナルティなくしてキャンセルできるような動産のリースを除き、XYZ もしくは子会社が、その下で第三者により所有された不動産もしくは動産の賃借人であり、保持もしくは稼働するリースもしくは契約（書面であれ口頭であれ）についての簡単な記述（それぞれの事案において年間に支払う賃借料、終了日、対象となる財産の簡単な記述および賃貸人の名前についての簡単な記述を含む、そして各賃貸人について、XYZ もしくは関係会社のオフィサーもしくは取締役が直接もしくは間接に受益的利益をもつときには、その利益の名前と程度および当該オフィサーもしくは取締役の名前についての記述を含む）がスケジュール 2.12 に記載されている。そのようなリースおよび契約のそれぞれは完全に有効であり、各当事者の法的、有効かつ拘束力ある義務を構成する。XYZ または子会社は、当該リースまたは契約の下で何らの債務不履行はなく、時間の経過もしくは通知の送付により不履行となるような出来事は何ら生じていない。ビジネスの活動においてXYZ または子会社により所有もしくは使用された不動産およびビルディングは、適用されるビルディング、地域地区規制もしくはその他の法もしくは条例または契約に違反していない、そしてそのような違反の通知は、XYZ または子会社が受け取ったことはなかった。

【解説】

　本条は、XYZ および子会社が所有または賃借する不動産に関する表明保証であり、個々の不動産の内容は、リースの場合のリース契約の内容とともに、スケジュール 2.12 に記載されている。租税負担のための先取特権や抵当権などの負担についてもスケジュール 2.12 に例外として記載されているので、ABC としては検討が必要である。

2.13　Contracts

All written or oral contracts, agreements, leases, mortgages and commitments ("Contracts"), to which XYZ or any Subsidiary is a party or by which it may be bound (including without limitation, any and all guaranty and indemnification Contracts; warranty Contracts; marketing, distributorship, franchise and similar Contracts; powers of attorney; patent, trademark and similar licenses; real and personal property leases, indentures, deeds of trust, mortgages, chattel mortgages and similar Contracts; conditional sales Contracts; labor and collective bargaining Contracts; employment Contracts; and pension, profit sharing, bonus, incentive, deferred compensation, group insurance, severance pay, retirement or other employee benefit Contracts to which XYZ or any Subsidiary is a party, or under which XYZ or any Subsidiary may be obligated, or to which XYZ or any Subsidiary or any of the rights, properties or assets of XYZ or any Subsidiary may be subject or bound), but (i) excluding Contracts which involve a payment to or by XYZ or a Subsidiary of less than $ _____ and which can be terminated without penalty by XYZ within 30 days after written notice and (ii) excluding sales orders entered into the ordinary course of business involving future payments to XYZ or a Subsidiary of less than $ _____ individually and purchase orders entered into the ordinary course of business involving future payments by XYZ or a Subsidiary of less than $ _____ individually, are listed and briefly described in Schedule 2.13 or some other Schedule to this Merger Agreement. All Contracts constitute legal, valid and binding obligations of the respective parties thereto, are in full force and effect on the date hereof, and neither XYZ or a Subsidiary nor any other party thereto has violated any provision of, or committed to perform any act which with notice, lapse of time or both would constitute a default under the provisions of any Contract the termination of which could have a material adverse effect upon the business, assets or prospects or the financial condition or results of operations of XYZ and its Subsidiaries considered as a whole. Correct and complete copies of all written Contracts disclosed on Schedule 2.13 or on some other Schedule to this Merger Agreement have been made available to ABC.

【訳文】

第2.13条　契約

　XYZ もしくは子会社が当事者であり、またはそれにより拘束される、すべての書面もしくは口頭の契約、合意、リース、譲渡抵当および約束（XYZ もしくは子会社が当事者である、その下で XYZ もしくは子会社が義務付けられる、XYZ もしくは子会社またはそれぞれの権利、財産もしくは資産が従わされもしくは拘束されるような、すべての保証および補償契約、保証契約、マーケティング、ディストリビューターシップ、フランチャイズおよび同様の契約、委任状、特許、商標および同様のライセンス、不動産・動産リース、捺印証書、信託証書、譲渡抵当、動産譲渡抵当および同様の契約、条件付売買契約、労働・団体交渉契約、雇用契約、年金、利益分配、ボーナス、インセンティブ、支払繰延報酬、グループ保険、解雇手当、退職もしくはその他の従業員福祉契約を含むがこれらに限定されない）（以下「契約」）は、(i) XYZ もしくは子会社に対するもしくはそれらによる　＿＿＿＿＿＿　ドル以下の支払いにかかわり、書面による通知後 30 日以内に XYZ によりペナルティなくして解約できる契約、ならびに (ii) XYZ もしくは子会社に対する　＿＿＿＿＿＿　ドル以下の個々の将来の支払いにかかわる通常のビジネスの過程において締結された販売注文および XYZ もしくは子会社に対する　＿＿＿＿＿＿　ドル以下の個々の将来の支払いにかかわる通常のビジネスの過程において締結された購入注文を除いて、スケジュール 2.13 またはその他の本合併契約のスケジュールに掲載され簡単に記述されている。すべての契約は、各当事者の法的、有効かつ拘束力ある義務を構成し、本契約の日付で完全に有効であり、XYZ もしくは子会社またはその他の当事者も、その終了が XYZ および子会社の全体としてのビジネス、資産、見通しもしくは財務の状態または活動の結果に重大な悪影響を与えるような契約の規定の下で、通知もしくは時間

の経過または両者により債務不履行を構成するような、いかなる規定にも違反することはなく、またはそのような行為をすることを約束したことはなかった。スケジュール2.13または本合併契約のその他のスケジュールに開示されたすべての書面契約の正確かつ完全な写しは、ABCに手渡された。

【解説】

　XYZおよび子会社が締結しているすべての契約は、スケジュール2.13およびその他のスケジュールに記載することによりABCに開示される。もっとも、一定の金額以下の支払いや通常のビジネスの過程における売買にかかわる契約は対象とされていない。本条は、このような契約のリストとその不履行が存在していないことの表明保証である。実質的な影響のないような契約は、一定金額支払基準を設けることにより仕分けることができる。ABCとしては、スケジュールに記載された契約についてその契約内容をXYZおよび子会社の事業活動に及ぼす重要性の観点から分析・検討することが必要となる。

2.14　Insurance

(i) Schedule 2.14 lists and provides a summary description of all policies of fire, liability, workers' compensation or title insurance owned or maintained by XYZ and each of its Subsidiaries or in which XYZ or any of its Subsidiary is a named insured or on which XYZ or any of its Subsidiaries is paying any premiums; (ii) all such policies are of a type customary in businesses such as those engaged in by XYZ and its Subsidiaries and are and shall remain in full force and effect at all times through and including the Effective Date; and (iii) except as set forth on Schedule 2.14, there are no claims outstanding under any such policies. In light of XYZ's past experience, such policies provide adequate coverage and protection to XYZ and the Subsidiaries for any liability, losses, costs and expenses incurred by XYZ and the Subsidiaries in connection with any event occurring up to and including the Effective Date which would give rise to a claim under any such policy.

【訳文】

第 2.14 条　保険

　(i) スケジュール 2.14 は、XYZ および各子会社により保有もしくは維持されている、XYZ もしくは各子会社が被保険者である、または XYZ もしくは各子会社が保険料を支払っている、火災、賠償責任、労災補償もしくは権原保険のすべての保険証券を掲載しその簡単な記述を提供する、(ii) これらすべての保険証券は、XYZ および子会社が従事するビジネスにおいて慣習的なタイプのものであり、発効日以降常に完全に有効である、そして (iii) スケジュール 2.14 に記載されたものを除き、そのような保険証券の下で未解決のクレームはない。XYZ の過去の経験に照らし、そのような保険証券は、発効日までに発生した、保険クレームを生ずる出来事に関して、XYZ および子会社が被った責任、損失、コストおよび費用に対する適切な付保および保護を XYZ および子会社に提供している。

【解説】

　企業は、その事業活動上の各種リスクに対応してさまざまな保険を付保しているのが通常である。締結済みの保険プログラムおよび過去の保険クレームの内容を分析することは、当該企業のリスクマネジメントの方針や実効性を知る有力な手段である。

　本条は、このような保険に関する表明保証であり、ABC は、スケジュール 2.14 に記載された保険の内容および未解決のクレームについて十分な分析・検討を行わなければならない。

2.15　Employment and Labor Relations

Except as disclosed in Schedule 2.15 hereto, neither XYZ nor any of its Subsidiaries has outstanding any employment, severance or termination agreements or any incentive compensation, deferred compensation, profit sharing, stock option, stock bonus, stock purchase, savings, consultant, retirement, pension or other "fringe benefit" plan, policy, agreement or arrangement with or for the benefit of any officer, employee or other person which is not subject to cancellation by XYZ or any of its Subsidiaries, as the case may be, without penalty or increased cost on not more than 30 days' notice. There is no unfair labor practice complaint, labor disturbance or other controversy respecting employment pending, threatened or proposed against, or affecting the business of XYZ or any Subsidiary. XYZ and each Subsidiary is in substantial compliance with all laws respecting employment and employment practices, terms and conditions of employment and wages and hours, and is not engaged in any unfair labor practice. Except as described in Schedule 2.15, neither XYZ nor any Subsidiary is a party to any collective bargaining agreement with any labor union or organization nor are any of the employees of XYZ or any Subsidiary represented by any labor union or organization nor is any union organizing or election activities involving any employees of XYZ or any Subsidiary in progress or threatened.

【訳文】
第2.15条　雇用および労働関係

　スケジュール2.15に開示されたものを除き、XYZもしくは各子会社はいずれも、雇用、解雇もしくは終了契約もしくはインセンティブ報酬、支払繰延報酬、利益配分、ストックオプション、ストックボーナス、株式購入、貯蓄、コンサルタント、退職、年金、または30日以内の通知でペナルティもしくは増加コストなくしてXYZもしくは子会社による取消しには従わないような、その他の付加給付プラン、ポリシー、オフィサー、従業員もしくはその他の人のための契約もしくは取決めで、未解決なものはもっていない。XYZもしくは各子会社のビジネスに対して係争中の、そのおそれのあるもしくは提案された、またはそれに影響を及ぼすような、不公正な労働慣行の苦情、労働妨害その他の雇用に関する論争はない。XYZおよび各子会社は、雇用および雇用慣行、雇用および賃金と時間の条件に関するすべての法を実質的に遵守しており、いかなる不公正な慣行にも従事していない。スケジュール2.15に記述されたものを除き、XYZもしくは子会社は、いかなる労働組合または組織との団体交渉契約の当事者ではなく、XYZもしくは子会社の従業員のいずれも労働組合もしくは組織により代表されておらず、XYZもしくは子会社の従業員を組織化するいかなる組合もまたは彼らにかかわる選挙活動も行われておらず、もしくはそのおそれもない。

【解説】

　本条は、XYZ および子会社の雇用・労働関係に関する典型的な表明保証であり、スケジュール2.15 にすべての雇用・労働契約および団体交渉契約が開示され記載される。また、雇用・労働関係の係争案件はないこと、および雇用・労働法令を遵守していることについても表明保証がなされている。ABC として、合併後の事業活動に影響を及ぼすような雇用・労働問題が生じるおそれはないかなど労使関係について慎重な検討が必要である。

2.16　Employee Benefits

For purposes of this Merger Agreement, the term "Employee Plan" includes any pension, retirement, disability, medical, dental or other health plan, life insurance or other death benefit plan, profit sharing, deferred compensation, stock option, bonus or other incentive plan, vacation benefit plan, severance plan, or other employee benefit plan or arrangement, including without limitation, any pension plan ("Pension Plan") as defined in Section 3 (2) of the Employee Retirement Income Security Act of 1974, as amended ("ERISA"), and any welfare plan as defined in Section 3 (1) of ERISA ("Welfare Plan"), whether or not any of the foregoing is funded, and whether written or oral, to which XYZ or any Subsidiary is a party or by which it is bound or with respect to which XYZ or any Subsidiary has made any payments or contributions, or may otherwise have any liability.

(a) There are no Employee Plans other than those listed in Schedule 2.16.

(b) Each Employee Plan, the administrator and fiduciaries of each Employee Plan, and XYZ and each Subsidiary have at all times complied in all material respects with the applicable requirements of ERISA and any other applicable law (including regulations and rulings thereunder) governing each Employee Plan, and each Employee Plan has at all times been properly administered in all material respects in accordance with all such requirements of law, and in accordance with its terms and the terms of any applicable collective bargaining agreement to the extent consistent with all such requirements of law. No lawsuits or complaints to, or by any person or governmental entity have been filed or are pending and to XYZ's knowledge no state of facts or contemplated event is reasonably expected by it to give rise to any such lawsuit or complaint with respect to any Employee Plan. Without limiting the foregoing, the following are true with respect to each Employee Plan:

(i) XYZ has filed or caused to be filed on a timely basis each and every return, report, statement, notice, declaration and other document required by any governmental agency, federal, state and local.

(ii) XYZ has delivered or caused to be delivered to every participant, beneficiary and other party entitled to such material, all plan descriptions, returns, reports, schedules, notices, statements and similar materials.

(iii) Neither XYZ nor any Subsidiary is delinquent as to contributions or payments to or in respect of any Employee Plan sponsored, maintained or supported pursuant to a collective bargaining agreement, nor has XYZ or any Subsidiary failed to pay any assessments made with respect to any such Plan.

(c) The benefits under each Employee Plan that is a Welfare Plan are provided exclusively from the assets of XYZ or a Subsidiary or through insurance contracts. Each insurance contract through which benefits under a Welfare plan are provided provides benefits only for employees and dependants covered under that Welfare Plan. The assets of each Pension Plan are held in a separate trust.

(d) With respect to each Employee Plan, there are not occurred, nor is any person or entity contractually bound to enter into, any transaction giving rise to any tax under any applicable laws.

(e) The financial statements, if any, for each Employee Plan accurately reflect the financial condition and funding of the Employee Plans as of the date of such financial statements, and no material adverse change has occurred with respect to the financial condition or funding of the Employee Plans since the date of such financial statements.

【訳文】

第2.16条　被用者給付

　本合併契約の目的のために、「被用者プラン」とは、それらの基金が設けられているか否かにかかわりなく、そして書面であれ口頭であれ、XYZ もしくは子会社が当事者であり、もしくはそれらにより拘束され、またはそれらに関して XYZ もしくは子会社が支払いもしくは貢献を行った、もしくはそうでなければ責任を有する、1974年被用者退職所得保障法改正法（以下「ERISA」）の第3条2項に定義される年金プラン（以下「年金プラン」）および ERISA の第3条1項に定義される福祉プラン（以下「福祉プラン」）、を含むがそれらに限定されない、年金、退職、障害、医療、歯科もしくはその他の健康プラン、生命保険もしくはその他の死亡給付プラン、利益配分、支払繰延報酬、ストックオプション、ボーナスもしくはその他のインセンティブプラン、休暇給付プラン、解雇プラン、またはその他の被用者給付プランもしくは取決めを含むものとする。

(a) スケジュール 2.16 に掲載された以外の被用者プランはない。

(b) 各被用者プラン、各被用者プランの運用者および受益者、XYZ および各子会社は、ERISA および各被用者プランを規律するその他の適用法（それに基づく規則および裁決を含む）の要求をすべての重要な点において常に遵守してきた、そして各被用者プランは、そのような法の要求に従い、かつ適用される団体交渉契約の条件にそれらの法の要求と一致する限り従って、あらゆる重要な点で適切に運用されてきた。いかなる人もしくは政府機関に対するもしくはそれらによる訴訟もしくは苦情も提起されておらず、もしくは係争中ではない、そして XYZ の知る限り、被用者プランに関してそのような訴訟もしくは苦情を生ずると合理的に予期されるような、事実もしくは企図される出来事の陳述はない。前述に限定されることなく、以下は被用者プランに関して真実である。

　(i) XYZ は、連邦、州および地方であれ、いかなる政府機関によっても要求される、すべての申告書、報告書、声明、通知、宣言およびその他の文書を適宜に届出し、届出させた。

　(ii) XYZ は、そのような資料、すべてのプランの記述、申告書、報告書、スケジュール、通知、声明および同様の資料を、それらに権利を有するすべての参加者、受益者およびその他の人に引き渡し、引渡しさせた。

　(iii) XYZ もいかなる子会社も、団体交渉契約に従って後援、維持もしくは支持されている被用者プランに対する貢献もしくは支払いの義務を怠っておらず、XYZ もいかなる子会社もそのようなプランについてなされた査定額を支払わなかったことはない。

（c）福祉プランである各被用者プランに基づく給付は、XYZ もしくは子会社の資産から専らまたは保険契約を通じて提供される。福利プランに基づく給付が提供される各保険契約は、当該福祉プランの下でカバーされる被用者および扶養家族のためにのみ給付を提供する。各年金プランの資産は別の信託に保持される。

（d）被用者プランに関して、適用される法の下で税金を生ずるいかなる取引も生じなかったし、その取引の締結を契約上拘束される人もしくは事業体はいない。

（e）各被用者プランのための財務諸表は、当該財務諸表の日付で被用者プランの財務的状態および資金状況を正確に提示しており、当該財務諸表の日以降被用者プランの財務的状態および資金状況に関して重大な不利な変化は生じなかった。

【解説】

　ERISA は、主として、被用者の退職後の年金受給権確保を目的として制定された連邦法であるが、被用者に対する給付制度として、年金給付制度と並んで、福祉給付制度も規制の対象としている。福祉給付制度には、健康保険、生命保険、事故や葬祭への給付、託児所、奨学金、法律サービス、退職手当など、被用者やその家族に対するさまざまな付加給付が含まれる。

　本条は、このような被用者給付に関する表明保証条項である。被用者給付は、ERISA による規制を受けつつ、その給付の実体的な内容は各企業により異なる。対象会社の年金プランや福祉プランの現状いかんにより、買収会社が将来過大な負担を負わざるをえない場合もある。買収会社は、対象会社の被用者年金プランや福祉プランについて十分に情報を開示させ、買収会社が各プランに関して将来どのような負担を負うのかその内容を具体的に吟味する必要がある。

2.17 Patent and Trademark Rights

To the knowledge of XYZ and its Subsidiaries, XYZ's and its Subsidiaries' products and the methods and means employed in the manufacture, distribution, and sale of all of XYZ's and its Subsidiaries' products do not infringe any trade names, trademarks, trademark rights, patent, patent rights, copyrights, licenses or statutory or common law right of any person, or entity. XYZ has not received any notice of any purported conflict, concerning any trade name, trademark, patent, license, or copyright owned or used by it in the conduct of XYZ's and its Subsidiaries' businesses. Schedule 2.17 contains a true, correct, and complete list of all domestic and foreign trade names, trademarks, trademark registrations, trademark applications, patents, patent applications, licenses, copyrights, copyright registrations, and copyright applications owned or used with respect to the business of XYZ and its Subsidiaries, and whether the same are owned or held under license.

【訳文】

第2.17条 特許および商標権

　XYZ および子会社の知る限り、XYZ および子会社のすべての製品の製造、流通および販売において採用されている XYZ および子会社の製品、方法および手段は、いかなる人もしくは事業体の商号、商標、商標権、特許、特許権、著作権、ライセンスもしくは制定法上もしくはコモンロー上の権利を侵害していない。XYZ は、XYZ および子会社のビジネスの活動において所有もしくは使用された商号、商標、特許、ライセンスもしくは著作権に関して、衝突の主張の通知を何ら受け取っていない。スケジュール2.17 は、XYZ および子会社のビジネスに関して所有もしくは使用される、それらがライセンスに基づいて所有もしくは保有されるのであれ、すべての国内および外国の商号、商標、商号登録、商標出願、特許、特許出願、ライセンス、著作権、著作権登録および著作権出願の真実の、正確かつ完全なリストを含んでいる。

【解説】

　本条は、XYZ および子会社の知的財産権に関して第三者の知的財産権を侵害していないことおよび第三者による侵害がないことの表明保証であるが、「XYZ および子会社が知る限りにおいて」という限定がなされていることに注意する必要がある。ABC としては、スケジュール 2.17 に列記された XYZ および子会社のすべて知的財産権の内容を分析して、侵害問題、すなわち第三者との間で知的財産権係争が生じるおそれがないか検討しなければならない。

2.18　Environmental Matters

Except as disclosed in Schedule 2.18:

(a) The ownership, use and operation by XYZ, the Subsidiaries and any of their corporate predecessors of all facilities used or owned by XYZ and the Subsidiaries is, was and has been, as the case may be, and all ownership, use and operation of any such facilities by any other person was and has been, as the case may be, in compliance with, all applicable federal, state, local and foreign environmental laws as enacted, authorized and amended.

(b) Schedule 2.18 indentifies all environmental audits or assessments or occupational health studies undertaken by governmental agencies (and known to XYZ) or by XYZ or any of its Subsidiaries, the results of groundwater and soil and air monitoring, written communications with environmental agencies, and OSHA (Occupational Safety and Health Act) Claims made within the past three years.

(c) Except as disclosed on Schedule 2.18, there has not been, is not, and is not occurring, at any location of XYZ or any of its Subsidiaries, any "Hazardous Substance" or "Release" of any "Hazardous Substance". For the purpose of this Merger Agreement the term "Release" and "Hazardous Substance" shall have the same meaning as those terms are given in CERCLA (Comprehensive

Environmental Response, Compensation and Liability Act) and SARA (Superfund Amendments and Reauthorization Act) and shall also include petroleum and any constituent thereof and any petroleum based product.

(d) Except as disclosed on Schedule 2.18, neither XYZ nor any of its Subsidiaries has ever sent or arranged for the transportation or disposal of Hazardous Substances or wastes to a site which pursuant to CERCLA and SARA or any similar state law:

   (i) has been placed or is proposed (by the Environmental Protection Agency or relevant state authority) to be placed, on the "National Priorities List" of hazardous waste sites or its state equivalent, or

   (ii) is on notice of or subject to a claim, an administrative order or other request to take "removal" or "remedial" action by any person as those terms are defined under CERCLA and SARA.

【訳文】

第2.18条　環境事項

　スケジュール 2.18 に開示されるものを除き、

(a) XYZ および子会社により使用もしくは所有されるすべての施設の XYZ、子会社およびそれらの前任者による所有、使用および稼働は、そして当該施設のその他の人による所有、使用および稼働は、適用されるすべての連邦の、州、地方および外国の、制定され改正された環境法を遵守しており、遵守してきた。

(b) スケジュール 2.18 は、政府機関により引き受けられた（XYZ に知らされた）、または XYZ もしくは各子会社によりなされた、すべての環境監査、評価もしくは職業衛生調査、地下水、土壌および大気の監視の結果、環境庁との書面による通信、および過去3年以内になされた、OSHA（職業安全衛生法）のクレームを特定している。

(c) スケジュール 2.18 に開示されたものを除き、XYZ もしくは各子会社の所在地で、「有害物質」または「有害物質」の「放出」は生じなかったし、生じていない。本合併契約の目的のために、「有害物質」とは、CERCLA（包括的環境対処補償責任法）および SARA（スーパーファンド法修正・再授権法）において与えられた当該語句と同じ意味を有し、石油、石油の組成物および石油ベースの製品を含む。

(d) スケジュール 2.18 に開示されたものを除き、XYZ も各子会社も有害物質も
しくは廃棄物を、CERCLA および SARA もしくは同様の州法に従って、(i)
（環境保護庁または関連する州当局により）有害廃棄物用地の「全国優先リ
スト」もしくは州における同等のものに掲載されたもしくはその掲載が提
案されている、または (ii) CERCLA および SARA の下で定義されるよう
に、人による除去もしくは救済行為をとるためのクレーム、行政命令もし
くはその他の要請の通知にある、またはそれらに服する、用地へ送ったこ
とあるいはそれらの運搬もしくは処分のために手配したことはなかった。

【解説】

　1980 年に制定された CERCLA および 1986 年に大幅に修正された SARA
は、土壌および地下水中の有害物質・汚染物質の除去、すなわち浄化を目的
とし、過去の行為により引き起こされた汚染に対処することを目的としてお
り、これらに基づく責任は行政上の浄化責任である。同法は浄化責任の潜在
的責任当事者を明確にし、環境庁が命令または訴訟により潜在的責任当事者
に浄化を実行させる権限をもち、連邦政府が浄化を実行するための基金を創
設、連邦政府が汚染用地の指定、浄化優先順位および浄化の決定を行うこと
ができる。このような浄化責任は、過失の有無を問わない厳格責任かつ潜在
的責任当事者の連帯責任であり、過去の行為に遡及して適用されるものであ
り、連邦政府はすべての潜在的責任当事者に対して浄化責任を追及して訴訟
を提起することができる。さらに浄化コストが高額になることから、アメリ
カにおいて買収対象企業がこのような浄化責任リスクを負っているか否か、
その程度がどうかということは、買収企業にとって大きな懸念事項となって
いる。

　本条は、このような環境問題に関する XYZ および子会社の表明保証であ
る。環境法令の遵守、環境評価・監査および職業衛生調査の結果、CERC-
LA・SARA により規制される有害物質の放出・運搬等が表明保証の対象と
なっているが、いずれの項目についてもスケジュール 2.18 に開示・記載され
たものは例外として対象外となっているので、ABC としては、それらの記載
の内容を十分に吟味し、とりわけ上記浄化責任リスクがどの程度のものかを
測定し評価する必要がある。

2.19 Taxes

All tax returns required to be filed by XYZ and any Subsidiary in any jurisdiction have in fact been filed, and all taxes, assessments, fees and other governmental charges upon XYZ or any Subsidiary or upon any of their properties, income or franchises, which are due and payable, have been paid or are being contested in good faith by appropriate proceedings. XYZ does not know of any proposed additional tax assessment against it or any Subsidiary which would materially and adversely affect the business, assets or prospects or the financial condition or the results of operations of XYZ and its Subsidiaries considered as a whole. The federal, state and other income tax returns of XYZ and its Subsidiaries have been examined and reported on by the taxing authorities and satisfied for all fiscal years prior to and including the fiscal year ended _____. The provisions for taxes on the books of XYZ and its Subsidiaries and as disclosed in Schedule 2.19 hereto are adequate for the current fiscal years.

【訳文】

第2.19条　税金

　いかなる管轄においても XYZ および各子会社による届出を要求されるすべての税金の申告書は、実際に届出されており、支払期限が来て支払うべき、XYZ もしくは各子会社またはそれぞれの財産、所得もしくはフランチャイズに対するすべての税金、査定額、費用およびその他の政府諸掛りは、支払われたもしくは適切な手続により善意で争われている。XYZ は、XYZ および子会社の全体としてのビジネス、資産、見通しもしくは財務的状態または活動の結果に重大かつ悪影響を及ぼすような、XYZ もしくは各子会社に対する追加の税金の査定の提示は何ら知らない。XYZ および子会社の連邦、州およびその他の所得税申告書は、課税当局により審査され報告されており、_____ に終わる会計年度以前の全会計年度期間満足すべきものであった。スケジュール 2.19 に開示された、XYZ および子会社の帳簿上の税金引当金は、最近の会計年度期間適切なものである。

【解説】
　本条は、XYZ の納税義務に関する典型的な表明保証であり、ABC の立場からは XYZ および子会社の財務状態や事業活動に重大な影響を及ぼすような税務問題は課税当局との間で存在しないことを確認する必要がある。

2.20　Proxy Statement

The information contained in the proxy statement (the "Proxy Statement") to be prepared in connection with the Merger will not contain any untrue statement of a material fact or omit to state a material fact required to be stated therein or necessary to make the statements therein, in light of the circumstances under which they are made, not misleading, except that the XYZ makes no representation or warranty with respect to any information contained in the Proxy Statement furnished in writing by ABC expressly for use therein. The information concerning ABC and its Subsidiaries set forth in the copies of any documents furnished or to be furnished by XYZ to ABC pursuant to this Merger Agreement is and will be in all material respects complete and accurate.

【訳文】
第 2.20 条　委任状説明書

　合併に関して作成される委任状説明書（以下「委任状説明書」）に含まれる情報は、説明することが要求される、もしくは説明がなされる環境に照らして説明を誤解させないために必要な、重要な事実について真実でない説明を何ら含まず、またはそのような重要な事実を説明することを怠っていない。しかし、XYZ は、委任状説明書における使用のために ABC により提供される当該委任状説明書に含まれた情報については、何らの表明または保証をするものではない。本合併契約に従い XYZ により ABC に提供されるもしくは提供されるべき文書の写しに記載される ABC および子会社に関する情報は、すべての重要な点において完全かつ正確である。

【解説】

XYZは、本合併契約に基づく合併に関して株主総会の決議による承認を得る必要があり、株主からできるだけ多くの委任状を集めなければならないが、そのための委任状説明書には合併の是非を判断するに必要な情報が開示され、かつ開示される情報は真実でなければならない。本条は、XYZによる委任状説明書に記載された情報に関する表明保証である。

2.21 Broker, Agent Fee

No person or entity is entitled to any brokerage, finder's fee or commission in connection with the Merger or the transactions contemplated by this Merger Agreement as a result of arrangements made by or on behalf of XYZ or any Subsidiary.

【訳文】

第2.21条 ブローカー、エージェント・フィー

XYZもしくは各子会社のためになされた取決めの結果としての、合併もしくは本合併契約により企図された取引に関して、いかなる人も事業体もブローカーもしくは仲介者の料金もしくは手数料に対する権利を有しない。

【解説】

本条は、本合併契約に基づく合併に関して何らのブローカーや仲介者の手数料を支払わない旨の表明保証である。

2.22 Conflicts of Interest

No director or officer of XYZ or any Subsidiary controls or is an employee, officer, director or agent of any corporation, firm, association, partnership or other business entity which is a competitor, supplier or customer of XYZ or any Subsidiary.

【訳文】

第 2.22 条　利害の衝突

　XYZ もしくは各子会社の取締役もしくはオフィサーは、XYZ もしくは各子会社の競争者、供給者もしくは顧客である、いかなる会社、法人、連合、パートナーシップもしくはその他の事業体を支配しておらず、またはそれらの従業員、取締役もしくはエージェントではない。

【解説】

　本条は、XYZ および子会社の取締役やオフィサーが、本合併契約に基づく合併に関して忠実義務の問題を引き起こすような利害の衝突はないことを確認するための表明保証である。

2.23　Disclosure

No representation or warranty made hereunder or in any certificate, statement, or other document delivered by or on behalf of XYZ hereunder contains any untrue statement. Copies of all documents referred to on the Schedules to this Merger Agreement have been delivered or made available to ABC, are true, correct and complete copies thereof, and include all amendments, supplements or modifications thereto or waives thereunder.

【訳文】

第 2.23 条　開示

　本契約の下でまたは XYZ により引き渡された証明書、声明書もしくはその他の文書においてなされた表明もしくは保証は、真実でない声明を何ら含んでいない。本合併契約のスケジュールで参照されたすべての文書の写しは、それらの真実、正確かつ完全な写しであり、すべての変更、補足もしくは改正または放棄を含んでいる。

【解説】

　本条は、XYZ により ABC に対してなされた表明保証は、XYZ により引き渡された文書においてなされた表明保証を含めてすべて真実である旨の表明保証であり、個別の事項に関する表明保証においてなされた真実性の表明保証を総括する形で条項が設けられている。

Article 3　Representations and Warranties

ABC represents and warrants to XYZ that:

Article 3.01　Due incorporation

ABC is a corporation duly organized and validly existing under the laws of Japan, and ABC Holdings is a corporation duly organized, validly existing and in good standing under the laws of the State of Delaware, and ABC has the corporate power to carry on its business as it is now being conducted.

【訳文】

第3条　表明および保証

ABC は、以下のことを XYZ に対し表明し保証する。

第3.01条　正当な設立

　ABC は、日本法に基づき適正に設立され、有効に存している会社であり、そして ABC ホールディングスは、デラウェア州法に基づき適正に設立され、有効に存在し継続している会社であり、ABC は、現在行われているようにそのビジネスを遂行する権限を有している。

【解説】

　対象企業である XYZ の表明保証が前述のように多数の事項にわたるのに比して、買収企業である ABC の表明保証は簡単でかついくつかの事項にとどまるのが通常である。

　本条は、ABC の設立に関する表明保証である。

Article 3.02　Authority

ABC and ABC Holdings have the corporate power to enter into this Merger Agreement and to carry out their obligations hereunder. The execution and delivery of this Merger Agreement, and the consummation of the transactions contemplated hereby have been duly authorized by ABC's Board of Directors and by ABC Holdings' Board of Directors and sole stockholder, and no other corporate proceedings on the part of ABC or ABC Holdings are necessary to authorize this Merger Agreement and consummate the transactions contemplated hereby. ABC is not subject to or obligated under any charter or by-law provisions and is not subject to or obligated under any material contract, license, franchise or permit, or subject to any order, decree or U.S. law, which would be breached or violated by its executing and carrying out this Merger Agreement. Other than in connection with or in compliance with the provisions of the Competition Laws of Japan, EU and other foreign countries, and with the provisions of the Delaware Corporation Law and the Hart-Scott-Rodino Act, all consents, authorizations, orders or approvals of, and filings and registrations with, any Federal or state governmental commission, board or other regulatory body (other than governmental or regulatory bodies of foreign jurisdiction) required for or in connection with the execution and delivery of this Merger Agreement by ABC or ABC Holdings and the consummation by ABC and ABC Holdings of the transactions contemplated on their parts hereby have been obtained or made. This Merger Agreement has been duly and validly executed and delivered by ABC and ABC Holdings and constitute a valid and binding agreement of ABC and ABC Holdings enforceable against them in accordance with its terms except to the extent that enforcement of this Merger Agreement may be limited by applicable bankruptcy, insolvency, reorganization, or other similar laws of general application relating to or affecting the enforcement of the rights of creditors or secured parties or by equitable principles if equitable remedies are sought.

【訳文】

第 3.02 条　権限

　ABC および ABC ホールディングスは、本合併契約を締結し本契約に基づく義務を遂行する権限を有している。本合併契約の作成と引渡しおよび本契約により企図された取引の完了は、ABC ならびに ABC ホールディングスの取締役会および唯一の株主により正当に承認されており、ABC または ABC ホールディングスの側においてその他の会社の手続は、本合併契約を承認し、本契約により企図された取引を完了するために何ら必要ではない。ABC は、本合併契約を締結し遂行することにより不履行となるもしくは違反するような、重大な契約、ライセンス、フランチャイズもしくは許可に服するもしくは義務を負うことはなく、またはそのような命令、法令もしくはアメリカ法に服していない。日本、EU およびその他の外国の競争法ならびにデラウェア一般会社法およびハート・スコット・ロディノ法の規定に関連するまたはそれらに遵守する以外に、ABCまたは ABC ホールディングスによる本合併契約の作成と引渡しおよび ABC および ABC ホールディングスによる完了のためにもしくは関連して要求される、連邦もしくは州政府の委員会、ボードまたは（外国の管轄の政府もしくは規制機関以外の）その他の規制機関のすべての同意、承認、命令もしくは許可またはそれらの機関への届出および登録は、取得されもしくは行われた。本合併契約は、ABC および ABC ホールディングスにより適正かつ有効に作成されて引き渡されており、本合併契約の強制が、破産、支払不能、組織再編または債権者もしくは担保権者の権利の強制に関係もしくは影響するようなその他一般的な同種の法の適用により、または衡平法上の救済が求められるときに衡平の原則により制限される範囲を除いて、本契約の条項に従って ABC および ABC ホールディングスに対し強制可能な ABC および ABC ホールディングスの有効かつ拘束力ある合意を構成する。

【解説】

　本条もまた、XYZ による表明保証である 2.04 条に対応して、本合併契約の締結が ABC および ABC ホールディングスの取締役会の承認を得ていること、日本および EU の競争法ならびにデラウェア一般会社法およびハート・スコット・ロディノ法に従うこと以外に、関係当局の承認等を得ていることやそこへの届出等がなされていることに関する ABC による表明保証である。

Article 3.03　Proxy Statement

The information provided by ABC for use in the Proxy Statement will not contain any untrue statement of a material fact or omit to state a material fact required to be stated therein or necessary to make the statements therein, in light of the circumstances under which they are made, not misleading. The information concerning ABC and its subsidiaries set forth in the copies of any documents furnished or to be furnished by ABC to XYZ pursuant to this Merger Agreement is and will be in all material respects complete and accurate.

【訳文】

第3.03条　委任状説明書

　委任状説明書（以下「委任状説明書」）に使用のため ABC により提供される情報は、説明することが要求される、もしくは説明がなされる環境に照らして説明を誤解させないために必要な、重要な事実について真実でない説明を何ら含まず、またはそのような重要な事実を説明することを怠っていない。しかし、XYZ は、委任状説明書における使用のために ABC により提供される当該委任状説明書に含まれた情報については、何らの表明または保証をするものではない。本合併契約に従い ABC により XYZ に提供されるもしくは提供されるべき文書の写しに記載される ABC および子会社に関する情報は、すべての重要な点において完全かつ正確である。

【解説】

　本条もまた、XYZ の委任状説明書に関する表明保証である 2.20 条に対応して、委任状説明書に使うために ABC により提供された情報が真実である旨の ABC による表明保証である。

Article 4　Covenants

Article 4.01　Covenants by XYZ

During the period from the date of this Merger Agreement to the Effective Time, except as otherwise consented to by ABC in writing, XYZ will, and will cause each Subsidiary to:

(a) carry on its business in, and only in, the usual, regular and ordinary course in substantially the same manner as heretofore conducted and, to the extent consistent with such business, use all reasonable efforts to preserve intact its present business organizations, keep available the services of its present officers and employees, and preserve its relationships with customers, suppliers and others having business dealings with it to the end that its goodwill and going business shall be unimpaired at the Effective Time;

(b) not enter into any contracts outside the ordinary course of business;

(c) not amend its Certificate of Incorporation or By-laws;

(d) not acquire by merging or consolidating with, or agreeing to merge or consolidate with, or purchase substantially all the assets of, or otherwise acquire any business or any corporation, partnership, association or other business organization or division thereof;

(e) not sell, lease, mortgage, pledge or otherwise encumber or dispose of any of its assets, except in the ordinary course of business, which are material, individually or in the aggregate, to the business, assets or prospects or the financial condition or the result of operations of XYZ and its Subsidiaries considered as a whole;

(f) not declare, set aside, make or pay any dividend or other distribution in respect of its capital stock or purchase or redeem, directly or indirectly, any shares of its capital stock;

(g) not issue or sell any shares of its capital stock or any options, warrants or other rights to purchase any such shares or any securities convertible into or exchangeable for such shares;

(h) not incur any indebtedness for borrowed money or other indebtedness (including incurrence of obligations under capitalized leases) or make a commitment for such incurrence, except for incurrence of indebtedness (other than for borrowed money) in the ordinary course of business consistent with prior practice;

(i) not grant to any officer or employee any increase in compensation in any form (other than as consistent with prior practice but in no event resulting in an increase exceeding 10% of the amount reflected at December 31, _____) or any severance or termination pay, or increase the benefits, regardless of amounts, in any bonus, insurance, pension or other plan, program payment or arrangement with respect to employee benefits, or enter into any employment, severance or termination agreement with any officer of XYZ;

(j) except in the ordinary course of business, not enter into any agreement, contract or commitment which, if entered into prior to the date of this Merger Agreement, would be required to be listed on a Schedule to this Merger Agreement.

(k) not (i) solicit, directly or indirectly, any inquiries or proposals for the acquisition of any of the capital stock, assets or business of XYZ or any Subsidiary from, or (ii) furnish information to, or engage in negotiations relating to the foregoing with any corporation, partnership, person or other entity or group other than ABC (except as in the opinion of counsel of XYZ, is required in the exercise of the fiduciary duty of XYZ's Board of Directors in connection with considering an offer or bona fide indication of interest to acquire all of the capital stock or assets of XYZ directly or through a merger or other business combination), and XYZ will use all reasonable efforts to restrict any officer, director, employee or agent of XYZ or any Subsidiary from doing any of the foregoing;

(1) promptly advise ABC orally and in writing of any inquiry or proposal for the acquisition of the capital stock, assets or business of XYZ or any Subsidiary;

(m) promptly advise ABC orally and in writing of any change in the condition (financial or otherwise) of the properties, assets, liabilities, operations, business or prospects of XYZ or any Subsidiary which is or may be materially adverse to XYZ and its Subsidiaries considered as a whole;

(n) use all reasonable efforts to comply with all filing requirements which Federal or state, EU or Japanese or other foreign law imposes on XYZ or any of its Subsidiaries with respect to the Merger and the solicitation of proxies in connection therewith and cooperate with and promptly furnish information to ABC in connection with any such filing requirement imposed upon it or on ABC Holdings or on any of the other subsidiaries of ABC in connection with the Merger; and

(o) use all reasonable efforts to obtain any consent, authorization or approval of, or exemption by any Federal or state, EU or Japanese or other foreign government or governmental authority (collectively, the "Authorizations") required to be obtained or made by it in connection with the Merger or the taking of any action in connection with the consummation thereof.

【訳文】

第4条　約束

第4.01条　XYZ による約束

　本合併契約の日から発効時までの期間、ABC により書面で合意された場合を除き、XYZ は、以下のことをなし、各子会社になさしめる。

(a) これまで行ってきたと実質的に同様なやり方でいつもの、規則正しいかつ通常の過程においてかつそのような過程でのみビジネスを行い、そしてそのようなビジネスと一致する範囲で、現在のビジネス組織をそのまま保持し、現在のオフィサーや従業員のサービスを継続し、さらに信用および現在のビジネスが発効時に損なわれないために、顧客、供給者およびその他ビジネス取引がある者との関係を保持するためにあらゆる合理的な努力を尽くす、

(b) 通常のビジネスの過程外のいかなる契約も締結しない、

(c) 設立証書または付属定款を変更しない、

(d) いかなるビジネス、会社、パートナーシップ、連合もしくはビジネス組織もしくはその部門を、合併もしくは統合する、またはそれらに合意することにより獲得しない、それらの実質的にすべての資産を購入しない、あるいはそ

の他獲得しない、

(e) 通常のビジネスの過程におけるものを除き、XYZ および子会社の全体としてのビジネス、資産、見通しもしくは財務的状態または活動の結果にとり、個々にもしくは累計して、重要ないかなる資産も売却しない、リースしない、譲渡抵当もしくは質もしくは抵当に入れない、または処分しない。

(f) その資本に関していかなる配当またはその他の分配を宣言、相殺、実行もしくは支払いをしない、またはいかなる株式も、直接に間接に、購入もしくは償還しない、

(g) いかなる株式、オプションもしくはワラントまたは株式を購入もしくは株式に転換もしくは交換しうる証券を購入するその他の権利を発行もしくは売却しない、

(h) 借入金の負債もしくはその他の負債（資本化されたリースに基づく義務の負担を含む）を負わない、または以前の慣行に一致した通常のビジネスの過程における（借入金以外の）負債の負担を除き、そのような負担の約束をしない、

(i) いかなるオフィサーもしくは従業員に対してもいかなる形の報酬の増額（以前の慣行に一致したもの以外に、しかしいかなる場合も＿＿＿＿＿ 年 12 月 31 日付けの金額の 10％を超えることはない）も、いかなる解雇もしくは終了支払いも与えない、または金額にかかわらず、ボーナス、保険、年金もしくはその他のプラン、従業員給付に関するプログラムの支払いもしくは取決めにおける給付の増額はしない、あるいは XYZ のオフィサーと雇用、解雇もしくは終了の契約を締結しない、

(j) ビジネスの通常の過程におけるものを除き、本合併契約の日以前に締結されたときには本合併契約のスケジュールに掲載されるようないかなる合意、契約もしくは約束にも入らない、

(k) (i) XYZ もしくは子会社の株式、資産もしくはビジネスの買収のための問合せもしくは提案を直接に間接に、ABC 以外のいかなる会社、パートナーシップ、人またはその他の事業体もしくはグループから求めない、あるいは (ii)（XYZ の弁護士の意見によれば、XYZ の株式もしくは資産をすべて買収するオファーもしくは誠実な意図の提示に関して XYZ 取締役会の忠実義務の遂行において要求される場合を除き）ABC 以外のいかなる会社、パートナーシップ、人またはその他の事業体もしくはグループに、上記に関する情報を提供しまたはそれらと交渉をしない、そして XYZ は、XYZ もしくは

　　　　子会社のオフィサー、取締役、従業員もしくはエージェントが上記の行為を
　　　　することを制限するようあらゆる合理的な努力を尽くす、

(1) XYZ もしくは子会社の株式、資産もしくはビジネスの買収のための問合せ
　　　もしくは提案を口頭でおよび書面で ABC に速やかに助言する、

(m) XYZ および全体としての子会社に重大な悪影響を及ぼすもしくは及ぼしう
　　　るような、XYZ もしくは子会社の財産、資産、責任、活動、ビジネスもし
　　　くは見通しの（財務的もしくはその他の）状態における変化について口頭お
　　　よび書面で ABC に速やかに助言する、

(n) 合併およびこれに関する委任状の勧誘に関して連邦もしくは州、EU もしく
　　　は日本その他外国の法が課すすべての届出の要求を遵守し、そして合併に関
　　　して ABC、ABC ホールディングスもしくはその他の子会社に課されるその
　　　ような届出の要求に関して ABC に協力し、情報を速やかに提供するために
　　　あらゆる合理的な努力を尽くす、ならびに

(o) 合併もしくはその完了に関してとる行動に関して XYZ もしくは子会社が獲
　　　得もしくはなすことを要求される、連邦もしくは州、EU もしくは日本その
　　　他の外国の政府もしくは政府機関の同意、許可、承認もしくは免除（以下ま
　　　とめて「許認可」）を得るためにあらゆる合理的な努力を尽くす。

【解説】

　本合併契約の締結日から発効時まで相当の日数を要するので、買収企業で
ある ABC は、対象企業である XYZ に対して、本合併契約締結時点の XYZ
および子会社の収益・財務状態や企業価値を維持させるために、XYZ およ
び子会社がその事業活動に関してさまざまな約束をすることを要求する。本
条は、このような XYZ による約束に関する典型的な条項である。まず XYZ
および子会社の事業活動については、本合併契約の締結日以前までの通常の
ビジネスの過程におけると同様に遂行することを原則とする。したがって、
XYZ の事業活動に関する約束は、現在のビジネス組織や人材の維持ならびに
取引関係の維持、ビジネスの通常の過程外の契約の締結禁止、設立証書や付
属定款の変更禁止、合併や資産・事業の買収等の禁止、ビジネスの通常の過
程外の資産売却や担保等の禁止、配当や自己株式の購入等の禁止、新株発行

等の禁止、ビジネスの通常の過程外の金銭借入の禁止、一定額以上の給料増額や福利厚生関係の増額禁止などに及ぶ。

　また、本合併契約に基づく買収に関しては、XYZ は、ABC 以外に買収提案を求めないこと、ABC 以外に買収の情報提供や交渉をしないことならびに当該買収提案を ABC に通知することを約束している。

　本条にはさらに、XYZ の約束事項として、XYZ および子会社の資産や活動状況における変化の ABC への通知、合併に関する届出遵守努力ならびに許認可の取得努力が挙げられている。

Article 4.02　Covenants by ABC

During the period from the date of this Merger Agreement to the Effective Time, except as otherwise consented to by XYZ in writing, ABC:

(a) will use all reasonable efforts to comply promptly with all filing requirements which Federal or state, EU or Japanese or other foreign law imposes on it or any of its Subsidiaries with respect to the Merger and cooperate with and promptly furnish information to XYZ in connection with the solicitation of proxies or any such filing requirement imposed upon XYZ or any of its Subsidiaries in connection with the Merger; and

(b) will use all reasonable efforts to obtain any Authorizations required to be obtained or made by it or any of its Subsidiaries in connection with the Merger or the taking of any action in connection with the consummation thereof

---

【訳文】

第 4.02 条　ABC による約束

　本合併契約の日から発効時までの期間、XYZ により書面で合意された場合を除き、ABC は、以下のことをなすものとする。

(a) 合併およびこれに関する委任状の勧誘に関して連邦もしくは州、EU もしくは日本その他外国の法が課すすべての届出の要求を遵守し、そして合併に関して XYZ もしくは子会社に課されるそのような届出の要求に関して XYZ に協力し、情報を速やかに提供するためにあらゆる合理的な努力を尽くす、

　ならびに
(b) 合併もしくはその完了に関してとる行動に関して ABC もしくはその子会社が
　　獲得もしくなすことを要求される、許認可を得るためにあらゆる合理的な努力
　　を尽くす。

【解説】

　XYZ による約束事項に比して、ABC による約束事項は簡単であり、本条
では、合併に関する届出遵守努力および許認可取得努力が挙げられているに
すぎない。

Article 5　Additional Agreements

Article 5.01　Due Diligence

XYZ shall afford ABC and its accountants, counsel and other representatives full access during normal business hours during the period prior to the Effective Time to all of the properties, books, contracts, commitments and records of XYZ and its Subsidiaries and, during such period, XYZ shall furnish promptly all information concerning its or the Subsidiaries' business, properties and personnel as ABC may reasonably request. All such information obtained hereunder shall be used by ABC only in connection with the Merger. In the event of the termination of this Merger Agreement, ABC shall use its best efforts to hold confidential all information obtained hereunder which is not otherwise public knowledge; and all documents, including copies thereof, obtained hereunder by ABC shall be returned to XYZ unless readily ascertainable from public information sources.

【訳文】

第5条　追加の合意

第5.01条　デューディリジェンス

　XYZ は、ABC およびその会計士、弁護士およびその他の代表者に、発効時前
の期間の間に通常のビジネス時間中、XYZ および子会社の財産、帳簿、契約、
約束および記録のすべてに十分なアクセスを与える、そしてその期間中、XYZ

は、ABC が合理的に要請する、XYZ もしくは子会社のビジネス、財産および人に関するすべての情報を速やかに提供する。そのようにして得られたすべての情報は、合併に関してのみ ABC により使用される。本合併契約の終了の場合には、ABC は、そのようにして得られた、公知でない、すべての情報を秘密に保持するよう最善の努力を尽くす、そしてこれらの写しを含む、ABC により獲得されたすべての文書は、公の情報源から容易には確認できないときは、XYZ に返却される。

【解説】

　本条は、買収企業に対して十分なデューディリジェンスの機会が与えられる旨の包括的な条項であり、買収企業は、チーム編成や実施の方法などを事前に十分に検討する必要がある。実施の時期としては、買収契約の交渉過程で買収契約の締結前に本格的なデューディリジェンスを、買収契約締結後、クロージングの前に、クロージングの条件等の確認のためのデューディリジェンスを行うことが望ましい。

Article 5.02　Proxy Statement

XYZ shall prepare and send the Proxy Statement to stockholders of XYZ as soon as possible is reasonably practicable and unless, in the opinion of counsel of XYZ, such recommendation would constitute a breach of its fiduciary duty, XYZ's Board of Directors shall recommend in the Proxy Statement that its stockholders vote to approve the Merger Agreement.

【訳文】

第 5.02 条　委任状説明書

　XYZ は、XYZ の株主に合理的に可能な限り早く委任状説明書を作成して送付し、そして XYZ の弁護士の意見で、その勧告が忠実義務に違反しないときは、XYZ の取締役会は、委任状説明書において株主が合併契約を承認するために投票するよう勧告する。

【解説】

　本条は、XYZ からの株主への委任状説明の送付に関する条項であるが、他の買収提案などがあった場合に備えて、XYZ の取締役会は、忠実義務に違反しないときには、合併契約の承認を株主に勧告する旨の慎重な規定となっている。

Article 5.03　Corporate Approvals

XYZ shall call a meeting of its stockholders to be held for the purpose of voting upon the Merger. XYZ will, through its Board of Directors, use its best efforts to solicit the requisite approval of its stockholders at such meeting unless, in the opinion of counsel of XYZ, such solicitation would constitute a breach of fiduciary duty of XYZ's Board of Directors.

【訳文】

第 5.03 条　会社の承認

　XYZ は、合併に対し投票する目的のために開催される株主総会を招集する。XYZ は、取締役会を通じて、XYZ の弁護士の意見で、そのような求めが XYZ の取締役会の忠実義務の違反とならないときは、当該株主総会で株主の必要な承認を求める最善の努力を尽くすものとする。

【解説】

　本条もまた、合併を承認するために招集される株主総会に関する条項であるが、他の買収提案などがあった場合に備えて、XYZ の取締役会は、忠実義務に違反しないときには、合併承認の投票を株主に求める旨の慎重な規定である。

Article 5.04　Expenses

Whether or not the Merger is consummated, all costs and expenses incurred in connection with this Merger Agreement and the transactions contemplated hereby shall be paid by the party incurring such expense.

【訳文】

第5.04条　費用

　合併が完了するか否かにかかわらず、本合併契約および本合併契約により企図された取引に関して被ったすべてのコストと費用は、当該費用を負担する当事者により支払われる。

【解説】

　本条は、本合併契約および関連取引に要した費用の支払いに関する条項である。

Article 5.05　Miscellaneous Agreements

Subject to the fiduciary duties of their respective Boards of Directors and the terms and conditions of this Merger Agreement, each of the parties hereto agrees to use all reasonable efforts to take, or cause to be taken, all action, and to do, or cause to be done, all things necessary, proper or advisable under applicable laws and regulations, to consummate and make effective the transactions contemplated by the Merger and this Merger Agreement. In case at any time after the Effective Time any further action is necessary or desirable to carry out the purpose of this Merger Agreement, or to vest the Surviving Corporation with full title to all properties, assets, rights, approvals, immunities and franchises of either XYZ or ABC Holdings, the proper officers or directors of XYZ, ABC or ABC Holdings, as the case may be, shall take all such necessary action. ABC Holdings shall vote in favor of the Merger all shares of XYZ Common Stock which it is then entitled to vote, it being understood that such favorable vote shall not in any way limit ABC's rights under Article 6.

【訳文】

第5.05条　諸々の合意

　各取締役会の忠実義務および本合併契約の条項に従い、各当事者は、適用される法および規則の下で、合併および本合併契約により企図された取引を完了し有

効にするに必要な、適切もしくは賢明なすべての行為をとるもしくはとらせ、そのような行為をするもしくはさせるために合理的なあらゆる努力を尽くすことに合意する。発効時後いつでも本合併契約の目的を遂行し、存続会社に XYZ もしくは ABC ホールディングスのすべての財産、資産、権利、承認、免責およびフランチャイズに対する完全な権利を付与するためにさらなる行為が必要もしくは望ましいときには、場合により XYZ、ABC もしくは ABC ホールディングスの適切なオフィサーもしくは取締役は、そのような必要な行為をすべてとる。ABC ホールディングスは、そのような賛成投票が第 6 条に基づく ABC の権利を制限しないとの理解の下で、その時に投票する権利のある XYZ 普通株式のすべてを合併に賛成するよう投票する。

【解説】

　本条は、本合併契約に基づく取引を完了・有効にさせるためのすべての行為および発効時後に存続会社の権利を確保するために必要となるようなすべての行為をなすことを XYZ、ABC および ABC ホールディングスがそれぞれ約束する旨の条項である。

Article 5.06　Filings

XYZ and ABC shall, as soon as possible, file Notification and Report Forms under the Hart-Scott-Rodino Act and necessary notification and report forms of similar nature under EU, Japanese or other foreign competition laws with the Federal Trade Commission and the Antitrust Division of the Department of Justice and EU, Japanese or other foreign competition authorities, and shall use reasonable efforts to respond as promptly as practicable to all inquiries for additional information or documentation.

【訳文】

第 5.06 条　届出

　XYZ および ABC は、ハート・スコット・ロディノ法に基づく通知・報告フォームおよび EU、日本その他の外国の競争法に基づく同様の必要な通知・報告フォームを連邦取引委員会および司法省反トラスト局ならびに EU、日本その

他外国の競争当局にできるだけ早く届け出る、そして追加の情報もしくは文書に対するすべての問合せに可能な限り速やかに応答するよう合理的な努力を尽くすものとする。

【解説】

　本条は、XYZ および ABC によるアメリカ反トラスト法、EU、日本その他の外国の競争法に基づく届出に関する条項である。

Article 5.07　Certain Notifications
At all times from the date hereof to the Effective Time, each party shall promptly notify the other in writing of the occurrence of any event which will or may result in the failure to satisfy the conditions specified in Article 6.01 hereof in the case of events relating to XYZ and in Article 6.02 hereof in the case of events relating to ABC and ABC Holdings.

【訳文】
第 5.07 条　通知
　本契約の日から発効時までのいつでも、各当事者は、XYZ に関する出来事の場合は第 6.01 条に規定する条件および ABC と ABC ホールディングスに関する出来事の場合は第 6.02 条に規定する条件を充足しないことになるもしくはなりうる出来事の発生を書面で他方の当事者に速やかに通知する。

【解説】

　本条は、XYZ の義務の前提条件および ABC・ABC ホールディングスの義務の前提条件がそれぞれ充足されないような出来事の発生について相手方への通知義務を課した条項である。

Article 5.08　Publicity

At all times from the date hereof to the Effective Time, each party shall promptly advise and cooperate with the other prior to issuing, or permitting any of its subsidiaries, directors, officers, employees or agents, to issue any press release or other information to the press or any third party with respect to this Merger Agreement or the transactions contemplated hereby; provided that nothing herein shall prohibit any party to this Merger Agreement from making any public disclosure regarding this Merger Agreement and the transactions contemplated hereby if in the opinion of counsel to such party such disclosure is required under applicable laws.

【訳文】

第5.08条　公表

　本契約の日から発効時までのいつでも、各当事者は、本合併契約もしくはこれにより企図された取引に関してプレス・リリースまたはプレスもしくは第三者にその他の情報を発信する前にまたは子会社、取締役、従業員もしくはエージェントがそれらを発信することを許す前に、相手方当事者に速やかに助言し協力する。ただし、本合併契約の当事者は、本合併契約およびそれにより企図された取引に関する公の開示をすることは、当該当事者の弁護士の意見では、そのような開示が適用する法の下で要求されるときには、禁じられないものとする。

【解説】

　本条は、合併に関するプレス・リリース等の公表について事前の両当事者間の助言・協力義務を謳った典型的な条項である。

Article 6   Conditions

Article 6.01   Conditions to the Obligations of ABC and ABC Holdings

Notwithstanding any other provisions of this Merger Agreement, the obligation of ABC and ABC Holdings to effect the Merger shall be subject to the fulfillment of the following conditions:

(a) the Merger shall have been validly approved and adopted by the holders of requisite number of shares of each class of the capital stock of XYZ, as required by the XYZ's Certificate of Incorporation and Delaware Corporation Law;

(b) the waiting periods applicable to the Merger under the Hart-Scott-Rodino Act and EU, Japanese or other foreign competition laws shall have expired or been terminated;

(c) all material permits, approvals and consents of any Japanese government, Federal or state government or governmental authority necessary for consummation of the Merger shall have been obtained;

(d) there shall not be any action taken with respect to the Merger, or any statute, rule, regulation or order enacted, entered, enforced or deemed applicable to the Merger by any Japanese government, Federal or state government or governmental authority and there shall not be in effect a preliminary or permanent injunction or an order entered by any Federal, state or foreign court which (i) prohibits consummation of the Merger or makes the consummation of the Merger illegal, (ii) results in a delay, beyond December 31, _____, in the ability of ABC and ABC Holdings to consummate the Merger, (iii) requires the divestiture by ABC or any subsidiary of ABC of any shares of XYZ Common Stock or of a material portion of the business or assets of either ABC and its subsidiaries considered as a whole, or of XYZ and its Subsidiaries considered as effectively to exercise full rights of ownership of the shares of XYZ Common Stock or of a material portion of the business or assets of XYZ and its Subsidiaries considered as a whole.

(e) the representations and warranties of XYZ contained in Article 2 shall be true in all material respects as of the date of this Merger Agreement and as of the Effective Time. except as otherwise contemplated by this Merger Agreement; XYZ shall have duly performed and complied with all agreements, covenants and conditions required by this Merger Agreement to be performed or complied with by it prior to the Effective Time; and XYZ shall have delivered to ABC a certificate dated the Effective Date and signed by its President or a Vice President to the effect set forth in this paragraph;

(f) any required consent to the Merger under any agreement, contract or license, the withholding of which would materially and adversely affect the business, assets or prospects or the financial condition or the result of operations of XYZ and its Subsidiaries considered as a whole, or of ABC and its subsidiaries considered as a whole, shall have been obtained;

(g) XYZ shall have furnished to ABC such additional certificates and other documents as ABC may have reasonably requested;

(h) ABC shall have received the resignations of each member of XYZ's Boards of Directors.

【訳文】

第6条 条件

第6.01条 ABC および ABC ホールディングスの義務に対する条件

　本合併契約のその他の規定にかかわらず、合併を有効にする ABC および ABC ホールディングスの義務は、次の条件の達成に従うものとする。

(a) 合併が、XYZ の設立証書およびデラウェア一般会社法により要求されたように、XYZ の株式の各クラスの必要な株式数の保有者により有効に承認され採択された。

(b) ハート・スコット・ロディノ法、EU、日本もしくはその他外国の競争法に基づき合併に適用される待機期間が終了した。

(c) 日本政府、連邦または州政府もしくは政府機関の合併の完了に必要なすべての重要な許可、承認および同意が得られた。

(d) 日本政府、連邦または州政府もしくは政府機関により、合併に関してとられ

た措置は何らなく、または合併に対して制定、発行、強制もしくは適用しうるとされた制定法、ルール、規則もしくは命令も何らない、そして

(ⅰ) 合併の完了を禁止または不法とする、

(ⅱ) ＿＿＿＿＿＿ 年12月31を超えて ABC および ABC ホールディングスの合併完了が遅れる結果となる、

(ⅲ) XYZ 普通株式または ABC および全体としての子会社もしくは XYZ および全体としての子会社のいずれかのビジネスもしくは資産の重要な部分の ABC もしくは ABC の子会社による分割を要求する、または（ⅵ）XYZ 普通株式もしくは XYZ および全体としての子会社のビジネスもしくは資産の重要な部分の完全な所有権を有効に実行する ABC およびその子会社の能力に重大な制限を課すような、連邦、州もしくは外国の裁判所により出された予備的もしくは永久的差止めまたは命令は実際にない。

(e) 第２条に含まれる XYZ の表明および保証は、本合併契約の日付けでおよびあたかも発効時になされたかのように発効時付けで、本合併契約により企図されたものを除き、すべての重要な面において真実である、XYZ は、本合併契約により発効時前に遂行され遵守されることを要求されるすべての合意、約束および条件を適正に遂行し遵守した、そして XYZ は、発効日の日付けがあり、このパラグラフに記述された効果のためにその社長もしくは副社長により署名された証明書を ABC に引き渡した。

(f) その撤回が XYZ および全体としての子会社または ABC および全体としての子会社のビジネス、資産、見通しもしくは財務的状態または活動の成果に重大な悪影響を及ぼすような、合意、契約およびライセンスに基づく合併に対し要求されたいかなる同意も得られた。

(g) XYZ は、ABC が合理的に要請した追加の証明書およびその他の文書を ABC に提供した。

(h) ABC は、XYZ の取締役会の各メンバーの辞任を受け取った。

【解説】

　本条は、ABC および ABC ホールディングスの義務が発生するための条件に関する典型的な条項であり、本合併契約に基づく合併を完了するためのさまざまな条件を挙げている。

　まず、XYZ の株主による合併の承認、各国競争法に基づく待機期間の終

了、取引完了に必要な関係当局の許認可の取得であり、そして関係当局によりとられた措置はなく、合併の完了を禁止、所定の時期を経過する遅延、買収対象の資産等の分割の要求ならびに ABC による XYZ の資産等の取得に対する制限となるような差止めや命令がないことである。

さらに、2条に基づく XYZ の表明保証が真実であったことおよび XYZ が本合併契約により要求されるすべての合意や約束をなしたことならびにその他契約上要求される合併に対する同意等が得られたことなどが挙げられ、最後に、XYZ の取締役会のメンバー全員の辞任届を ABC が受領したことが条件となっている。

Article 6.02   Conditions to the XYZ's Obligations

Notwithstanding any other provisions of this Merger Agreement, the obligation of XYZ to effect the Merger shall be subject to the fulfillment of the following conditions:

(a) the Merger shall have been validly approved and adopted by the holders of requisite number of shares of each class of the capital stock of XYZ, as required by the XYZ's Certificate of Incorporation and Delaware Corporation Law;

(b) the waiting period applicable to the Merger under the Hart-Scott-Rodino Act and EU, Japanese and other foreign competition laws shall have expired or been terminated;

(c) there shall not be any action taken with respect to the Merger, or any statute, rule, regulation or order enacted, entered, enforced or deemed applicable to the Merger by any Japanese government, Federal or state government or governmental authority and there shall not be in effect a preliminary or permanent injunction or an order entered by any Federal, state or foreign court which (i) prohibits consummation of the Merger or makes the consummation of the Merger illegal, (ii) results in a delay, beyond December 31, _____, in the ability of ABC and ABC Holdings to consummate the Merger;

(d) the representations and warranties of ABC contained in Article 3 shall be true in all material respects as of the date of this Merger Agreement and as of the Effective Time as though made on and as of the Effective Time, except as otherwise contemplated by this Merger Agreement; ABC shall have duly performed and complied with all agreements, covenants and conditions required by this Merger Agreement to be performed or complied with by it prior to the Effective Time; and ABC shall have furnished to XYZ such additional certificates and other documents as XYZ may have reasonably requested

【訳文】

第 6.02 条　XYZ の義務に対する条件

　本合併契約のその他の規定にかかわらず、合併を有効にする XYZ の義務は、次の条件の達成に従うものとする。

(a) 合併が、XYZ の設立証書およびデラウェア一般会社法により要求されたように、XYZ の株式の各クラスの必要な株式数の保有者により有効に承認され採択された。

(b) ハート・スコット・ロディノ法、EU、日本もしくはその他外国の競争法に基づき合併に適用される待機期間が終了した。

(c) 日本政府、連邦または州政府もしくは政府機関により、合併に関してとられた処置は何らなく、または合併に対して制定、発行、強制もしくは適用しうるとされた制定法、ルール、規則もしくは命令も何らない、そして

　　(i) 合併の完了を禁止または不法とする、

　　(ii) ＿＿＿＿＿＿＿ 年 12 月 31 を超えて ABC および ABC ホールディングスの合併完了が遅れる結果となるような、連邦、州もしくは外国の裁判所により出された予備的もしくは永久的差止めまたは命令は実際にない。

(d) 第 3 条に含まれる ABC の表明および保証は、本合併契約の日付でおよびあたかも発効時になされたかのように発効時付けで、本合併契約により企図されたものを除き、すべての重要な面において真実である。ABC は、本合併契約により発効時前に遂行され遵守されることを要求されるすべての合意、約束および条件を適正に遂行し遵守した、そして ABC は、XYZ が合理的に要請した追加の証明書およびその他の文書を XYZ に提供した。

【解説】

　本条は、XYZ の義務が発生するための条件に関する条項であり、本合併契約に基づく合併を完了するための条件を挙げているが、ABC および ABC ホールディングスの場合に比して簡単である。

　まず、XYZ の株主による合併の承認、各国競争法に基づく待機期間の終了であり、そして関係当局によりとられた措置はなく、合併の完了を禁止、所定の時期を経過する遅延となるような差止めや命令がないことである。そして、3 条に基づく ABC の表明保証が真実であったことおよび ABC が本合併契約により要求されるすべての合意や約束をなしたことなどが挙げられている。

Article 7　Termination, Amendments and Waiver

Article 7.01　Termination

This Merger Agreement may be terminated at any time prior to the Effective Time, whether before or after approval by the stockholders of XYZ;

(i) by mutual consent of the Board of Directors and the Board of Directors of XYZ; or (ii)　either ABC or XYZ if the Merger shall no have been consummated on or before ＿＿＿＿＿＿＿＿＿＿＿＿.

【訳文】

第 7 条　解消、改正および放棄

第 7.01 条　解消

　本合併契約は、発効時前いつでも、XYZ の株主の承認前でもその後でも、

(ⅰ) ABC の取締役会と XYZ の取締役会の相互の合意により、または

(ⅱ) 合併が ＿＿＿＿＿＿＿ より前に完了しなかったときは、ABC、XYZ のいずれによっても、解消することができる。

【解説】

　本条は、本合併契約の解消に関する条項であるが、合併の完了にデッドラインを設けており、その経過が解消事由となっている。

Article 7.02　Effect of Termination

In the event of termination of this Merger Agreement by either ABC or XYZ, as provided in Article 7.01 hereof, the Merger Agreement shall forthwith become void and there shall no liability on the part of ABC or XYZ or their respective officers or directors, except for expenses under Article 5.04; and provided that no party shall be relieved of liability for breach of any obligation or covenant under this Merger Agreement.

【訳文】

第 7.02 条　解消の効果

　第 7.01 条に規定されるように、ABC または XYZ いずれかによる合併契約の解消の場合、合併契約は直ちに無効となり、第 5.04 条の費用を除いて、ABC、XYZ、それぞれのオフィサーもしくは取締役には何らの責任はない。しかしながら、いかなる当事者も、本合併契約に基づく義務もしくは約束の違反に対する責任からは免れられないものとする。

【解説】

　本条は、本合併契約の解消の効果に関する条項であるが、本合併契約上すでに発生した義務・約束違反の責任は解消によって免れることはできない。

Article 7.03　Amendment

This Merger Agreement and the schedules hereto may be amended by the parties hereto, by action taken by their respective Boards of Directors, at any time before or after approval hereof by the stockholders of XYZ but, after any such approval hereof by the stockholders of XYZ, no amendment shall be made which in any way adversely affects the rights of the stockholders of XYZ without further approval of such stockholders. This Merger Agreement and the schedules hereto may not be amended except by an instrument in writing signed on behalf of each of the parties hereto.

【訳文】

第7.03条 改正

　本合併契約およびスケジュールは、XYZ の株主の承認の前でも後でもいつでも、改正することができる、しかし当該承認後は、さらなる株主の承認なくしては、XYZ の株主の権利に悪影響を及ぼす改正はしてはならない。本合併契約およびスケジュールは、各当事者のために署名された書面による文書による場合を除き改正することはできない。

【解説】

　本条は、本合併契約の改正に関する条項であり、株主による合併承認後は、株主とって不利となるような改正はあらためて株主による承認を要することになる。

Article 7.04　Waiver

Any term or provision of this Merger Agreement（other than the requirement for stockholder approvals）may be waived in writing at any time by the party which is, or whose stockholders are, entitled to the benefits thereof.

【訳文】

第7.04条 放棄

　（株主の承認に対する要求以外の）本合併契約のいかなる規定も、放棄の便益に権利がある当事者もしくはその株主により書面でいつでも放棄することができる。

【解説】

　本条は、本合併契約の各規定について放棄の権利を認める条項である。

Article 8　Escrow and Indemnity

Article 8.01　Escrow

As or promptly after the Effective Time, on behalf of holders of XYZ Common Stock, other than Dissenting Shares, ABC shall deposit funds with the Escrow Agent as provided in Article 1.03 (c) hereof, which funds shall be released, in whole or in part, to the holders of escrow receipts or paid to ABC in accordance with the Escrow Agreement.

【訳文】

第8条　エスクローおよび補償

第8.01条　エスクロー

　発効時以後速やかに、反対株式以外のXYZ普通株式の保有者のために、ABCは、第1.03 (c) 条に規定するように、資金をエスクロー・エージェントに預託する。当該資金は、全部もしくは部分的に、エスクロー・契約に従ってエスクロー受領書の保有者に解放されまたはABCに支払われる。

【解説】

　本条は、エスクローに関する条項であり、1.03 (c) 条に従って、ABCがエスクロー・エージェントに預託した買収資金は、本合併契約の発効時以後、XYZの株主であるエスクロー受領書の保有者への支払いに充てられる。

Article 8.02　Indemnity

To the extent of the Escrow Agreement attached hereto, ABC and its successors and assigns (the "Indemnitees") are hereby indemnified and held harmless and entitled to reimbursement for the amount of all debts, obligations, liabilities, claims, fines, penalties, losses, damages, costs and expenses, including without limitation, reasonable legal expenses (collectively, the "Liabilities") which the Indeminitees may incur or suffer by reason or on account of breach of any of XYZ's representations, warranties or covenants herein contained, or any liabilities against the Indemnitees, arising out of the conduct, ownership, use or operation of the assets of XYZ and its Subsidiaries prior to the Effective Date and which either relate to XYZ's, any Subsidiary's or their predecessors' failure to comply with any Federal, state, local or foreign environmental law enacted or to be enacted.

【訳文】

第 8.02 条　補償

本契約に添付されるエスクロー契約の範囲で、ABC およびその承継人および譲受人（以下「被補償者」）は、被補償者が、本契約に含まれた XYZ の表明、保証もしくは約束の違反または発効日前に XYZ および子会社の資産の運営、所有、使用もしくは経営から生ずる、被補償者に対する責任が理由で被るもしくは受ける、そして XYZ、その子会社もしくはそれらの前任者のいずれかによる連邦、州、地方もしくは外国の制定されたもしくは制定される環境法の不遵守にかかわる、すべての負債、債務、責任、クレーム、罰金、ペナルティ、損失、損害、コストおよび合理的な法的費用を含むがこれに限定されない費用（合わせて「責任」）の金額に対して補償、免責および償還の権利を有する。

【解説】

　本条により、ABC は、XYZ による表明保証・約束の違反および発効日前における XYZ および子会社の事業活動から生じた責任から免責され補償される。とりわけ XYZ および子会社のみならずその前任者による環境法の不遵守から生じた責任も免責・補償の対象になっている。これは、2.18 条に定められる環境問題に関する XYZ の表明保証に対する ABC の懸念の観点から特に設けられた規定である。

Article 9　General Provisions

Article 9.01　Non-Survival of Representations and Warranties

Except as otherwise in Article 8 and the Escrow Agreement, all representations and warranties in this Merger Agreement of ABC, ABC Holdings and XYZ or in any agreement or instrument delivered by ABC, ABC Holdings or XYZ pursuant to this Merger Agreement shall not survive the Merger.

【訳文】

第9条　一般規定

第9.01条　表明保証の非残存

　第8条およびエスクロー契約における場合を除き、ABC、ABC ホールディングス、および XYZ の本合併契約における、または本合併契約に従い ABC、ABC ホールディングスもしくは XYZ により引き渡された契約もしくは文書における、すべての表明および保証は、合併後は残存しない。

【解説】

　合併に関する各当事者の表明保証条項は、すべて合併後は残存しないことになるので、ABC はデューディリジェンスにおいて XYZ による個別の表明保証を確認し、その違反がないかどうかを探知することが必要となる。

Article 9.02　Notices

All notices and other communications hereunder shall be in writing and shall be deemed given if delivered personally or mailed by registered or certified mail to the parties at the following addresses :

if to ABC or ABC Holdings at:
if to XYZ at:

【訳文】

第9.02条　通知

　すべての通知およびその他の伝達は、書面によるものとし、手渡されたときまたは次の住所の当事者宛てに書留もしくは証明郵便で郵送されたときに、与えられたものとみなされる。

ABC または ABC ホールディングス宛てのとき

_____

XYZ 宛てのとき

_____

【解説】

本条は、当事者間における通知に関する典型的な条項である。

Article 9.03　Closing

The closing of the Merger shall take place at such location in ＿＿＿＿＿＿＿＿
and time as ABC shall designate as promptly as possible after the
fulfillment or waiver of the conditions referred to in Article 6, or at such
other location and time as XYZ, ABC Holdings and ABC shall agree.

【訳文】

第9.03条　クロージング

　合併のクロージングは、ABCが、第6条において言及する条件の達成もしく
は放棄の後できるだけ速やかに指定する＿＿＿＿＿＿＿＿＿の場所および時
間、またはXYZ、ABCホールディングスもしくはABCが合意するその他の場
所および時間において行われる。

【解説】

　本条は、合併のクロージングの場所と時間に関する条項であり、所定の場
所および時間に各当事者と関係者が一堂に会して、取引を完了するために必
要な行為が行われる。

Article 9.04　Governing Law

Any matters arising out of or related to this Merger Agreement and the
relationships of the Parties hereunder shall be governed by the laws of
[the State of Delaware].

【訳文】

第9.04条　準拠法

　本合併契約およびそれに基づく両当事者の関係から生ずる、またはそれらに関
係するいかなる事項も［デラウェア州］法に準拠する。

Article 9.05　Resolution of Disputes

9.05　Direct Discussions and Arbitration

(a) In the event a dispute arises between the Parties, or between one or both Parties and the Joint Venture Company, relating to this Joint Venture Agreement or any of the agreement referred to herein, those parties shall use all reasonable efforts to resolve the dispute through direct discussions.

(b) If the Parties are unable after exerting all reasonable efforts to resolve a dispute between the Parties, arising out of or relating to this Merger Agreement or any of the agreements referred to herein, the dispute shall be resolved through binding arbitration on the following basis:

　(i) The arbitration shall be conducted by The Arbitration Committee of the International Chamber of Commerce in accordance with provisions, rules and procedures promulgated by such Arbitration Committee.

　(ii) If the dispute arises between the Parties, the place of arbitration shall be [Tokyo], if demand for arbitration is made by ABC, and [New York], if demand for arbitration is made by XYZ.

　(iii) The language to be used in the arbitration shall be English.

　(iv) Any arbitrator may be of any nationality, and need not be a lawyer or hold any other professional status or member; provided that third presiding arbitrator selected shall be of any citizenship or residency to which ABC or XYZ belongs and shall be a lawyer.

　(v) The arbitral award shall be rendered in writing and shall be final and binding upon the Parties .

　(vi) Application may be made to such a court of competent jurisdiction for judicial acceptance of the award and any appropriate order including enforcement.

　(vii) Each party shall bear its own expenses and attorneys' fees in connection with the arbitration.

【訳文】

第 9.05 条　紛争の解決

9.05　直接の議論および仲裁

(a) 両当事者の間に、本合併契約において言及される契約に関して紛争が生じる場合、これらの当事者は、直接の議論を通じて紛争を解決するためにあらゆる合理的な努力をする。

(b) これらの当事者が、あらゆる合理的な努力を尽くした後、本合併契約において言及される契約から生じる、またはこれらに関する両当事者の間の紛争を解決することができないときは、紛争は、以下をベースに拘束力ある仲裁を通じて解決される。

　(i) 仲裁は、国際商業会議所の仲裁委員会により編纂された規定、ルールおよび手続きに従い、仲裁委員会により行われる。

　(ii) 紛争が両当事者の間で生ずる場合には、仲裁場所は、仲裁の申立てがABC よりなされるときは、[東京]であり、仲裁の申立てが XYZ よりなされるときは、[ニューヨーク]である。

　(iii) 仲裁において使用される言語は英語である。

　(iv) 仲裁人は、いかなる国籍でもよく、そして法律家である必要はなく、またはその他の専門的な地位もしくはメンバーシップを保有している必要はない。ただし、第三の、司会をする、選定された仲裁人は、ABCまたは XYZ が所属する市民権または居住の身分を有する者とする。

　(v) 仲裁判断は、書面でなされる、そして最終であり、両当事者を拘束する。

　(vi) 仲裁判断の司法的認容および強制を含む適切な命令のために、適格な管轄を有する裁判所に申立てをすることができる。

　(vii) 各当事者は、仲裁に関連するそれぞれの費用および弁護士料を負担する。

【解説】

　本モデルでは、仲裁機関として ICC、仲裁規則として ICC のルールが採用され、仲裁の場所については、当事者間の争いに関しては被申立人住所地主義が基準となっている。

Article 9.06   Miscellaneous

This Merger Agreement and the Escrow Agreement (including the schedules, exhibits, documents and instruments referred to herein or therein)

(a) constitutes the entire agreement and supersedes all other prior agreements and undertakings, both written or oral, among the parties;

(b) shall not be assigned or transferred by operation of law or otherwise without the consent of the other party except that ABC may assign its rights under this Merger Agreement to any direct or indirect subsidiary of ABC; and

(c) shall be governed in all respects, including validity, interpretation and effect, by the laws of the State of Delaware.

In case any one or more of the provisions contained in this Merger Agreement, or application thereof, shall be invalid or unenforceable in any respect, the validity, legality and enforceability thereof, shall not in any way be affected or impaired thereby.

IN WITNESS WHEREOF, ABC, ABC Holdings and XYZ have caused this Merger Agreement to be signed by their respective officers thereunto duly authorized, all as the date first written above.

ABC

By _____

ABC Holdings

By _____

XYZ

By ＿＿＿＿＿＿＿＿＿＿＿＿

【訳文】

第 9.06 条　その他

　本合併契約およびエスクロー契約（本契約で言及されたスケジュール、資料、書面および文書を含む）は、

(a) 完全合意を構成し、そして当事者間における、書面であれ口頭であれ、すべてのその他の以前の合意および引受けに取って代わる、

(b) ABC が本合併契約に基づく権利を ABC のいかなる直接、間接の子会社にも譲渡できることを除き、他方当事者の合意なくしては、法の適用によりもしくはその他の方法により譲渡もしくは移転してはならない、そして

(c) 有効性、解釈および効果を含むすべての面においてデラウェア州法により規律される。

　本合併契約に含まれる規定の1つ以上もしくはその適用がいかなる面であれ無効もしくは強制できないとき、本合併契約の有効性、適法性および強制がそれにより影響を受け、損なわれるようなことはない。

　以上を証するために、ABC、ABC ホールディングスおよび XYZ は、本合併契約を、最初に記載する日付けで適正な権限を有する代表者により署名させることとする。

ABC

＿＿＿＿＿＿＿＿＿＿＿

ABC ホールディングス

＿＿＿＿＿＿＿＿＿＿＿

XYZ

＿＿＿＿＿＿＿＿＿＿＿

【解説】

　本条には、国際契約に共通する典型的な一般条項として、完全合意、譲渡禁止、準拠法、分離性に関する条項が簡潔な文言で規定されている。

索　引

■著者紹介

井原　宏　（いはら　ひろし）

　　京都大学法学部卒業、ケンブリッジ大学大学院比較法研究課程修了、住友化学法務部長、日本ライセンス協会理事、経営法友会代表幹事、筑波大学大学院教授（社会科学系）、筑波大学大学院ビジネス科学研究科長、明治学院大学法学部教授、明治学院大学学長補佐、弁護士（東京弁護士会）、一般社団法人 GBL 研究所代表理事会長、筑波大学監事、国際取引法学会代理事会長を歴任。現在、国際取引法学会理事・名誉会長（創設者）、筑波大学名誉教授、京都大学博士（法学）。

［主要著作］
『企業の国際化と国際ジョイントベンチャー』（商事法務研究会、1994）、『現代国際取引法』（商事法務研究会、1999）、『国際事業提携　アライアンスのリーガルリスクと戦略』（商事法務研究会、2001）、『グローバル企業法　グローバル企業の法的責任』（青林書院、2003）、『国際契約法』（大学教育出版、2006）、『国際知的財産法』（有信堂高文社、2007）、『国際取引法』（有信堂高文社、2008）、『国際売買契約　ウイーン売買条約に基づくドラフティング戦略』（編著、レクシスネクシス・ジャパン、2010）、『判例　ウイーン売買条約』（編著、東信堂、2010）、『グローバル企業法』（東信堂、2011）、『国際ジョイントベンチャー契約　国際ジョイントベンチャーのリスクとリーガルプランニング』（東信堂、2013）、『現代企業法務 1　国内企業法務編』（編著、大学教育出版、2014）、『グローバルビジネスロー　基礎研修 1　企業法編』（編著、レクシスネクシス・ジャパン、2015）、『国際技術ライセンス契約 そのリスクとリーガルプランニング』（東信堂、2021）、『国際取引法　上巻』（東信堂、2022）、『国際取引法　下巻』（東信堂、2023）、『国際取引法講義』（大学教育出版、2023）、『企業経営のための経営法学　第 2 版』（大学教育出版、2024）など。

国際事業戦略 I
国際買収そのリスクとリーガルプランニング

2024 年 4 月 28 日　初版第 1 刷発行

■著　　者 ── 井原　宏
■発 行 者 ── 佐藤　守
■発 行 所 ── 株式会社 **大学教育出版**
　　　　　　　〒 700-0953　岡山市南区西市 855-4
　　　　　　　電話（086）244-1268　FAX（086）246-0294
■印刷製本 ── モリモト印刷 ㈱

ISBN978-4-86692-282-9

1章 ベクトル

1 平面上のベクトル

☑ **1** 右の図において，次の条件を満たすベクトルの
★☆☆☆ 組をすべて求めよ。

(1) 同じ向きのベクトル
(2) 大きさの等しいベクトル
(3) 等しいベクトル
(4) 互いに逆ベクトル

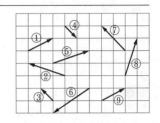

☑ **2** 右の図の3つのベクトル $\vec{a}$, $\vec{b}$, $\vec{c}$ について，次のベクトルを
★☆☆☆ 図示せよ。ただし，始点は O とせよ。

(1) $\dfrac{1}{2}\vec{b}$ (2) $\vec{a}+\dfrac{1}{2}\vec{b}$ (3) $\vec{a}+\dfrac{1}{2}\vec{b}-2\vec{c}$

☑ **3** 〔1〕 等式 $\overrightarrow{AB}+\overrightarrow{CD}=\overrightarrow{AD}+\overrightarrow{CB}$ が成り立つことを証明せよ。
★☆☆☆ 〔2〕 平面上に2つのベクトル $\vec{a}$, $\vec{b}$ がある。

(1) $\vec{p}=\vec{a}+\vec{b}$, $\vec{q}=\vec{a}+2\vec{b}$ のとき，$3\vec{p}-5(\vec{q}-2\vec{p})$ を $\vec{a}$, $\vec{b}$ で表せ。

(2) $2\vec{x}+6\vec{a}=5(3\vec{b}+\vec{x})$ を満たす $\vec{x}$ を $\vec{a}$, $\vec{b}$ で表せ。

(3) $2\vec{x}+\vec{y}=5\vec{a}+7\vec{b}$, $\vec{x}+2\vec{y}=4\vec{a}+2\vec{b}$ を同時に満たす $\vec{x}$, $\vec{y}$ を $\vec{a}$, $\vec{b}$ で表せ。

☑ **4** O を中心とする正六角形 ABCDEF において，辺 EF の中点
★★☆☆ を M とする。$\overrightarrow{AB}=\vec{a}$, $\overrightarrow{AF}=\vec{b}$ とするとき，次のベクトル
頻出 を $\vec{a}$, $\vec{b}$ で表せ。

(1) $\overrightarrow{BC}$ (2) $\overrightarrow{FD}$ (3) $\overrightarrow{OM}$ (4) $\overrightarrow{BM}$

☑ **5** AB = 4，AD = 3 である平行四辺形 ABCD において，辺 CD の中点を M とする。
★★☆☆ $\overrightarrow{AB}$, $\overrightarrow{AD}$ と同じ向きの単位ベクトルをそれぞれ $\vec{a}$, $\vec{b}$ とするとき

(1) $\overrightarrow{AC}$, $\overrightarrow{DB}$, $\overrightarrow{AM}$ を $\vec{a}$, $\vec{b}$ で表せ。

(2) $\overrightarrow{AC}=\vec{p}$, $\overrightarrow{DB}=\vec{q}$ とするとき，$\overrightarrow{AM}$ を $\vec{p}$, $\vec{q}$ で表せ。

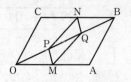

☑ **6** 平行四辺形 OABC の辺 OA，BC の中点をそれぞれ M，
★★☆☆ N とし，対角線 OB を 3 等分する点を O に近い方から
それぞれ P，Q とする。このとき，四角形 PMQN は
平行四辺形であることを示せ。

2 平面上のベクトルの成分と内積

☑ **7** 2 つのベクトル $\vec{a}$，$\vec{b}$ が $\vec{a} - 4\vec{b} = (-7,\ 6)$，$3\vec{a} + \vec{b} = (-8,\ 5)$ を満たすとき
★☆☆☆ (1) $\vec{a}$，$\vec{b}$ を成分表示せよ。また，その大きさをそれぞれ求めよ。

(2) $\vec{c} = (1,\ -3)$ を $k\vec{a} + l\vec{b}$ の形に表せ。ただし，k，l は実数とする。

☑ **8** 平面上に 3 点 A(5，−1)，B(8，0)，C(1，2) がある。
★☆☆☆
頻出 (1) $\overrightarrow{AB}$，$\overrightarrow{AC}$ を成分表示せよ。また，その大きさをそれぞれ求めよ。

(2) $\overrightarrow{AB}$ と平行な単位ベクトルを成分表示せよ。

(3) $\overrightarrow{AC}$ と同じ向きで，大きさが 3 のベクトルを成分表示せよ。

☑ **9** 平面上に 3 点 A(−1，4)，B(3，−1)，C(6，7) がある。
★★☆☆ (1) 四角形 ABCD が平行四辺形となるとき，点 D の座標を求めよ。

(2) 4 点 A，B，C，D が平行四辺形の 4 つの頂点となるとき，点 D の座標をすべて求めよ。

☑ **10** 3 つのベクトル $\vec{a} = (1,\ -3)$，$\vec{b} = (-2,\ 1)$，$\vec{c} = (7,\ -6)$ について
★★☆☆
頻出 (1) $\vec{a} + t\vec{b}$ の大きさの最小値，およびそのときの実数 t の値を求めよ。

(2) $\vec{a} + t\vec{b}$ と $\vec{c}$ が平行となるとき，実数 t の値を求めよ。

☑ **11** AB = 1，AD = $\sqrt{3}$ の長方形 ABCD において，次の内積を
★☆☆☆ 求めよ。

(1) $\overrightarrow{AB} \cdot \overrightarrow{AD}$　　　(2) $\overrightarrow{AB} \cdot \overrightarrow{AC}$　　　(3) $\overrightarrow{AD} \cdot \overrightarrow{DB}$

☑ **12** 〔1〕 次の 2 つのベクトル $\vec{a}$，$\vec{b}$ のなす角 θ $(0° \leqq \theta \leqq 180°)$ を求めよ。
★☆☆☆
頻出 (1) $|\vec{a}| = 3$，$|\vec{b}| = 4$，$\vec{a} \cdot \vec{b} = -6$　　　(2) $\vec{a} = (1,\ 2)$，$\vec{b} = (-1,\ 3)$

〔2〕 平面上の 2 つのベクトル $\vec{a} = (1,\ 3)$，$\vec{b} = (x,\ -1)$ について，$\vec{a}$ と $\vec{b}$ のなす角が 135° であるとき，x の値を求めよ。

☑ **13** (1) $|\vec{a}| = \sqrt{2}$, $|\vec{b}| = 1$, $|\vec{a} - 2\vec{b}| = \sqrt{10}$ のとき, $\vec{a}$ と $\vec{b}$ のなす角 θ を求めよ。

★★☆☆
頻出
(2) $|\vec{a}| = 2$, $|\vec{b}| = 3$, $\vec{a}$ と $\vec{b}$ のなす角が $120°$ である。$2\vec{a} + \vec{b}$ と $\vec{a} - 2\vec{b}$ のなす角を θ とするとき, $\cos\theta$ の値を求めよ。

☑ **14** (1) $\vec{a} = (1,\ x)$, $\vec{b} = (3,\ 2)$ について, $\vec{a}$ と $\vec{b}$ が垂直のとき x の値を求めよ。

★☆☆☆
頻出
(2) $\vec{a} = (3,\ -4)$ に垂直な単位ベクトル $\vec{e}$ を求めよ。

☑ **15** $\vec{0}$ でない 2 つのベクトル $\vec{a}$, $\vec{b}$ について, $|\vec{b}| = \sqrt{2}\,|\vec{a}|$ が成り立っている。

★★☆☆
$2\vec{a} - \vec{b}$ と $4\vec{a} + 3\vec{b}$ が垂直であるとき, 次の問に答えよ。

(1) $\vec{a}$ と $\vec{b}$ のなす角 θ $(0° \leqq \theta \leqq 180°)$ を求めよ。

(2) $\vec{a}$ と $\vec{a} + t\vec{b}$ が垂直であるとき, t の値を求めよ。

☑ **16** $\triangle$OAB において, $\overrightarrow{\text{OA}} = \vec{a}$, $\overrightarrow{\text{OB}} = \vec{b}$ とおくと, $|\vec{a}| = 3$, $|\vec{b}| = 2$, $|\vec{a} - 2\vec{b}| = 4$

★★☆☆
頻出
である。$\angle$AOB $= \theta$ とするとき, 次の値を求めよ。

(1) $\cos\theta$ (2) $\triangle$OAB の面積 S

☑ **17** (1) $\triangle$ABC $= \dfrac{1}{2}\sqrt{|\overrightarrow{\text{AB}}|^2|\overrightarrow{\text{AC}}|^2 - (\overrightarrow{\text{AB}} \cdot \overrightarrow{\text{AC}})^2}$ であることを示せ。

★★☆☆
(2) $\overrightarrow{\text{AB}} = (x_1,\ y_1)$, $\overrightarrow{\text{AC}} = (x_2,\ y_2)$ のとき, $\triangle$ABC の面積を x_1, y_1, x_2, y_2 を用いて表せ。

☑ **探究例題 1**

[中線定理] $\triangle$ABC において, BC の中点を M とすると
$$\text{AB}^2 + \text{AC}^2 = 2(\text{AM}^2 + \text{BM}^2)$$

(1) $\overrightarrow{\text{AB}} = \vec{b}$, $\overrightarrow{\text{AC}} = \vec{c}$ とおき, ベクトルを用いて中線定理を証明せよ。

(2) $\angle$AMB $= \theta$ とおき, 余弦定理を用いて中線定理を証明せよ。

☑ **18** 次の不等式を証明せよ。

★★★☆
(1) $-|\vec{a}||\vec{b}| \leqq \vec{a} \cdot \vec{b} \leqq |\vec{a}||\vec{b}|$ (2) $|\vec{a}| - |\vec{b}| \leqq |\vec{a} + \vec{b}| \leqq |\vec{a}| + |\vec{b}|$

☑ **19** $\vec{a}$, $\vec{b}$ が $|3\vec{a} + \vec{b}| = 2$, $|\vec{a} - \vec{b}| = 1$ を満たすとき, $|2\vec{a} + 3\vec{b}|$ のとり得る値の範

★★★☆
囲を求めよ。

☑ **探究例題2**

> 問題 実数 x, y が $x^2 + y^2 = 1$ … ① を満たすとき, $4x + 3y$ の最大値を求めよ。

太郎：① は原点中心, 半径 1 の円と考えられるね。$4x + 3y = k$ とおくと, これは直線を表すね。

花子：① をベクトルの大きさが 1 であると考えてみることはできないかな。
$4x + 3y$ もベクトルの内積で表すこともできそうだし。

(1) 太郎さんの考えをもとに 問題 を解け。

(2) 花子さんの考えをもとに 問題 を解け。

3　平面上の位置ベクトル

☑ **20** 平面上に 3 点 A($\vec{a}$), B($\vec{b}$), C($\vec{c}$) がある。次の点の位置ベクトルを $\vec{a}$, $\vec{b}$, $\vec{c}$ を用
★☆☆☆ いて表せ。

(1) 線分 AB を 2:1 に内分する点 P($\vec{p}$)

(2) 線分 BC の中点 M($\vec{m}$)

(3) 線分 CA を 2:1 に外分する点 Q($\vec{q}$)

(4) △PMQ の重心 G($\vec{g}$)

☑ **21** △ABC の内部に点 P をとる。原点を O とし, $\overrightarrow{OA} = \vec{a}$, $\overrightarrow{OB} = \vec{b}$, $\overrightarrow{OC} = \vec{c}$,
★★☆☆ $\overrightarrow{OP} = \vec{p}$ とする。さらに △APB, △BPC, △CPA の重心をそれぞれ D, E, F とし, △ABC, △DEF の重心をそれぞれ G, H とする。

(1) ベクトル $\overrightarrow{OH}$ を $\vec{a}$, $\vec{b}$, $\vec{c}$, $\vec{p}$ を用いて表せ。

(2) 点 P が G と一致するとき, G と H も一致することを示せ。

☑ **22** 平行四辺形 ABCD において, 辺 CD を 1:2 に内分する点を E, 辺 BC を 3:1 に
★★☆☆ 外分する点を F とする。このとき, 3 点 A, E, F は一直線上にあることを示せ。
頻出 また, AE:AF を求めよ。

☑ **23** △OAB において, 辺 OA を 2:1 に内分する点を E, 辺 OB を 3:2 に内分する点
★★☆☆ を F とする。また, 線分 AF と線分 BE の交点を P とし, 直線 OP と辺 AB の交
頻出 点を Q とする。さらに, $\overrightarrow{OA} = \vec{a}$, $\overrightarrow{OB} = \vec{b}$ とおく。

(1) $\overrightarrow{OP}$ を $\vec{a}$, $\vec{b}$ を用いて表せ。

(2) $\overrightarrow{OQ}$ を $\vec{a}$, $\vec{b}$ を用いて表せ。

(3) AQ:QB, OP:PQ をそれぞれ求めよ。

☑ **24** 平行四辺形 ABCD があり，辺 AD を 2：1 に内分する
★★☆☆ 点を E，△ABC の重心を G とする。AG と BE の交点
をPとするとき

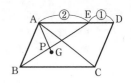

(1) BP：PE を求めよ。　　(2) AP：PG を求めよ。

☑ **25** △ABC の内部に点 P があり，$2\overrightarrow{PA}+3\overrightarrow{PB}+5\overrightarrow{PC}=\overrightarrow{0}$ を満たしている。
★★☆☆ AP の延長と辺 BC の交点を D とするとき，次の問に答えよ。
頻出
(1) BD：DC および AP：PD を求めよ。
(2) △PBC：△PCA：△PAB を求めよ。

☑ **探究例題3** 線分 AB 上に点 P があり，$l\overrightarrow{PA}+m\overrightarrow{PB}=\overrightarrow{0}$ …① を満たすとする。
$l\overrightarrow{PA}=\overrightarrow{PA'}$，$m\overrightarrow{PB}=\overrightarrow{PB'}$ とおくと①より　　$\overrightarrow{PA'}+\overrightarrow{PB'}=\overrightarrow{0}$
よって，点 P は線分 A'B' の中点であるから

$$PA:PB=\frac{1}{l}PA':\frac{1}{m}PB'=m:l$$

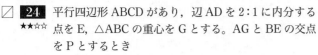

同様に考えて，△ABC の内部に点 P があり，
$l\overrightarrow{PA}+m\overrightarrow{PB}+n\overrightarrow{PC}=\overrightarrow{0}$ …② を満たすとき，△PBC：△PCA：△PAB を求めよ。

☑ **26** $\overrightarrow{OA}=(4,\ 2)$，$\overrightarrow{OB}=(1,\ -2)$ とするとき，∠AOB の二等分線と平行な単位ベク
★★☆☆ トルを求めよ。

☑ **27** AB ＝ 3，BC ＝ 7，CA ＝ 5 である △ABC の内心を I とする。このとき，$\overrightarrow{AI}$ を
★★☆☆ $\overrightarrow{AB}$ と $\overrightarrow{AC}$ を用いて表せ。
頻出

☑ **28** AB ＝ 5，AC ＝ 4，BC ＝ 6 である △ABC の外心を O とする。
★★★★
(1) 内積 $\overrightarrow{AB}\cdot\overrightarrow{AC}$ を求めよ。
(2) $\overrightarrow{AO}$ を $\overrightarrow{AB}$，$\overrightarrow{AC}$ を用いて表せ。また，$\overrightarrow{AO}$ の大きさを求めよ。
(3) 直線 AO と辺 BC の交点を D とするとき，BD：DC，AO：OD を求めよ。

☑ **29** ∠A ＝ 60°，AB ＝ 3，AC ＝ 2 の △ABC の垂心を H とする。ベクトル $\overrightarrow{AH}$ をベ
★★★☆ クトル $\overrightarrow{AB}$，$\overrightarrow{AC}$ を用いて表せ。
（東京電機大）

☑ **30** 正三角形でない鋭角三角形 ABC の外心を O，重心を G とする。OG の G の方へ
★★☆☆ の延長上に OH = 3OG となる点 H をとる。このとき，点 H は △ABC の垂心で
あることを示せ。

☑ **31** 点 O を中心とする円上に 3 点 A，B，C がある。$\overrightarrow{OA} + \overrightarrow{OB} + \overrightarrow{OC} = \vec{0}$ が成り立つ
★★★☆ とき，△ABC は正三角形であることを証明せよ。

☑ **32** 次の等式が成り立つとき，△ABC はどのような形の三角形か。
★★★☆ (1)　$\overrightarrow{AB} \cdot \overrightarrow{AC} = |\overrightarrow{AB}|^2$ (2)　$\overrightarrow{AB} \cdot \overrightarrow{BC} = \overrightarrow{BC} \cdot \overrightarrow{CA}$

☑ **33** 平面上の異なる 3 点 O，A($\vec{a}$)，B($\vec{b}$) において，次の直線を表すベクトル方程式
★★☆☆ を求めよ。ただし，O，A，B は一直線上にないものとする。
頻出
(1)　線分 OB の中点を通り，直線 AB に平行な直線
(2)　線分 AB を 2:1 に内分する点を通り，直線 AB に垂直な直線

☑ **34** 次の直線の方程式を媒介変数 t を用いて表せ。
★☆☆☆ (1)　点 A(2，−3) を通り，方向ベクトルが $\vec{d} = (−1，4)$ である直線
(2)　2 点 B(−3，1)，C(1，−2) を通る直線

☑ **35** 2 つの定点 A($\vec{a}$)，B($\vec{b}$) と動点 P($\vec{p}$) がある。次のベクトル方程式で表される点
★★☆☆ P はどのような図形をえがくか。
頻出
(1)　$|3\vec{p} − \vec{a} − 2\vec{b}| = 6$ (2)　$(2\vec{p} − \vec{a}) \cdot (\vec{p} − \vec{b}) = 0$

☑ **36** 中心 C($\vec{c}$)，半径 r の円 C 上の点 A($\vec{a}$) における円の接線 l のベクトル方程式は
★★☆☆ $(\vec{a} − \vec{c}) \cdot (\vec{p} − \vec{c}) = r^2$ であることを示せ。

☑ **37** 平面上に ∠A = 90° である △ABC がある。この平面上の点 P が
★★★☆ $$\overrightarrow{AP} \cdot \overrightarrow{BP} + \overrightarrow{BP} \cdot \overrightarrow{CP} + \overrightarrow{CP} \cdot \overrightarrow{AP} = 0 \cdots ①$$
を満たすとき，点 P はどのような図形をえがくか。

38 一直線上にない 3 点 O, A, B があり, 実数 s, t が次の条件を満たすとき, $\overrightarrow{OP} = s\overrightarrow{OA} + t\overrightarrow{OB}$ で定められる点 P の存在する範囲を図示せよ。

★★☆☆
頻出

(1) $3s + 2t = 6$

(2) $s + 2t = 3$, $s \geq 0$, $t \geq 0$

(3) $s + \dfrac{1}{2}t \leq 1$, $s \geq 0$, $t \geq 0$

(4) $\dfrac{1}{2} \leq s \leq 1$, $0 \leq t \leq 2$

39 (1) 点 A(1, 2) を通り, 法線ベクトルの 1 つが $\vec{n} = (3, -1)$ である直線の方程
★★☆☆ 式を求めよ。

(2) 2 直線 $x + y - 1 = 0$ … ①, $x - (2 + \sqrt{3})y + 3 = 0$ … ② のなす角 θ を求めよ。ただし, $0° < \theta \leq 90°$ とする。

探究例題4

> 問題：点 $A(x_1, y_1)$ と直線 $l : ax + by + c = 0$ の距離をベクトルを用いて求めよ。

太郎：点 A から下ろした垂線を AH として, AH の距離を求めたいから, 点 H の座標が分かればいいね。

花子：点 H の座標を求める必要はあるかな？ l の法線ベクトルの 1 つは $\vec{n} = \boxed{\text{ア}}$ で, $\overrightarrow{AH} /\!/ \vec{n}$ より, $\overrightarrow{AH} = k\vec{n}$ とおけるよ。k の値が分かればいいよね。

$\boxed{\text{ア}}$ に当てはまる式を答えよ。また, 花子さんの考えをもとに, 問題 を解け。

4 空間におけるベクトル

40 点 A(2, 3, 4) に対して, 次の点の座標を求めよ。
★☆☆☆
(1) yz 平面, zx 平面に関してそれぞれ対称な点 B, C

(2) x 軸, y 軸に関してそれぞれ対称な点 D, E

(3) 原点に関して対称な点 F

(4) 平面 $x = 1$ に関して対称な点 G

41 3 点 O(0, 0, 0), A(2, -2, 2), B(6, 4, -2) に対して, 次の座標を求めよ。
★☆☆☆
頻出
(1) xy 平面上にあり, 3 点 O, A, B から等距離にある点 D

(2) 点 A に関して, 点 B と対称な点 C

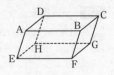

☑ **42** 平行六面体 ABCD−EFGH において,
★☆☆☆
頻出 $\overrightarrow{AB} = \vec{a}$, $\overrightarrow{AD} = \vec{b}$, $\overrightarrow{AE} = \vec{c}$ とする。

(1) $\overrightarrow{FH}$, $\overrightarrow{AG}$, $\overrightarrow{FD}$ を, それぞれ $\vec{a}$, $\vec{b}$, $\vec{c}$ で表せ。

(2) $\overrightarrow{AG} + \overrightarrow{CE} = \overrightarrow{DF} + \overrightarrow{BH}$ が成り立つことを証明せよ。

☑ **43** $\vec{a} = (2,\ 1,\ -3)$, $\vec{b} = (3,\ -2,\ 2)$, $\vec{c} = (-1,\ -3,\ 2)$ のとき
★☆☆☆
(1) $|3\vec{a} - 3\vec{b} + 5\vec{c}|$ を求めよ。

(2) $\vec{p} = (2,\ 5,\ 2)$ を $k\vec{a} + l\vec{b} + m\vec{c}$ (k, l, m は実数) の形に表せ。

☑ **44** 空間に3つのベクトル $\vec{a} = (1,\ -5,\ 3)$, $\vec{b} = (1,\ 0,\ -1)$, $\vec{c} = (2,\ 2,\ 0)$ がある。
★★☆☆
頻出 実数 s, t に対して $\vec{p} = \vec{a} + s\vec{b} + t\vec{c}$ とおくとき

(1) $|\vec{p}|$ の最小値と, そのときの s, t の値を求めよ。

(2) $\vec{p}$ が $\vec{d} = (0,\ 1,\ -2)$ と平行となるとき, s, t の値を求めよ。

☑ **45** 1辺の長さが a の立方体 ABCD−EFGH において,
★★☆☆ 次の内積を求めよ。

(1) $\overrightarrow{AB} \cdot \overrightarrow{AC}$ (2) $\overrightarrow{BD} \cdot \overrightarrow{BG}$

(3) $\overrightarrow{AH} \cdot \overrightarrow{EB}$ (4) $\overrightarrow{EC} \cdot \overrightarrow{EG}$

☑ **探究例題5**

問題：右の図において, AB = 4 である。内積 $\overrightarrow{AB} \cdot \overrightarrow{AO}$ を求めよ。

太郎：$\overrightarrow{AB}$ と $\overrightarrow{AO}$ のなす角を θ として, $\overrightarrow{AB}$ と $\overrightarrow{AO}$ の内積は
$\overrightarrow{AB} \cdot \overrightarrow{AO} = |\overrightarrow{AB}||\overrightarrow{AO}|\cos\theta$ だから, $|\overrightarrow{AB}|$, $|\overrightarrow{AO}|$ および $\cos\theta$ のそれぞれ
の値を求める必要があるね。

花子：$|\overrightarrow{AO}|\cos\theta$ を1つの値として求められないかな。

花子さんの考えをもとに 問題 を解け。

☑ **46** (1) 2つのベクトル $\vec{a} = (1,\ -1,\ 2)$, $\vec{b} = (-1,\ -2,\ 1)$ のなす角 θ
★★☆☆
頻出 ($0° \leqq \theta \leqq 180°$) を求めよ。

(2) 3点 A$(1,\ -2,\ 3)$, B$(-2,\ -1,\ 1)$, C$(2,\ 0,\ 6)$ について, △ABC の面積
S を求めよ。

□ **47** 2つのベクトル $\vec{a} = (2, -1, 4)$, $\vec{b} = (1, 0, 1)$ の両方に垂直で, 大きさが6の
★★☆☆ ベクトルを求めよ。
頻出

□ **48** 空間において, $\vec{0}$ でない任意の $\vec{p}$ に対して, $\vec{p}$ と x 軸, y 軸, z 軸の正の向きと
★★☆☆ のなす角をそれぞれ α, β, γ とするとき, $\cos^2\alpha + \cos^2\beta + \cos^2\gamma = 1$ であること
を証明せよ。

□ **49** 3点 A(2, 3, −3), B(5, −3, 3), C(−1, 0, 6) に対して,
★☆☆☆ 線分 AB, BC, CA を 2:1 に内分する点をそれぞれ P, Q, R とする。
頻出
(1) 点 P, Q, R の座標を求めよ。
(2) △PQR の重心 G の座標を求めよ。

□ **50** 平行六面体 OADB−CEFG において, △OAB, △OBC, △OCA の重心をそれぞ
★★☆☆ れ P, Q, R とする。さらに, △ABC, △PQR の重心をそれぞれ S, T とするとき,
頻出 4点 O, T, S, F は一直線上にあることを示せ。また, OT:TS:SF を求めよ。

□ **51** 四面体 OABC において, 辺 AB, BC, CA を 2:3, 3:2, 1:4 に内分する点をそ
★★☆☆ れぞれ L, M, N とし, 線分 CL と MN の交点を P とする。$\overrightarrow{OA} = \vec{a}$, $\overrightarrow{OB} = \vec{b}$,
頻出 $\overrightarrow{OC} = \vec{c}$ とするとき, $\overrightarrow{OP}$ を $\vec{a}$, $\vec{b}$, $\vec{c}$ で表せ。

□ **52** 3点 A(−1, −1, 3), B(0, −3, 4), C(1, −2, 5) があり, xy 平面上に点 P を,
★★☆☆ z 軸上に点 Q をとる。
頻出
(1) 3点 A, B, P が一直線上にあるとき, 点 P の座標を求めよ。
(2) 4点 A, B, C, Q が同一平面上にあるとき, 点 Q の座標を求めよ。

□ **53** 四面体 OABC において, 辺 OA の中点を M, 辺 BC を 1:2 に内分する点を N, 線
★★★☆ 分 MN の中点を P とし, 直線 OP と平面 ABC の交点を Q, 直線 AP と平面 OBC
頻出 の交点を R とする。$\overrightarrow{OA} = \vec{a}$, $\overrightarrow{OB} = \vec{b}$, $\overrightarrow{OC} = \vec{c}$ とするとき, 次のベクトルを $\vec{a}$,
$\vec{b}$, $\vec{c}$ で表せ。
(1) $\overrightarrow{OP}$　　　　　(2) $\overrightarrow{OQ}$　　　　　(3) $\overrightarrow{OR}$

☑ **探究例題6** 四面体 OABC において，P を辺 OA の中点，Q を
辺 OB を 2:1 に内分する点，R を辺 BC の中点とする。
P，Q，R を通る平面と辺 AC の交点を S とするとき，比
$|\overrightarrow{AS}|:|\overrightarrow{SC}|$ を求めたい。 （神戸大 改）

(1) 位置ベクトルの始点を O として求めよ。
(2) 位置ベクトルの始点を A として求めよ。

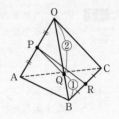

☑ **54** 四面体 ABCD において $AC^2 + BD^2 = AD^2 + BC^2$ が成り立つとき，AB ⊥ CD で
★★☆☆ あることを証明せよ。

☑ **55** 四面体 OABC において，△ABC，△OAB，△OBC の重心をそれぞれ G_1，G_2，G_3
★★★★ とすると，線分 OG_1，CG_2，AG_3 は 1 点で交わることを証明せよ。

☑ **56** 4 点 A(1, 1, 0)，B(2, 3, 3)，C(−1, 2, 1)，D(0, −6, 5) がある。
★★★☆ (1) △ABC の面積を求めよ。
(2) 直線 AD は平面 ABC に垂直であることを示せ。
(3) 四面体 ABCD の体積 V を求めよ。

☑ **57** 四面体 OABC は OA = 8，OB = 10，OC = 6，∠AOB = 90°，
★★★☆ ∠AOC = ∠BOC = 60° を満たしている。頂点 C から △OAB に垂線 CH を下ろ
頻出 したとき，$\overrightarrow{OH}$ を $\overrightarrow{OA}$，$\overrightarrow{OB}$ を用いて表せ。

☑ **58** 4 点 A(3, 3, 1)，B(1, 4, 3)，C(4, 1, 2)，D(4, 4, 3) において，点 A から平
★★★★ 面 BCD に垂線 AH を下ろしたとき，点 H の座標を求めよ。

☑ **59** 1 辺の長さが 1 の正四面体 OABC の内部に点 P があり，
★★★☆ 等式 $2\overrightarrow{OP} + \overrightarrow{AP} + 2\overrightarrow{BP} + 3\overrightarrow{CP} = \vec{0}$ が成り立っている。
(1) 直線 OP と底面 ABC の交点を Q，直線 AQ と辺 BC の交点を R とするとき，
BR:RC，AQ:QR，OP:PQ を求めよ。
(2) 4 つの四面体 PABC，POBC，POCA，POAB の体積比を求めよ。
(3) 線分 OP の長さを求めよ。

☑ **60** 空間内に 3 点 A($\vec{a}$), B($\vec{b}$), C($\vec{c}$) がある。次の図形を表すベクトル方程式を求めよ。
★★☆☆ (1) 点 A を通り，直線 BC に平行な直線
 (2) 直線 AB に垂直で，点 C を通る平面
 (3) 線分 AB を直径の両端とする球

☑ **61** 1 辺の長さが 1 の正方形を底面とする直方体 OABC − DEFG を考える。3 点 P，
★★★☆ Q，R をそれぞれ辺 AE，BF，CG 上に，4 点 O，P，Q，R が同一平面上にあるように とる。さらに，∠AOP $= \alpha$，∠COR $= \beta$，四角形 OPQR の面積を S とおく。 S を $\tan\alpha$ と $\tan\beta$ を用いて表せ。 (東京大 改)

☑ **62** 2 点 A(2, 1, 3)，B(4, 3, −1) を通る直線 AB 上の点のうち，原点 O に最も近
★★☆☆ い点 P の座標を求めよ。また，そのときの線分 OP の長さを求めよ。

☑ **63** O を原点とする空間において，点 A(4, 0, −2) を通り $\vec{d_1} = (1, 2, 1)$ に平行
★★★☆ な直線を l，点 B(5, −5, −1) を通り $\vec{d_2} = (−1, 1, 1)$ に平行な直線を m とする。直線 l 上に点 P を，直線 m 上に点 Q をとる。線分 PQ の長さが最小となるような 2 点 P，Q の座標を求めよ。 (神戸大 改)

☑ **64** 2 点 A(−1, 2, 3)，B(8, 5, 6) がある。xy 平面上に点 P をとるとき，AP ＋ PB
★★★☆ の最小値およびそのときの点 P の座標を求めよ。

☑ **65** 次の球の方程式を求めよ。
★★☆☆ (1) 点 (2, 1, −3) を中心とし，半径 5 の球
頻出 (2) 2 点 A(−2, 1, 5)，B(4, −3, −1) を直径の両端とする球
 (3) 点 (1, −1, 2) を通り，3 つの座標平面に接する球

☑ **66** 4 点 (0, 0, 0)，(0, 0, 2)，(3, 0, −1)，(2, −2, 4) を通る球の方程式を求めよ。
★★☆☆ また，この球の中心の座標と半径を求めよ。

☑ **67** 点 A(−4, −2, k) を通り，$\vec{d} = (1, 2, 1)$ に平行な直線 l と球
★★★☆ $\omega : x^2 + y^2 + z^2 = 9$ がある。
 (1) $k = −1$ のとき，球 ω と直線 l の共有点の座標を求めよ。
 (2) 球 ω と直線 l が接するような定数 k の値を求めよ。

☑ **68** 中心 A$(2,\ 3,\ a)$, 半径 $\sqrt{7}$ の球が, 平面 $z=1$ と交わってできる円 C の半径が
★★★☆ $\sqrt{3}$ であるとき, 次の問に答えよ。
(1) 定数 a の値とそのときの球の方程式を求めよ。
(2) 円 C の方程式を求めよ。

☑ **69** 2つの球 $(x-1)^2+(y+2)^2+(z+1)^2=5$ …①,
★★★☆ $(x-3)^2+(y+3)^2+(z-1)^2=2$ …② がある。
(1) 点 P$(3,\ 2,\ 4)$ を中心とし, 球① に接する球の方程式を求めよ。
(2) 2つの球①, ② が交わってできる円 C の中心の座標と半径を求めよ。

☑ **探究例題7** 直線 $l:x-3=-y+2=\dfrac{z+2}{2}$ を含み, 点 A$(-1,\ 2,\ 5)$ を通る平面 α
の方程式を求めよ。

☑ **70** 空間に $\vec{n}=(1,\ 2,\ -3)$ を法線ベクトルとし, 点 A$(-1,\ 2,\ -1)$ を通る平面 α
★★★☆ がある。
(1) 平面 α の方程式を求めよ。
(2) 点 P$(3,\ 5,\ -7)$ から平面 α に下ろした垂線を PH とする。点 H の座標を求
めよ。また, 点 P と平面 α の距離を求めよ。

☑ **71** 空間に 3 点 A$(0,\ 0,\ -1)$, B$(-1,\ 0,\ 1)$, C$(-1,\ 1,\ 3)$ および
★★★☆ 球 $\omega:x^2+y^2+z^2-6x+4y-2z=11$ がある。
(1) 3 点 A, B, C を通る平面 α の方程式を求めよ。
(2) 球 ω と平面 α が交わってできる円の半径 r を求めよ。

☑ **72** 原点を O とする空間内に, 2 点 A$(2,\ 2,\ 0)$, B$(0,\ 0,\ 1)$ がある。
★★★☆ 点 P$(x,\ y,\ z)$ が等式 $\overrightarrow{OP}\cdot\overrightarrow{AP}+\overrightarrow{OP}\cdot\overrightarrow{BP}+\overrightarrow{AP}\cdot\overrightarrow{BP}=3$ を満たすように動くとき,
点 P はどのような図形上を動くか。また, その図形の方程式を求めよ。

☑ **73** 空間に平面 $\alpha:x-10y-7z=0$ と平面 $\beta:3x+5y+4z=35$ がある。
★★★☆ (1) 平面 α と平面 β のなす角 θ $(0°\leqq\theta\leqq90°)$ を求めよ。
(2) 平面 α と平面 β の交線 l の方程式を求めよ。

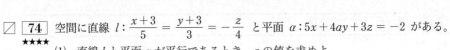

☐ **74** 空間に直線 $l : \dfrac{x+3}{5} = \dfrac{y+3}{3} = -\dfrac{z}{4}$ と平面 $\alpha : 5x + 4ay + 3z = -2$ がある。
★★★★

(1) 直線 l と平面 α が平行であるとき，a の値を求めよ。

(2) 直線 l と平面 α のなす角が $30°$ のとき，a の値を求めよ。

(3) 直線 l と平面 α が平行でないとき，平面 α は a の値によらず直線 l と定点 P で交わることを示し，その点の座標を求めよ。

1 章

ベクトル

2章 平面上の曲線

5 2次曲線

☐ **75** x軸上の点 F(1, 0) からの距離と直線 $x = -1$ からの距離が等しい点 P の軌跡
★★☆☆ を求めよ。

☐ **76** 〔1〕 次の放物線の焦点の座標，準線の方程式を求め，その概形をかけ。
★☆☆☆ (1) $y^2 = 2x$　　　　　　　　(2) $x^2 = -8y$
頻出
〔2〕 次の条件を満たす放物線の方程式を求めよ。
(1) 焦点 (3, 0)，準線 $x = -3$　　　(2) 焦点 (0, -4)，準線 $y = 4$

☐ **77** 2 点 F(4, 0)，F′(-4, 0) からの距離の和が 10 である点 P の軌跡を求めよ。
★★☆☆

☐ **78** 次の楕円の頂点と焦点の座標，長軸と短軸の長さを求め，その概形をかけ。
★☆☆☆ (1) $\dfrac{x^2}{9} + \dfrac{y^2}{3} = 1$　　　　　　(2) $2x^2 + y^2 = 8$
頻出

☐ **79** 次の条件を満たす楕円の方程式を求めよ。
★★☆☆ (1) 2 点 (3, 0)，(-3, 0) を焦点とし，長軸の長さが 10 である。
頻出
(2) 中心が原点，焦点が y 軸上にあり，焦点間の距離が 8 で，点 $(\sqrt{3}, \sqrt{5})$ を
通る。

☐ **80** 円 $C : x^2 + y^2 = 9$ 上の点 P の座標を次のように拡大または縮小した点を Q とす
★★☆☆ る。点 P が円 C 上を動くとき，点 Q の軌跡を求めよ。

(1) y 座標を $\dfrac{2}{3}$ 倍に縮小　　　(2) x 座標を 2 倍に拡大

☐ **81** 2 点 F(0, 5)，F′(0, -5) からの距離の差が 6 である点 P の軌跡を求めよ。
★★☆☆

☐ **82** 次の双曲線の頂点と焦点の座標，漸近線の方程式を求め，その概形をかけ。
★☆☆☆ (1) $4x^2 - 9y^2 = 36$　　　　　　(2) $4x^2 - y^2 = -4$
頻出

□ **83** 次の条件を満たす双曲線の方程式を求めよ。
★★☆☆
頻出
(1) 2点 $(2, 0)$, $(-2, 0)$ を頂点とし，点 $(4, 3)$ を通る。

(2) 2点 $(0, \sqrt{3})$, $(0, -\sqrt{3})$ を焦点とし，2本の漸近線の傾きがそれぞれ $\sqrt{2}$，$-\sqrt{2}$ である。

□ **84** (1) 放物線 $y^2 - 3x + 3 = 0$ の頂点，焦点の座標および準線の方程式を求め，その概形をかけ。
★★☆☆
頻出
(2) 楕円 $9x^2 + 4y^2 - 36x + 8y + 4 = 0$ の中心，焦点の座標を求め，その概形をかけ。

(3) 双曲線 $9x^2 - 4y^2 - 18x - 16y - 43 = 0$ の中心，焦点の座標および漸近線の方程式を求め，その概形をかけ。

□ **85** 次の2次曲線の方程式を求めよ。
★★☆☆
(1) 頂点 $(-1, 2)$，準線 $x = 2$ の放物線

(2) 焦点の座標が $(2, 1)$, $(2, -3)$ で点 $(2, 0)$ を通る双曲線

□ **86** 直線 $l: x = -2$ に接し，円 $C_1: (x-1)^2 + y^2 = 1$ に外接する円 C_2 の中心 P の軌跡を求めよ。
★★☆☆

□ **87** x 軸上の点 A と y 軸上の点 B が AB $= 6$ を満たしながら動くとき，線分 AB を
★★☆☆ $1:2$ に内分する点 C の軌跡を求めよ。

6　2次曲線と直線

□ **88** k を定数とするとき，楕円 $2x^2 + y^2 = 2$ と直線 $y = x + k$ の共有点の個数を調べよ。
★☆☆☆

□ **89** 直線 $l: y = x + 1$ が楕円 $C: 4x^2 + 9y^2 = 36$ によって切り取られる弦 AB の中点
★★☆☆ M の座標および弦 AB の長さを求めよ。

□ **90** 双曲線 $x^2 - y^2 = 2$ …① と直線 $y = 3x + k$ …② が異なる2点 A, B で交わる
★★★☆ とき，線分 AB の中点 M の軌跡を求めよ。

☑ **91** 3つの不等式 $x+2y \geqq 0$, $x-y \leqq 0$, $x-4y+6 \geqq 0$ を満たす x, y に対して, ★★★☆ y^2-2x の最大値と最小値を求めよ。また, そのときの x, y の値を求めよ。

☑ **92** 双曲線 $\dfrac{x^2}{4}-y^2=1$ … ① について, 次の接線の方程式を求めよ。
★☆☆☆
頻出 (1) ① 上の点 $\left(-\sqrt{5},\ \dfrac{1}{2}\right)$ における接線 (2) 点 $(2,\ -2)$ を通る接線

☑ **93** 楕円 $4x^2+y^2-16x+2y+9=0$ 上の点 A(3, 1) における接線の方程式を求めよ。
★★☆☆

☑ **94** 放物線 $C: y^2=4x$ … ① の準線 l 上の点 A から放物線 C に引いた 2 本の接線は
★★★☆ 直交することを示せ。

☑ **95** 点 P(p, q) から楕円 $\dfrac{x^2}{4}+y^2=1$ … ① に引いた 2 本の接線が直交するとき, 点
★★★☆ P の軌跡を求めよ。

☑ **探究例題8** 例題 95 の $p \neq \pm 2$ の場合において, 楕円 ① を円に変形することを用いて
点 P の軌跡を求めよ。

☑ **96** 楕円 $\dfrac{x^2}{a^2}+\dfrac{y^2}{b^2}=1$ 上の任意の点 P における接線を l とし, 2 つの焦点を F, F′
★★★★ とするとき, 接線 l が 2 直線 PF, PF′ となす角は等しいことを示せ。

☑ **探究例題9** 電波の受信に利用されているパラボラアンテナは, 断面が放物線の形状を
している。「放物線の軸に平行に進んで来た電波は, アンテナ面のどこに当たっ
ても放物線の軸上の特定の 1 点を通るように反射する」性質 … ① があるため,
その点に受信機を置くことで検出力を向上させることができる。
電波が放物線上の点 P に当たって反射する場合, 右の図のよ
うに, 点 P における放物線の接線に対して, 入射角と反射角
が等しくなる。このことを利用して, パラボラアンテナの断
面が放物線 $y=ax^2$ 上にあるとき, 性質 ① を証明せよ。

☐ **97** 双曲線 $\dfrac{x^2}{a^2} - \dfrac{y^2}{b^2} = 1$ 上の任意の点 P から 2 つの漸近線に下ろした垂線を PQ,
★★☆☆ PR とすると，PQ・PR の値は一定であることを示せ。

☐ **98** 点 F(1, 0) からの距離と直線 $l : x = -2$ からの距離の比が次のようになる点 P
★★☆☆ の軌跡を求めよ。

(1) 1:1 　　　　 (2) 1:2 　　　　 (3) 2:1

7 　曲線の媒介変数表示

☐ **99** 次の媒介変数表示が表す曲線の概形をかけ。
★★☆☆
頻出 (1) $\begin{cases} x = t + 1 \\ y = 2t^2 + 4t \end{cases}$ 　　 (2) $\begin{cases} x = \sqrt{t} + 1 \\ y = -t + 3 \end{cases}$ 　　 (3) $\begin{cases} x = 1 + 2\cos\theta \\ y = -2 + \sin\theta \end{cases}$

(4) $\begin{cases} x = \sin\theta + \cos\theta \\ y = 1 - 2\sin\theta\cos\theta \end{cases}$ $(0 \le \theta \le \pi)$ ・ (5) $\begin{cases} x = t + \dfrac{1}{t} \\ y = t^2 + \dfrac{1}{t^2} + 1 \end{cases}$ $(t > 0)$

☐ **100** t を媒介変数とするとき，$x = \dfrac{2(1 - t^2)}{1 + t^2}$，$y = \dfrac{6t}{1 + t^2}$ が表す図形を求めよ。
★★★☆

☐ **101** 楕円 $C : \dfrac{x^2}{4} + y^2 = 1$ 上で第 1 象限にある点 P について
★★★☆

(1) 点 P における楕円 C の接線と x 軸，y 軸の交点をそれぞれ A，B とする。
点 P が動くとき，△OAB の面積の最小値を求めよ。また，そのときの点 P の
座標を求めよ。

(2) 直線 $l : 2x + 3y - 10 = 0$ 上に点 Q をとる。点 P，Q が動くとき，線分 PQ の
長さの最小値を求めよ。また，そのときの点 P の座標を求めよ。

☐ **102** 実数 x，y が $x^2 + 9y^2 = 9$ を満たすとき，$\sqrt{3}\,x^2 + \dfrac{2}{3}xy + 7\sqrt{3}\,y^2$ の最大値と最
★★★☆ 小値を求めよ。

(埼玉大)

103 右の図のように，半径 a の円 C が x 軸に接しながら，滑らずに x 軸の正の方向
★★☆☆
頻出
に回転する。円 C 上の点 P が初め原点 O の位置
にあったとし，円 C が角 θ だけ回転したときの点
P の座標を (x, y) とおく。

(1) 円 C が角 θ $(0 \leqq \theta < 2\pi)$ だけ回転したとき
の円 C の中心 A の座標を θ で表せ。

(2) x, y をそれぞれ θ で表せ。

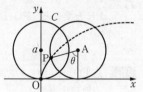

104 原点を中心とする半径 3 の円 C に半径 1 の円 C'
★★★☆
が内接し，滑らずに回転する。円 C' 上の点 P が
初め点 A(3, 0) にあり，円 C' の中心 O' と原点を
結ぶ線分 OO' が x 軸の正の向きとなす角を θ と
するとき，点 P(x, y) の軌跡を媒介変数 θ を用い
て表せ。

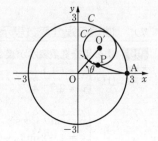

8　極座標と極方程式

105 〔1〕　極座標 $\left(\sqrt{2}, -\dfrac{5}{4}\pi\right)$ で表された点の直交座標を求めよ。
★☆☆☆
〔2〕　次の直交座標で表された点の極座標 (r, θ) を求めよ。ただし，$0 \leqq \theta < 2\pi$
とする。

(1)　$(-3\sqrt{3}, -3)$ (2)　$(-1, 0)$

106 極を O，3 点 A，B，C の極座標を A$\left(8, \dfrac{\pi}{4}\right)$，B$\left(4, \dfrac{11}{12}\pi\right)$，C$\left(12, \dfrac{5}{12}\pi\right)$ とする
★☆☆☆
とき

(1)　線分 AB の長さを求めよ。 (2)　△OAB の面積を求めよ。

(3)　△ABC の面積を求めよ。

107 次の方程式を極方程式で表せ。
★☆☆☆
頻出
(1)　$\sqrt{3}\,x + y = -2$ (2)　$y^2 = 4x$ (3)　$x^2 + (y-1)^2 = 1$

108 次の極方程式を直交座標の方程式で表せ。
★★☆☆
頻出
(1)　$r\cos\left(\theta + \dfrac{5}{6}\pi\right) = 1$ (2)　$r = -2\sin\theta$ (3)　$r^2\sin 2\theta = 2$

18

☑ **109** 次の直線の極方程式を求めよ。
★★☆☆

 (1) 極座標が $\left(2, \dfrac{\pi}{3}\right)$ である点 H を通り，OH に垂直な直線 l

 (2) 極座標が $(a, 0)$ である点 A を通り，始線 OX とのなす角が $\alpha\left(\dfrac{\pi}{2} < \alpha < \pi\right)$

   である直線 m

☑ **110** (1) 点 $\mathrm{C}\left(2, \dfrac{\pi}{2}\right)$ を中心とし，極 O を通る円の極方程式を求めよ。
★★☆☆
頻出 (2) 点 $\mathrm{C}\left(2, \dfrac{\pi}{3}\right)$ を中心とし，半径が 1 の円の極方程式を求めよ。

☑ **111** 次の極方程式は，極 O を焦点とする 2 次曲線を表すことを示せ。
★★☆☆
 (1) $r = \dfrac{2}{1 - \cos\theta}$ (2) $r = \dfrac{3}{2 + \cos\theta}$

☑ **112** 点 $\mathrm{F}(1, 0)$ からの距離と直線 $l : x = -2$ からの距離の比が $1:1$ である点 P の軌
★★☆☆ 跡を，点 F を極，x 軸の正の部分を始線とする極方程式で表せ。

☑ 探究 例題 **10**

> 事実：極方程式 $r = \dfrac{ed}{1 - e\cos\theta}$ （$e > 0$, $d > 0$, d は定数）は 2 次曲線を表す。

太郎：本当かな？ e の値を様々に動かしてみよう。
花子：$0 < e < 1$ のときは ア ，$e = 1$ のときは イ ，
   $1 < e$ のときは ウ になっていそうです。

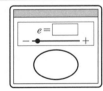

(1) ア ～ ウ に当てはまる適切な図形を述べよ。
(2) 各 e の値で，(1)で答えた図形になることを証明せよ。

☑ **113** (1) 楕円 $\dfrac{x^2}{4} + \dfrac{y^2}{3} = 1$ を C とする。焦点 $\mathrm{F}(1, 0)$ を極，x 軸の正の部分を始線
★★★☆   とする極座標において，楕円 C の極方程式を求めよ。

 (2) (1)の楕円 C，点 F に対して，F を通る直線と楕円 C との 2 つの交点を A，B

   とするとき，$\dfrac{1}{\mathrm{FA}} + \dfrac{1}{\mathrm{FB}}$ は一定の値をとることを証明せよ。

☑ **114** 極方程式が $r^2 = \cos2\theta$ で表される曲線の概形をかけ。
★★☆☆

3章 複素数平面

9 複素数平面

☑ **115** $\alpha = 2+i$, $\beta = 1-i$, $\gamma = a+3i$ について
★☆☆☆
(1) 複素数平面上に, 点 A(α), B(β), P($2\alpha+\beta$), Q($\alpha-3\beta$) を図示せよ。

(2) 2点 α, β 間の距離を求めよ。

(3) 3点 0, α, γ が一直線上にあるとき, 実数 a の値を求めよ。

☑ **116** (1) $z = 2-3i$ のとき, $|2z+\overline{z}|$ の値を求めよ。
★★☆☆
頻出
(2) $|z| = 2$ のとき, $\left| z+\dfrac{2}{z} \right|$ の値を求めよ。

☑ **117** α, β を複素数とするとき, 次を証明せよ。
★★☆☆
(1) $|\alpha+\beta|^2 + |\alpha-\beta|^2 = 2(|\alpha|^2 + |\beta|^2)$

(2) $|\alpha+3| = |\alpha-3i|$ ならば $\alpha = -i\overline{\alpha}$

☑ **118** $z \neq \pm i$ を満たす虚数 z に対して, $w = \dfrac{z}{1+z^2}$ とおく。次のことを示せ。
★★★☆
頻出
(1) w が実数ならば, $|z| = 1$ である。

(2) w が純虚数ならば, z も純虚数である。

☑ **119** 次の複素数を極形式で表せ。ただし, (1), (2)における偏角 θ は $0 \leq \theta < 2\pi$ とする。
★☆☆☆
頻出
(1) $3+\sqrt{3}\,i$　　　(2) $2i$　　　(3) $2\cos\alpha - 2i\sin\alpha$　　　(4) $\sin\alpha + i\cos\alpha$

☑ **120** $z_1 = -\dfrac{1}{2} + \dfrac{\sqrt{3}}{2}i$, $z_2 = 1+i$ のとき, 次の複素数を極形式で表せ。ただし, 偏
★☆☆☆
頻出
角 θ は $0 \leq \theta < 2\pi$ とする。

(1) $z_1 z_2$　　　　　　　(2) $\dfrac{z_1}{z_2}$　　　　　　　(3) $\overline{z_1 z_2}$

☑ **121** $z_1 = \cos\alpha + i\sin\alpha$, $z_2 = \cos\beta + i\sin\beta$ とするとき, 次の複素数を極形式で表せ。
★★★☆
ただし, $0 \leq \alpha \leq \pi$, $0 \leq \beta \leq \pi$ とする。

(1) $z_1 + 1$　　　　　　　　　　(2) $z_1 + z_2$

☑ **122** 複素数平面上に点 $P(2+4i)$ がある。次の点を表す複素数を求めよ。
★☆☆☆

(1) 点 P を原点を中心に $\dfrac{\pi}{4}$ だけ回転した点 Q

(2) 点 P を原点を中心に $-\dfrac{\pi}{3}$ だけ回転し，原点からの距離を 2 倍に拡大した点 R

☑ **123** 複素数平面上に，点 $A(2+6i)$ がある。$\triangle OAB$ が $\angle AOB$ の大きさが $\dfrac{\pi}{4}$ である
★★☆☆
頻出　直角二等辺三角形となるような，点 B を表す複素数を求めよ。

☑ **124** 複素数 $\alpha = 2+2i$，$\beta = 3+5i$ について，点 β を点 α を中心に $\dfrac{\pi}{3}$ だけ回転した
★★☆☆
頻出　点を表す複素数 γ を求めよ。

☑ **125** 2 点 $A(1-2i)$，$B(3+i)$ について，線分 AB を対角線とする正方形の他の頂点を
★★☆☆　表す複素数を求めよ。

☑ **126** 双曲線 $C : xy = 1$ を，原点のまわりに $\dfrac{\pi}{4}$ だけ回転してできる双曲線 C' の方程
★★★☆　式を求めよ。

☑ **127** $\alpha = 3+4i$，$\beta = 1+3i$ とするとき，原点 O と点 $A(\alpha)$ を通る直線 l に関して点
★★☆☆　$B(\beta)$ と対称な点 C を表す複素数 γ を求めよ。

☑ **128** 次の値を計算せよ。
★☆☆☆
頻出　(1) $\left(\sqrt{3}-i\right)^7$　　　　(2) $\dfrac{1}{(1+i)^5}$　　　　(3) $\left(1+\sqrt{3}\,i\right)^5(1-i)^4$

☑ **129** 次の値を計算せよ。
★☆☆☆
頻出　(1) $\left(\dfrac{-1+i}{1+\sqrt{3}\,i}\right)^8$　　　　　　　(2) $\left(\dfrac{-5+i}{2-3i}\right)^{10}$

☐ **探究例題 11** ド・モアブルの定理を用いて
$$\sin3\theta = 3\sin\theta - 4\sin^3\theta, \quad \cos3\theta = 4\cos^3\theta - 3\cos\theta \qquad \cdots(*)$$
が成り立つことを示せ。

(金沢大)

☐ **130** (1) 複素数 z が $z + \dfrac{1}{z} = \sqrt{3}$ を満たすとき，$z^{30} + \dfrac{1}{z^{30}}$ の値を求めよ。
★★★☆

    (2) 複素数 z が $z + \dfrac{1}{z} = -1$ を満たすとき，$w = z^n + \dfrac{1}{z^n}$ の値を求めよ。

    ただし，n は整数とする。

☐ **131** 次の方程式を解け。
★★☆☆
頻出
    (1) $z^6 = 1$ (2) $z^4 = -8(1 + \sqrt{3}\,i)$

☐ **132** 複素数 $\alpha = \dfrac{\sqrt{3}}{2} + \dfrac{1}{2}i,\ \beta = \dfrac{1}{\sqrt{2}} + \dfrac{1}{\sqrt{2}}i$ が与えられている。
★★☆☆

    (1) $-2i = \alpha^n(1 + \sqrt{3}\,i)$ となるような自然数 n のうちで，最小のものを求めよ。

    (2) $-2i = \alpha^n \beta^m (1 + \sqrt{3}\,i)$ となるような自然数の組 $(n,\ m)$ のうちで，$2n + 3m$ が最小となるものを求めよ。

(龍谷大 改)

☐ **133** 方程式 $z^5 - 1 = 0 \cdots ①$ を満たす虚数の 1 つを α とするとき
★★★☆
    (1) $z = \alpha^2,\ \alpha^3,\ \alpha^4$ も方程式 ① を満たすことを示せ。
    (2) $(1-\alpha)(1-\alpha^2)(1-\alpha^3)(1-\alpha^4)$ の値を求めよ。

☐ **134** $\alpha = \cos\dfrac{2}{5}\pi + i\sin\dfrac{2}{5}\pi$ とする。
★★★☆

    (1) $\alpha^5,\ 1 + \alpha + \alpha^2 + \alpha^3 + \alpha^4,\ 1 + \alpha + \alpha^2 + \overline{\alpha} + (\overline{\alpha})^2$ の値を求めよ。

    (2) $\cos\dfrac{2}{5}\pi$ の値を求めよ。

☐ **135** n を自然数，$0 < \theta < \pi$，$z = \cos\theta + i\sin\theta$ とする。
★★★★ $(1-z)(1 + z + z^2 + \cdots + z^n) = 1 - z^{n+1}$ を利用して，次の等式を証明せよ。

$$1 + \cos\theta + \cos2\theta + \cdots + \cos n\theta = \frac{\sin\dfrac{n+1}{2}\theta\cos\dfrac{n}{2}\theta}{\sin\dfrac{\theta}{2}}$$

☐ **136** 複素数平面上に，3 点 A$(-3+4i)$，B$(4-3i)$，C$(-1+6i)$ がある。
★☆☆☆ (1) 線分 AB を 3:4 に内分する点 D を表す複素数を求めよ。
(2) 線分 AC を 1:3 に外分する点 E を表す複素数を求めよ。
(3) (1)，(2)のとき，△ODE の重心 G を表す複素数を求めよ。

☐ **137** 複素数平面上に点 A$(3+3i)$，B$(-5i)$，C$(-2+i)$，D(z) がある。4 点 A，B，C，D
★☆☆☆ を頂点とする四角形が平行四辺形であるとき，絶対値が最小となる z を求めよ。

☐ **138** 複素数 z が次の方程式を満たすとき，複素数平面において点 z はどのような図形
★☆☆☆ をえがくか。
頻出
(1) $|z-1| = |z+i|$ (2) $|2z-1-i| = 4$

☐ **139** 複素数平面において，次の方程式を満たす点 z はどのような図形をえがくか。
★★☆☆ (1) $|z+2| = 2|z-1|$ (2) $|z-5i| = 3|z+3i|$
頻出

☐ **140** 複素数平面上で，点 z が原点を中心とする半径 2 の円上を動くとき，次の条件を
★★☆☆ 満たす点 w はどのような図形をえがくか。
頻出
(1) $w = 2z+i$ (2) $w = \dfrac{3z-2i}{z-2}$ $(z \neq 2)$

☐ **141** $z + \dfrac{1}{z}$ が実数となるように複素数 z が変化するとき，複素数平面において z が表
★★★☆ す点はどのような図形をえがくか。また，それを図示せよ。
頻出

☐ **142** 不等式 $|z-2-2i| \leqq \sqrt{2}$ を満たす複素数 z について
★★★☆ (1) 複素数平面上の点 P(z) の存在範囲を図示せよ。
(2) $|z-1|$ の最大値，最小値を求めよ。
(3) z の偏角を θ $(0 \leqq \theta < 2\pi)$ とするとき，θ の最大値を求めよ。

☐ **143** 複素数平面上で，原点 O と異なる 2 点 A(α)，B(β) がある。α，β が次の関係式
★★☆☆ を満たすとき，△OAB はどのような三角形か。
頻出
(1) $\beta = (1+i)\alpha$ (2) $\dfrac{\beta}{\alpha} = \dfrac{1+\sqrt{3}\,i}{2}$

☑ **144.** 複素数平面上で, 2 点 A(α), B(β) が, $|\alpha| = 2$, $\beta = (4+3i)\alpha$ の関係を満たすとき
★★☆☆ (1) △OAB の面積 S を求めよ。　　　(2) 2 点 A, B 間の距離を求めよ。

☑ **145.** 複素数平面上に原点 O と異なる 2 点 A(α), B(β) があり, α, β は等式
★★★☆ $3\alpha^2 - 6\alpha\beta + 4\beta^2 = 0$ を満たしている。このとき, △OAB はどのような三角形か。
頻出

☑ **146.** 複素数平面上で, $\alpha = 2i$, $\beta = -\sqrt{3} + 7i$, $\gamma = \sqrt{3} + 4i$ で表される点をそれぞ
★★☆☆ れ A, B, C とする。
頻出 (1) ∠CAB の大きさを求めよ。　　　(2) △ABC はどのような三角形か。

☑ **147.** $\alpha = 5i$, $\beta = a + 3i$, $\gamma = 3 + i$ とする。複素数平面上の 3 点 A(α), B(β), C(γ) に
★☆☆☆ ついて次の条件が成り立つとき, 実数 a の値を求めよ。
(1) 3 点 A, B, C は一直線上にある。　　　(2) AB ⊥ AC

☑ **探究例題12** 複素数平面上の異なる 2 点 z_1, z_2 と, $s \geqq 0$, $t \geqq 0$ を満たす実数 s, t に
対して, $z = sz_1 + tz_2$ とおく。$|z_1| = 2\sqrt{3}$, $|z_2| = \sqrt{6}$, $\arg \dfrac{z_1}{z_2} = \dfrac{\pi}{4}$ とする。
(1) s, t が等式 $s + t = 1$ を満たしながら変化するとき, 複素数平面上の点 z が
動いてできる図形の長さ l を求めよ。
(2) s, t が不等式 $2 \leqq s + t \leqq 3$ を満たしながら変化するとき, 複素数平面上の
点 z が動いてできる図形の面積 S を求めよ。　　　　　　　　　　(千葉大　改)

☑ **148.** (1) 異なる 2 点 A(α), B(β) を通る直線上の点を P(z) とするとき,
★★★☆ $(\overline{\alpha} - \overline{\beta})z - (\alpha - \beta)\overline{z} = \overline{\alpha}\beta - \alpha\overline{\beta}$ が成り立つことを示せ。
(2) 中心が原点, 半径が r の円上の点 A(α) における接線上の点を P(z) とすると
き, $\overline{\alpha}z + \alpha\overline{z} = 2r^2$ が成り立つことを示せ。

☑ **149.** $\alpha = 4$, $\beta = 2 - i$, $\gamma = 1 + i$, $\delta = 3 + 2i$ とする。複素数平面上の 4 点 A(α), B(β),
★★★☆ C(γ), D(δ) は同一円周上にあることを示せ。

☑ **150** 複素数 α, β が, $|\alpha| = |\beta| = 1$, $\arg \dfrac{\beta}{\alpha} = \dfrac{2}{3}\pi$ を満たすとき, $\dfrac{\gamma - \alpha}{\beta - \alpha}$ を実数と
★★★☆ し, $0 < \dfrac{\gamma - \alpha}{\beta - \alpha} \leqq 1$ を満たす複素数 γ が表す点の存在範囲を複素数平面上に図示
せよ。

☑ **151** △ABC の 2 辺 AB, AC をそれぞれ 1 辺とする正方
★★☆☆ 形 ABDE, ACFG を, △ABC の外側につくる。線
分 EG の中点を M とするとき, 次のことを, 複素数
平面を利用して証明せよ。

(1) AM ⊥ BC　　　(2) 2AM = BC

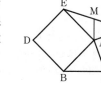

☑ **探究例題 13**　右の図のように, 1 辺の長さが 1 の正方形が 3 個並ん
でいる。∠AOC + ∠BOC を次を用いて求めよ。

(1) 複素数　　　(2) ベクトル

思考の戦略編

☑ **戦略例題1** AB = AC である二等辺三角形 ABC を考える。辺 AB の中点を M とし,
★★☆☆ 辺 AB を延長した直線上に点 N を, AN:NB = 2:1 となるようにとる。このとき,
∠BCM = ∠BCN となることを示せ。ただし, 点 N は辺 AB 上にはないものと
する。 (京都大)

☑ **戦略例題2** 四面体 OABC において, $\overrightarrow{AC}$, $\overrightarrow{OB}$ はいずれも $\overrightarrow{OA}$ に直交し, $\overrightarrow{AC}$ と $\overrightarrow{OB}$ の
★★★☆ なす角は 60° であり, AC = OB = 2, OA = 3 である。このとき, △ABC の面積
と四面体 OABC の体積を求めよ。 (早稲田大)

☑ **戦略例題3** 平面上の任意の3点 A, B, C について, 不等式 $AB^2 \leqq (1+AC^2)(1+BC^2)$
★★★☆ が成り立つことを証明せよ。また, 上の不等式において, 等号が成り立つための,
3点 A, B, C が満たす必要かつ十分な条件を求めよ。 (神戸大)

☑ **戦略例題4** 原点を O とする座標平面上において, AB = 6, BC = 4, $\angle ABC = \dfrac{\pi}{2}$ で
★★★☆ ある直角三角形 ABC の頂点 A は y 軸上の正の部分, 頂点 B は x 軸上の正の部分
にあり, 頂点 C は第1象限にあるとする。OC の長さを L とするとき L の最大
値を求めよ。また, そのときの点 C の座標を求めよ。 (立教大 改)

☑ **戦略例題5** 実数 x, y が $|x| \leqq 1$, $|y| \leqq 1$ を満たすとき, 次の不等式を証明せよ。
★★★★ $$0 \leqq x^2 + y^2 - 2x^2y^2 + 2xy\sqrt{1-x^2}\sqrt{1-y^2} \leqq 1$$ (大阪大)

☑ **戦略例題6** 原点を O とする座標空間において, 2点 A(3, 3, 4), B(1, 0, 0) がある。
★★★☆ $|\overrightarrow{AP}| = 1$, $\overrightarrow{OB} \cdot \overrightarrow{AP} = 0$ を満たす点 P の集合を C, $|\overrightarrow{OQ}| = 1$ を満たす点 Q の
集合を S とする。
(1) 点 Q を S 上の点とするとき, $|\overrightarrow{AQ}|$ の最大値と最小値を求めよ。
(2) 点 P を C 上の点とし, 点 Q を S 上の点とするとき, $|\overrightarrow{PQ}|$ の最大値と最小
値を求めよ。 (早稲田大 改)

☑ **戦略例題7** $a > b > c$, $x > y > z$ を満たすとき, 次の不等式を証明せよ。
★★★☆ $$\dfrac{ax+by+cz}{3} > \left(\dfrac{a+b+c}{3}\right)\left(\dfrac{x+y+z}{3}\right)$$ (釧路公立大)